# 스트리밍
# 전 쟁

포스트 코로나 시대, 디지털 뉴딜 시장을 선점하라

# 스트리밍 전쟁

한정훈 지음

## 머리말

2019년 7월부터 2020년 7월까지 미국 네바다대학교 리노캠퍼스University of Nevada, Reno의 미디어 전문대학인 레이놀즈 스쿨Reynolds school of Journalism에서 방문 연구원으로 근무하게 되었다. 현재 이 글을 쓰고 있는 곳 역시 네바다Nevada 리노Reno다.

네바다는 미국 내 IT, 미디어의 본산인 실리콘밸리와 아주 가깝다. 특히 네바다대학교가 위치한 리노는 한국인에겐 생소하지만, 미국 서부 지역 주민들에겐 익숙한 이름이다. 실리콘밸리와 300km 정도밖에 떨어져 있지 않아서, 사실상 캘리포니아 생활권이라고 해도 과언이 아니다. 네바다대학교에서 1년 동안 미국 미디어 시장을 분석할 수 있게 된 일을 계기로 최근 미디어 기업의 혁신과 변화, 특히 지난 1년간 뜨겁게 달아오른 미국 스트리밍Streaming 시장의 최신 경쟁 상황에 대해 정리하자고 마음을 먹었다.

스트리밍이란 TV 콘텐트를 인터넷을 이용해 PC나 스마트폰 등으로 보는 서비스를 말한다. 넷플릭스Netflix를 떠올리면 좀 더 쉽게 다가올 것 같다. 한국에서는 스트리밍 서비스를 통상적으로 OTTOver The Top라고 부른다. 지상파 3사와 SK텔레콤이 합작한 웨이브WAVVE나 JTBC와 CJ E&M의 합작 회사 티빙TVING이 대표적이다.

지난 2019년 11월 디즈니(디즈니+)와 애플(애플TV+)이 시장에 뛰어든 이후, 2020년 5월 HBO(HBO MAX), 7월 NBC(피콕)까지 메이저 미디어 기업이 일제히 스트리밍의 바다에 진출했다. 뿐만 아니라 퀴비Quibi 등 숏폼Short-Form 스트리밍 사업자까지 등장했다. 이들 기업은 넷플릭스, 아마존 프라임 비디오, CBS 올 액세스 같은 기존 사업자들과 본격적인 경쟁을 펼치고 있다. 내로라하는 미디어 기업들이 모두 스트리밍 시장을 넘보는 이유는 바로 '성장 가능성' 때문이다. 현재 TV콘텐트 시장은 전통적인 TV에서 벗어나 스트리밍으로 진군하고 있다.

젊은 밀레니얼Millennial 세대와 Z세대들은 이제 TV 앞에 앉아 실시간 방송을 보지 않는다. TV콘텐트를 보지만, 이를 PC나 스마트폰으로 즐긴다. 이들에게 40분짜리 동영상은 사치다. 이동하면서 잠깐 볼 수 있고, 커피를 주문하고 기다리는 동안 즐길 수 있는 5~10분짜리 숏폼 콘텐트가 대세다. 틱톡Tiktok 이나 스냅챗Snapchat의 인기가 이를 증명한다. 같은 이유로 한때 '뉴미디어의 미래'라고 불리던 케이블TV, IPTV, 위성방송 등도 점차 가입자를 잃고 시장 지배적 지위에서 내려오고 있다. 그 자리는 이제 스트리밍의 차지다. 영화 산업도 마찬가지다. 극장의 콘텐트 플랫폼으로서의 지위가 급격히 퇴조하고 있으며, 영화 콘텐트의 주된 유통 경로도 스트리밍으로 바뀌고 있다.

미국에서 연구 생활을 하던 중 큰 암초를 만났다. 바로 코로나 바이러스COVID-19 다. 2020년 7월 현재 미국에서 15만 명 이상의 목숨을 앗아간 코로나 바이러스는 사람들에게 접촉과 만남, 오프라인 이벤트에 대한 두려움을 심었다. 미디어 시장도 코로나 바이러스 이전과 이후로 나뉘게 됐다. 그런데 이 같은 변화가 스트리밍 서비스의 폭발적 성장을 이끌었다. 극장 산업도 마찬가지다. 2020년 4월 NBC유니버설의 영화 〈트롤: 월드 투어Trolls the World〉가 극장을 뛰어넘어 스트리밍으로 직행하기도 했다. 물론 코로나 바이러스로 인한 특수 상황이었지만, 일시적인 현상이라고 보기엔 그 반응이 너무 뜨거웠다. 개봉 3주 만에 7,700만 달러를 온라인으로 벌어들였다.

나는 이 책에서 코로나 바이러스 확산으로 인한 미디어 시장과 오디언스의 소비 패턴 변화 그리고 방송 시장의 스트리밍 서비스 확산 등을 최대한 자세히 정리하기 위해 노력했다. 책을 처음 구상할 때의 방향과는 많이 달라졌지만, 코로나 바이러스가 미디어 시장에 끼친 영향이 너무도 큰 만큼 관련 영향을 무시할 수 없었다. 책을 여러 번 고쳐 쓰느라 시간이 꽤 걸렸지만 1년 동안의 미디어 시장 격변의 분위기를 그대로 담기 위해 최대한 힘썼다. 하지만 세계 최대 방송 시장인 미국 방송 시장의 변화를 1년이라는 짧은 시간으로 정리하는 건 사실상 불가능하다. 그래서 신문, 방송, 온라인 등에 보도된 주요 사건, 사업자들의 전략을 시계열로 분석하고 짧게나마 해석하는 데 주력했다. 향후 기회가 닿는 대로 미국 미디어 시장의 변화 과정을 계속해 업데이트하려 한다.

이 책은 많은 분들의 도움이 없었다면 세상에 나올 수 없었다. 책 출간에 가장 큰 힘을 주신 김상균 방송문화진흥회 이사장님과 최재영 국장님께 감사드린다. 항상 나를 격려해주고 조언을 아끼지 않은 아내 성현, 나에게 영감을 주는 아들 진하, 미국의 수많은 미디어 격전지를 볼

네바다대학교 리노 캠퍼스 전경

수 있게 도움을 주신 네바다대학교 레이놀즈 저널리즘 스쿨의 알란 스타비츠키Alan Stavitsky 학장님, 이 책이 있기까지 모든 조언을 아끼지 않으신 나의 멘토 윤기웅 교수님과 박성연 교수님 그리고 숙명여자대학교 심재웅 교수님, 미디어미래연구소 김국진 소장님, 권오상 선배님께 이 글을 바친다.

글에 지칠 때마다 조언해주신 임석봉 팀장님과 글에 갇혀 앞으로 나가지 못할 때 나를 위로해준 'Great Basin brewing https://www.greatbasinbrewingco.com/'에도 감사의 마음을 전한다.

2020년 7월 네바다 리노에서

한정훈

# 네바다 리노, IT·미디어 산업의 새 중심지

해마다 10월 말이면 미국은 할로윈Halloween 준비로 바쁘다. 그러나 네바다에서는 기념해야 할 또 다른 날이 있다. 바로 네바다의 날Nevada Day. 날짜도 공교롭게 할로윈과 같다. 네바다의 날은 남북전쟁 당시 네바다가 처음으로 미 연방에 가입한 1864년 10월 31일을 기념하기 위해 제정되었다. 이후 네바다는 북군의 일원으로 남북전쟁에 참전해 승리를 거뒀다.

31일이 진짜 기념일이지만, 네바다에서는 통상 10월 마지막 주 금요일을 네바다의 날로 지정해 공휴일을 갖는다. 이날은 네바다 지역에서 각종 행사가 열리는데, 주도The Capital of Nevada인 카슨시티Carson City에서 개최되는 퍼레이드가 가장 볼 만하다. 퍼레이드에는 네바다를 상징하는 각종 분장을 한 사람들과 군인, 경찰, 선생님 등 네바다의 다양한 주민들이 등장한다. 현장 음악 연주와 공연도 이뤄지고, 사탕을 공짜로 나눠주기 때문에 아이들에게도 아주 인기가 높다.

네바다의 날 행사는 매년 규모가 커지고 있다. 이 지역으로 옮겨오는 유입 인구가 증가하고 있기 때문이다. 네바다 인구 증가는 리노 등 네바다 서북 지역 도시들이 견인하고 있는데, 실리콘밸리, 산호세, 리노 등 캘리포니아와 네바다에 위치한 대학들이 그 시작이다. 캘리포니아

UC버클리, 스탠퍼드, UC데이비스 등이 젊은이들에게 인기가 많은데, 최근 그 열기가 네바다 리노까지 이어지고 있다.

리노는 네바다 주 북서부에 위치한 도시다. 유명 관광지인 타호 호수Lake Tahoe 근처에 있는 작은 도시(직경 35km)지만 네바다에선 라스베이거스 다음으로 큰 도시다. 네바다 주도인 카슨시티와 인접해 있어 행정의 중심으로도 불린다. 그래서 리노는 '세계에서 가장 큰 작은 도시The Biggest Little City in the World'라는 별칭이 붙어있다. '리노'라는 이름은 미국 남북전쟁 당시 사망한 북군의 장군 제시 L. 리노의 이름에서 따왔다. 한국인들에게는 다소 생소한 곳이지만 미국인들에게는 천혜의 자연을 가진 관광지로 유명하다. 시에라 네바다 산맥을 끼고 있어 도심에 큰 강(트러키)이 흐르고 산악 레포츠도 활성화되어 있다. 카지노가 많아서 도박의 도시로도 불렸다.

최근에는 리노가 다른 방향으로 더 유명해졌다. 다름 아닌 캘리포니아 실리콘밸리, 시애틀Seattle 등 미국 서부 지역 IT산업 집결지의 배후 도시로 인식되고 있다. 샌프란시스코 등 미국 서부와 인접한 데다 넓은 땅을 가지고 있어서 데이터 센터와 같은 대규모 IT시설을 만들기 위한 최적의 장소다.  그 때문에 아마존, 테슬라, 마이크로소프트, 파나소닉,

애플, 구글 등 글로벌 IT기업들이 이 곳 리노에 자리를 잡았다. 그밖에 다른 기업들의 이전 문의도 늘고 있어 요즘에는 미국의 '새로운 기술 허브a new major technology hub'로 불리고 있다. 그 때문에 기업을 따라 이동하는 사람들도 늘고 있는데, 대부분 캘리포니아나 텍사스 지역에서 옮겨오는 사람들이다.

리노에 전기차 배터리 공장인 기가팩토리Giga factory를 보유하고 있는 테슬라는 코로나 바이러스 사태 이후, 공장 재 가동 문제로 캘리포니아와 갈등을 빚자, 이 곳 리노에 공장 신설을 검토하고 있다고 한다. 때문에 주택 부족 현상도 벌어지고 있다. 네바다 리노는 미국에서도 주택 구매 열풍이 가장 뜨거운 곳 중 하나다. 미국 경제 전문지 비즈니스 인사이더BI는 향후 10년 내 집값 상승률이 가장 높을 것으로 예상되는 15개 미국 도시 중 한 곳으로 리노를 꼽았다. 리노와 함께 선정된 지역은 뉴욕 롱아일랜드Long Island City, 캘리포니아 오클랜드Oakland 등이다. 글로벌 IT기업들이 몰리면서 지역 근로자들의 평균 임금도 올라가고 있다. IT전문지 인포메이션Information은 최근 보도에서 "리노 지역 소프트웨어 분야 직원들의 평균 연봉이 9만3천 달러에 달한다"고 보도했다. 같은 조사에서 샌프란시스코 지역 근로자들의 연간 임금은 14만 달러가 넘는 것으로 조사되었다. 하지만 지역 물가 등을 고려하면 리노에 거주하는 편이 훨씬 경제적이라는 계산이 나온다.

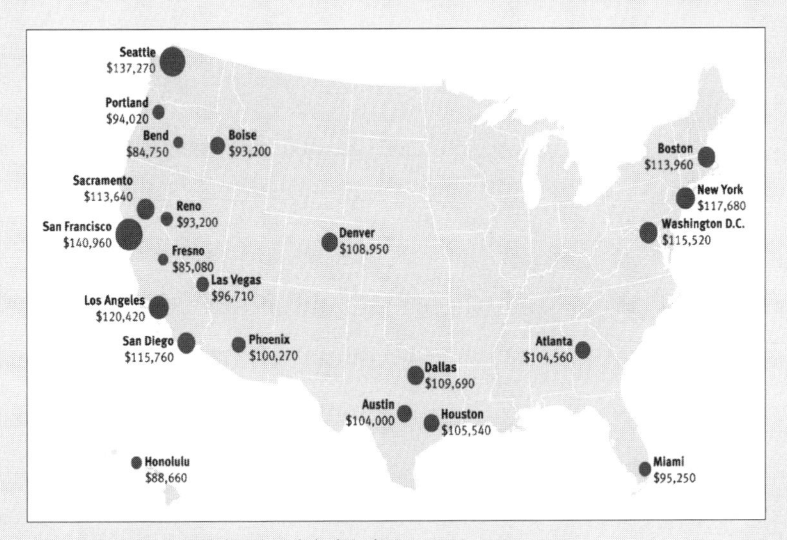


미국 지역별 소프트웨어 분야 종사자 평균 연봉

■ 차례

## 3. 미디어 수익 모델의 변화



## 4. 새로운 미디어 시장 생태계

# 1

# 코로나가 바꾼 미디어 생태계

STREAMING

# 코로나 바이러스 이후의 미디어

"불황은 선택을 강요하고 많은 이들은 오래된 것을 버린다."

코로나 바이러스의 확산이 세상의 모든 질서를 바꾸고 있다. 버즈피드, NBC뉴스 등에 따르면, 트위터의 CEO 잭 도르시Jack Dorsey는 "우리 직원들 상당수가 코로나 바이러스 대유행이 끝난 이후에도 계속 재택근무를 하게 될 것"이라고 말했다. 이와 관련하여 트위터의 대변인도 "집에서 할 수 있는 업무를 담당하는 직원들은 그들이 원할 경우 계속 재택근무를 할 수 있을 것"이라고 언론에 설명했다. 재택근무를 영구적으로 도입하겠다는 의지의 표현이다. 도르시의 이 조치는 실리콘밸리나 동종 업계 재택근무 도입의 전조가 될 수 있다.

도르시의 발표는 재택근무가 과연 장기적으로 지속 가능한 것인지, 그것이 공적 생활과 사적 생활 모두에 어떤 영향을 미칠 것인지에 대한 의문을 가져온다. 사실 직장에 출근할 필요 없이 일할 수 있다면 도

시와 교외의 경계도 사라질지 모른다. 도심의 값비싼 부동산, 재택근무의 생산성, 업무의 규칙 등 많은 요소가 바뀔 수밖에 없다.

## IT·미디어 기업, 원격근무 속속 도입

시카고대학교University of Chicago의 최근 연구에 따르면 미국 직업의 37%가 재택근무 가능한 것으로 나타났다. 이 비율은 첨단 기술이 집약된 실리콘밸리(51%)나 각종 법률과 행정 서비스가 모인 워싱턴 D.C(50%)의 경우 더 높게 나왔다. 이 수치가 합리적이라고 가정할 때 현재 미국의 재택근무 비율은 이에 크게 못 미친다. 미국 노동통계국the Bureau of Labor Statistics 조사에 따르면 미국인 중 일주일에 하루 이상 재택근무를 하는 비율은 전체의 8% 정도다. 풀타임 재택근무 직원은 100명 중 2명에 그친다.

탈집중화 업무decentralized work의 효과에 대해 연구 중인 스탠퍼드대학교 경제학과 니콜라스 블룸Nicholas Bloom 교수는 NBC뉴스와의 인터뷰에서 "코로나 바이러스 대유행이 끝나더라도 일주일에 하루 이상 집에서 근무하는 사람들이 지금보다 2배 이상 늘어날 것"이라고 말했다. 한편, 재택근무가 창의성이나 동기부여 등에 미치는 영향은 긍정적이지 않았다. 블룸 교수의 연구에 따르면 재택근무가 13% 정도의 생산성 향상을 가져오지만, 창의성과 동기부여에는 부정적인 영향을 미치는 것으로 나타났다. 아무래도 혼자 일하다 보면 동료로부터 받는 피드백이나 자극이 적을 수밖에 없기 때문이다.

블룸 교수는 "일주일에 2~3일의 재택근무가 생산성 향상과 동기

부여에 가장 좋다"며 "비디오 컨퍼런스 기술이 발전하고 있기 때문에 월·수·금은 회사에서, 화·목은 집에서 근무하는 정도는 충분히 가능하다"고 설명했다. 이 경우 부동산 가격 안정에도 긍정적인 영향을 미칠 것으로 보인다.

물론 재택근무의 장단점을 양적 분석 등으로만 따질 수는 없다. 인간은 함께 하는 사회적 동물이기 때문이다. 업무가 아닌 인간적 연결이나 유대감이 필요할 때가 분명히 있다. 풀타임 재택근무가 늘어날 경우, 또 다른 부작용도 생길 수 있다. 일주일에 이틀 이상을 집에서 일하게 되면 굳이 도심의 비싼 집을 구할 필요가 없을지 모른다. 그러면 출퇴근하는 직장인들이 교외의 저렴한 지역에 집을 구할 기회가 생길 것이다. 경제적으로는 유리하다. 그러나 이들을 상대로 한 도심의 식당이나 카페, 술집 등은 점차 손님을 잃을 것이다. 도심의 공동화로 오히려 교외가 붐비는 상황이 될 수도 있다.

페이스북의 창업주이자 CEO인 마크 주커버그Mark Zuckerberg는 혁신적인 실험을 진행 중이다. 그는 5만 명에 가까운 편재 직원과 새로 선발할 직원을 대상으로 영구적인 재택근무를 도입할 계획이라고 밝혔다. 주커버그는 NBC 뉴스와의 인터뷰에서 "우리는 원격근무에서 가장 전향적인 기업이 될 것"이라며 "원격근무를 계속 시행하면서 문제점을 보완하고 완성도를 높여갈 것"이라고 설명했다. 주커버그는 또 "도시 내 거점 사무실에서만 허용하던 재택근무를 확대하겠다"라며 "채용조건에 재택근무를 적극적으로 도입하는 것으로부터 시작하겠다"고 언급했다. 주커버그는 향후 5~10년 내 전체 직원의 50%가 재택근무를 하게 될 것으로 예상했다.

페이스북의 이 같은 조치는 샌프란시스코 등 베이 지역the Bay Area을 넘어 미국 전체 비즈니스 시장에 큰 파문을 불러올 것으로 보인다. 페이스북이 움직이면 많은 기업이 따라올 수밖에 없기 때문이다. 적어도 페이스북과 경쟁하는 소셜 미디어 기업은 인재 확보를 위해 이를 외면할 수 없다.

이에 따라 재택근무 혹은 원격근무는 적어도 미국의 기술 기반 회사들을 중심으로 빠르게 자리 잡을 것으로 보인다. 일부 조사에서 재택근무가 생산성 향상에는 도움이 되지만 창의성과 동기부여 등에 좋지 않은 영향을 미칠 수 있다고 분석한 내용에 대해, 주커버그는 "브레인스토밍을 위한 원격근무 툴이 부족"하다며 "여러 사람들로부터 이를 발전시키기 위한 다양한 아이디어를 받고 있다"고 말했다. 이와 관련하여 페이스북은 2020년 4월에 원격 커뮤니케이션 솔루션인 메신저 룸Messenger Rooms을 발표했다. 이 솔루션은 줌Zoom의 강력한 경쟁자가 될 것으로 보인다. 메신저 룸은 페이스북의 비디오 채팅 플랫폼인 포털Portal과도 연동된다.

장기적으로 페이스북은 증강현실과 가상현실AR, VR : Augmented and Virtual Reality 등의 기술을 활용하면 재택근무의 효율이 더 높아질 것으로 보고 있다. 집에서도 직장과 단절 없이 일할 수 있을 것이라는 판단이다. 2020년 1월, 주커버그는 오는 2030년까지 언제 어디서나 사람들이 실제 있는 것처럼 보이는 증강현실 기술 안경이 개발될 것이라고 말하기도 했다. 주커버그는 "사람들은 일이 거기 있기 때문에 도시에 모여 사는 것"이라며 " 당신이 선택한 어느 곳에서든 살 수 있고 다른 곳의 어떤 직장에든 접근할 수 있다고 상상해 보라. 2030년이면 이런 현실에 훨씬 더 가까워질 것"이라고 말했다.

## 코로나가 바꿔놓은 미디어 시장의 미래

미디어 시장도 마찬가지다. 그동안 광고 중심으로 형성되어 있던 미디어 비즈니스 모델에도 변화가 오고 있다. 그중에서도 영화, TV 산업 등이 가장 큰 영향을 받을 것으로 보인다. 일단 이들 미디어를 강하게 지탱해왔던 광고 기반의 수익 모델은 상당히 어려움을 겪을 것으로 전망된다. TV의 경우, 최근 들어 시청률은 오르는데 광고 매출은 오르지 않는 현상이 이어지고 있는데, 코로나 바이러스 확산세가 잦아들지 않을 경우, 영화 · TV · 엔터테인먼트 사업 등은 그야말로 심각한 타격을 입게 될 것이다.

미국 미디어 기업들의 2020년 1분기 실적 발표를 보면, 대부분의 기업이 코로나 바이러스의 영향을 받았다. 2월 말부터 갑자기 영향을 받은 상황이라 타격이 제한적이었지만, 온전히 코로나 바이러스의 자장 내에 들어온 2분기부터는 이전보다 더 힘들 것으로 보인다.

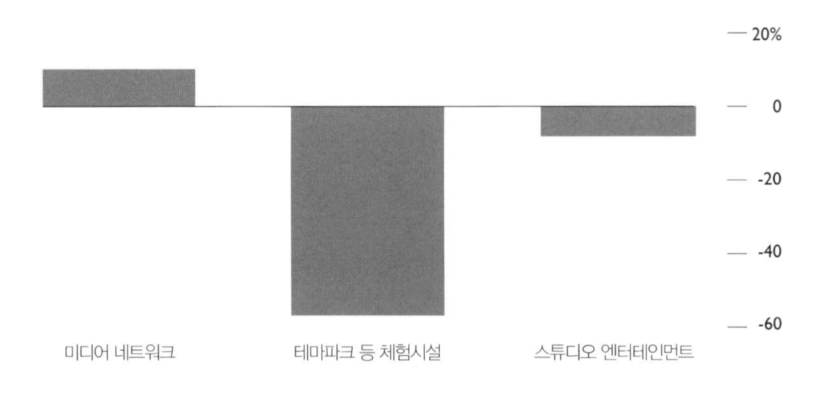


디즈니의 2020년 1분기 이익 감소 현황 (출처: 블룸버그)

사실 1분기 실적들에서 확인할 수 있는 건 이런 단기적 숫자가 아니다. 더 의미 있는 부분은 코로나 바이러스가 바꿔놓을 미디어와 엔터테인먼트의 미래가 보였다는 점이다. 디즈니Disney의 추락, 스트리밍 서비스의 부상, 케이블TV 등 기존 방송 플랫폼의 퇴조 등이 대표적이다.

**디즈니의 추락** 2020년 미국 미디어 기업의 1분기 실적 중 가장 의미 있는 숫자는 바로 '91%'다. 바로 디즈니의 이익 하락 폭이다. 코로나 사태 이전까지만 해도 가장 견고한 콘텐트 기업으로 보였던 디즈니가 위기에 가장 취약한 모습을 보였다. 디즈니의 이익 하락은 바로 물리적인 공간의 폐쇄 때문이다. 디즈니의 핵심 비즈니스인 테마파크(디즈니랜드)가 3월 중순 이후부터 문을 닫았다. ESPN 역시 스포츠 중계를 하지 못하면서 광고 매출에 큰 타격을 입었다. 물론 이런 고난이 디즈니만의 문제는 아니다. 디즈니를 쫓아가던 거의 모든 미디어 기업들이 같은 어려움을 겪었다. 그런 의미에서 디즈니의 추락은 여타 미디어 기업의 추락과도 같다. 광고를 수익 모델로 하는 미디어 기업들의 고통은 이제 시작이다.

그러나 이 같은 악순환을 피해간 미디어 기업도 있다. 바로 넷플릭스Netflix다. 광고 하락에 영향을 받지도 않고, 사람들이 집을 떠나지 않아도 매출에 영향을 받지 않는 거의 유일한 사업자다. 오히려 넷플릭스는 자가격리로 집에 있는 시간이 늘어난 소비자들의 선택을 받았다. 2020년 1분기에만 160만 명의 신규 가입자가 넷플릭스를 선택했다.

**스트리밍 서비스의 부상** 집에 있는 시간이 늘어나면서 디즈니+, 애플TV+, 퀴비Quibi 등 스트리밍 서비스의 소비 시간이 증가하고 있다. 소비

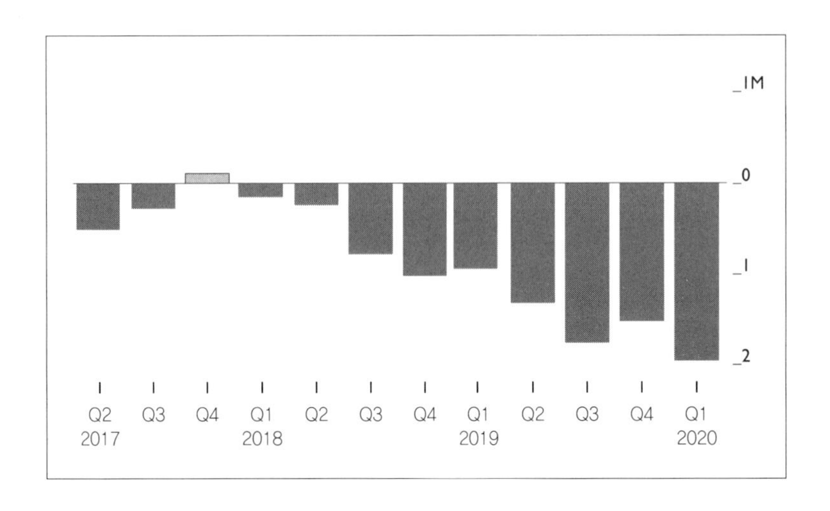


◐ 미국의 유료 방송 가입자 감소 현황 (출처: 버라이어티)

시간 증가는 가입자 확대로 이어진다. 디즈니+ 가입자는 지난 12월 이후 2,800만 명 증가했다. 그러나 경기가 악화하면서 고비용 저효율 구조인 케이블TV 등 기존 유료방송 가입자는 줄어들고 있다. 2020년 1분기에만 유료방송 가입자 수가 200만 명가량 줄었다.

미디어 소비 지출을 줄이려는 심리 때문에 무료 스트리밍 서비스도 확대되고 있다. 이들 서비스는 광고를 보는 대신 스트리밍 서비스를 공짜로 보는 사업 모델을 가지고 있다. 대표적인 무료 스트리밍 서비스인 플루토TV Pluto TV나 투비 Tubi 등은 2020년 들어 급성장했다.

코로나 바이러스 시대, 게임도 뜨고 있다. 스포츠 중계가 되지 않는 상황에서 소비자들은 다른 오락거리인 게임으로 몰리고 있다. 버라이즌 Verizon에 따르면 2020년 4월에 인터넷을 통한 비디오 시청이 40% 늘어난 반면, 온라인 게임 이용은 200% 늘었다. 비디오 게임 제조사

EA는 2020년 1분기 게임 아이템 구매와 라이브 서비스 매출이 지난해 같은 기간보다 17% 증가했다고 밝혔다. 온라인 게임은 소셜 미디어 애플리케이션처럼 이용자가 함께 게임을 즐기면서 소속감을 느낄 수 있다. 게다가 스포츠 중계가 중단되고 영화관 등도 문을 닫으면서 집에서 쉽게 즐길 수 있는 게임을 대체할 콘텐트가 많지 않다.

**극장과 테마파크의 몰락** 코로나 바이러스의 확산으로 큰 피해 본 영역 중 하나는 극장이다. 수개월 넘게 폐쇄되었고 주요 작품들의 개봉도 줄줄이 늦춰졌다. 심지어 NBC유니버설 등 일부 영화사들은 극장을 건너뛰고 스트리밍 서비스로 자사의 작품을 직접 배급하려 한다. 스트리밍 서비스 가입자 수가 증가하면서 온라인 개봉이 극장 배급보다 더 이익이기 때문이다.

테마파크도 물리적 폐쇄에 고통받긴 마찬가지다. 재개를 둘러싼 불확실성도 함께다. 디즈니의 경우, 2020년 5월 11일부터 상하이 디즈니랜드를 다시 오픈했지만, 예전의 일상으로 돌아가지 못하고 있다. 전체 수용 가능 인원(8만 명)의 30%만 입장이 가능하고, 사회적 거리 두기 원칙을 철저히 지키고 있다. 입구에서 마스크 착용 확인과 체온 측정은 필수다. 고객들은 평소 좋아하는 캐릭터를 만지거나 포옹할 수도 없다. 디즈니는 상하이 디즈니랜드의 재개에 아주 많은 신경을 쓰고 있는데, 상하이에서의 운영 경과와 실적이 전체 테마파크 오픈에 영향을 줄 것으로 보이기 때문이다. 새로운 일상은 이미 우리에게 다가와 있다.

# TV 시청 습관의 급격한 변화

코로나 바이러스가 확산되면서 미국 지상파 3대 네트워크의 저녁 뉴스 시청률이 급증했다. 시청률 조사기관인 닐슨Nielsen에 따르면 2020년 3월 16일부터 4월 7일 사이 CBS 〈CBS Evening News〉, ABC 〈World News Tonight〉, NBC 〈Nightly News〉 등 미국 3대 지상파 네트워크의 저녁 뉴스 시청자 수가 평균 3,100만 명에 달했다. 1년 전 같은 기간 2,190만 명이었던 데 비해 42% 늘어난 수치다. 공영방송인 PBS의 저녁뉴스 〈News Hour〉의 시청자 수도 지난해 같은 기간 대비 34% 성장했다.

이런 현상에 대해 일부 전문가들은 "CBS의 전설적인 앵커 월터 크롱카이트Walter Cronkite 시절 이후 처음 있는 일"이라고 언급했다. 사실, 미국 지상파 방송 뉴스는 케이블TV 뉴스와 유튜브 등 뉴미디어의 등장 이후 지속적인 감소세를 이어왔다. 그러나 아직은 일시적인 현상인지 추세가 될지 알 수 없는 상황이다. 어쨌든 코로나 바이러스 시대, 많은 미국인이 지상파 저녁 뉴스에 정보를 의존하는 것만은 사실이다.

지상파 뉴스가 인기를 끌자 NBC는 어린이 버전 저녁 뉴스인 〈Nightly News Kids Edition〉까지 내놨다. 마크 펠드스타인Mark Feldstein 메릴랜드주립대학교 저널리즘대학 석좌교수는 버라이어티Variety와의 인터뷰에서 "지상파 저녁 뉴스의 시청률 상승이 비정상적인 상황인 것은 맞다"며 "그러나 코로나 바이러스 상황이 금세 좋아질 것으로 보이지는 않으며, 앞으로도 수개월 동안 지상파 뉴스의 강세가 이어질 것"이라고 전망했다. 추세적인 상승은 아닐 거라는 지적이다.

## 볼거리로 무장한 지상파 뉴스

지상파 뉴스의 높은 품질도 시청률 상승에 한몫을 했다. 코로나 바이러스가 크게 번지던 2020년 4~5월 미국 지상파 뉴스들은 시청자들이 눈을 뗄 수 없는 화려한 장면들을 내보냈다. 다양한 뉴스 매체의 경쟁이 만들어낸 질적 향상이다. 시청자들의 관심을 끌기 위해 코로나 바이러스와 관련한 슬픈 소식들을 전했고, 헬리콥터를 동원해 현장 기자를 연결하는 등 영상 구성에도 신경을 썼다. 홍보에도 집중했다. NBC 저녁 뉴스를 진행하는 레스터 홀트Lester Holt는 본인이 집에서 방송을 진행하는 모습을 소셜 미디어 서비스(인스타그램) 등에 올리기도 했다.

대다수 앵커가 집에서 일하다 보니 평소와 다른 화면이 자연스럽게 노출되기도 했는데, 그 역시 시청자들을 끌어오는 매력이 됐다. 코로나 바이러스 확산 전에는 ABC 저녁 메인 뉴스인 〈World News Tonight〉

시작 전후에 앵커 데이비드 뮤이어David Muir가 동료들과 토의하고 편집하는 장면들이 나왔는데, 확산 이후로는 그렇지 않았다. PBS의 선임기자는 집에서 인터뷰를 준비하는 사진을 올렸는데, 주변에 있던 아이와 남편이 자연스럽게 화면에 나오기도 했다.

### 속도보다는 프로그램 차별화

코로나 바이러스가 확산되면서 케이블TV나 유튜브 뉴스 채널에서 모든 소식이 실시간 전달되었기 때문에 지상파 저녁 뉴스는 속도보다는 프로그램 차별화에 힘썼다. 단순한 사실 전달을 넘어 '뉴스의 가치'를 확인시켜주는 보도에 주력했다. 시청자들에게 사실과 허구가 무엇인지를 전달하고, 혼란 속에서 공동체와 삶의 중요성을 부각했다. 데이비드 뮤이어는 미국 언론과의 인터뷰에서 "나는 지상파의 역할이 감염병 대유행 속에서 시민들의 불안감을 해소해주는 일이라고 생각한다"고 설명했다.

이와 관련하여 미국 지상파 방송 저녁 뉴스 끝부분에 시청자들에게 희망을 주는 긍정적 분위기의 코너segments가 하나씩 방송되는 특징적인 모습이 나타났다. CBS의 〈On the Road〉, ABC 뉴스의 〈America Strong〉, NBC 뉴스의 〈On the Front Lines〉가 그것이다. NBC 뉴스는 이 코너에서 코로나 바이러스 확산을 저지하기 위해 감염병 최전선에서 사투를 벌이는 의사와 간호사 등을 응원하기도 했다. 코로나 바이러스 이후 지상파 네트워크들은 오후 6시 30분 저녁 뉴스를 띄우기 위해 새로운 시도를 했다. 뉴스에 갈증을 느끼는 시청자들을 위해 메인 뉴스를 재방송하는 전략이다. NBC는 지역 협력 방송사들의 저녁 뉴스 시간인 오후 7시 30분에 〈나이틀리 뉴스Nightly News〉 재방송을 몇 주 동안 방송했다. ABC도 3월 마지막 주에 뉴욕, LA 등 7개 지역 협력 방송국에 저녁 7시 30분 메인 뉴스 2부Second live를 긴급 편성했다. CBS 또한 몇몇 권역을 대상으로 오후 4시 메인 뉴스CBS Evening News를 재방송했다.

뉴스를 재방송하는 건 흔치 않은 일이다. 그러나 사실상 전시 상황이었던 만큼 그 전략이 통한다는 판단이었다. 뉴스의 소비가 급격히 늘어났기 때문이다. 뉴스를 향한 관심은 새로운 뉴스 포맷을 시도하는 계기를 마련했다. CBS는 몇 가지 새로운 포맷의 뉴스 인터뷰를 선보였다. 앵커인 노라 오도넬Norah O'Donnell은 미국 전염병 최고 전문가인 파우치Fauci 박사 등 최근의 뉴스 메이커들을 스튜디오에 초대해 인터뷰를 진행했다. 물론 인터뷰 형식은 매우 흔하지만, 이야기 전개 방식이 달랐다. 당시 인터뷰는 앵커의 시각이 아닌 인터뷰 당사자의 이야기가 주를 이뤘다. 전통적으로 방송사가 큐레이션Curation 하는 형식은 아니었다. 뉴스 메이커가 본인의 이야기를 풀어내면서 자연스럽게 진실과 거짓이 갈라졌다.

미국 지상파 방송사에게 코로나 바이러스로 인한 인기 급상승은 하나의 숙제다. 전염병 대유행이 끝난 이후에도 흐름을 이어가는 것이 중요하다. 물론 경제회복, 대통령 선거, 의료 문제 등 뉴스의 호재는 있기는 하지만, 코로나 바이러스와 같은 대형 뉴스 소재가 항상 있는 건 아니기 때문이다. 그러나 위기 상황에서 지상파의 의미와 위력이 확인됐다는 평가들이 많다. 케이블TV 뉴스 등과의 차별성은 뉴스의 기본 저널리즘에 충실하는 데서 출발한다. 무료의 보편적인 서비스인 지상파의 존재감을 보여준 주요 사례다.

## 케이블 TV 뉴스도 코로나 바이러스로 호황

코로나 바이러스는 CNN, MSNBC 등 미국 유료방송 뉴스도 춤추게 했다. 미국 케이블TV 뉴스는 바이러스의 기세가 맹렬하던 2020년 4월에 사상 최고의 호황을 누렸다. 폭스 뉴스와 MSNBC는 지난 24년간 최고 시청률을 기록했다. CNN의 시청률도 고공행진이었다. 코로나 바이러스 대유행에 대한 시청자들의 관심 때문이다. ABC, NBC, CBS 등 미국 주요 지상파 방송사들도 좋은 4월을 보냈지만, 케이블TV 채널들의 상승률이 훨씬 더 두드러졌다. 물론 전체 시청자 수는 아직 지상파 뉴스들이 더 두텁다.

폭스 뉴스는 2020년 4월 기준, 주 시청 시간prime time에 가장 많은 시청자를 끌어모았다. MSNBC는 일일 기준, 방송사 역사상 가장 많은 시청자 수 기록을 세우기도 했다. CNN은 지난 2005년 허리케인 카트리나 상륙 이후 2020년 4월에 월간 기준으로 뉴스 시청자 수가 가장 많았다. 지난해 4월과 비교해 시청률이 150% 넘게 상승했다. 특히, CNN 입장에서는 3년 만에 MSNBC의 시청률을 넘어서는 큰 성과를 만들어냈다. 닐슨 자료 기준, 2020년 4월 월간 시청자 수를 보면, 평일 프라임 타임 기준 폭스 뉴스 시청자 수가 평균 414만 명이었다. MSNBC는 247만 명, CNN은 216만 명이었다.

그러나 불안감은 여전하다. 뉴스에 대한 관심이 줄어들면서 시청률이 다시 꺼진 것이다. 2020년 3월과 4월을 비교하면, 뉴스 채널들의 시청률은 상승했지만 TV 채널 전체에서의 점유율은 줄었다. 닐슨에 따르면 3월 16일 한 주(16~20일)의 뉴스 채널 시청률은 전체 채널 시청률의 19%를 차지했다. 그러나 4월 6일 한 주(6~10일)에는 이 수치가

17.5%로 떨어졌다. 뉴스의 시대가 오면 다시 TV 시청률이 오르겠지만, 봄이 끝나면 시청률도 하락할 것이다. 시청률 상승의 달콤함에 취하면 안 되는 이유다.

## 스트리밍 서비스, 코로나 시대의 최대 수혜자

스트리밍 서비스Streaming Service. TV가 아닌 PC나 모바일 기기로 TV 콘텐트, 영화, 스포츠 등을 실시간 혹은 VOD로 보는 서비스를 말한다. 넷플릭스, 아마존 프라임 비디오, 웨이브WAVVE 등이 이에 속하며, 한국에서는 OTT로 부르기도 하지만 미국에서는 '온라인으로 본다'는 의미로 스트리밍 서비스로 통칭한다.

스트리밍 서비스는 코로나 바이러스 시대의 최대 수혜자다. 특히 미국에선 자가격리 행정명령으로 집에 있는 시간이 늘어난 이후, 스트리밍 사업자들의 점유율이 상당히 높아졌다. 물론 가입자도 증가했다. 자가격리 명령이 본격화된 2020년 3월에 월스트리트저널WSJ이 조사한 바에 따르면, 미국인들은 스트리밍 서비스 구독(가입)에 평균 37달러를 지출했다. 2019년 11월에는 30달러였는데 금세 7달러가 상승한 것이다. 자가격리로 집에 머무는 시간이 늘어난 소비자들이 스트리밍을 찾고 있다는 사실이 다시 확인된 셈이다. 조사 대상 인구가 2,000명이어서 연구의 신빙성 문제가 거론되기도 하지만, 어쨌든 이 결과만 놓고 보면 코로나 바이러스 사태가 스트리밍을 미디어 업계의 메인스트림으로 자리 잡게 한 계기를 만든 것만은 분명해 보인다.

수억 명의 미국인들이 집에 머물게 되면서 스트리밍 서비스의 이용 빈도와 비용도 늘어나고 있다. 월스트리트저널의 조사 결과, 스트리밍 서비스 구독에 쓰는 비용이 매달 7달러 이상 늘었고, 아이들과 함께 있는 가정은 더 많이 지출하고 있다. 아마존 스튜디오의 최고운영책임자이자 TV 부문 대표인 알버트 청Albert Cheng은 월스트리트저널과의 인터뷰에서 "모든 스트리밍 영역의 성장이 눈에 띈다"고 언급했다.

실제로 디즈니의 스트리밍 서비스인 디즈니+의 글로벌 가입자는 2019년 11월에 출시한 이후 5개월 만에 5,000만 명을 넘어섰다. 당초 디즈니의 예상을 투자자들에게 설명할 때는 "오는 2024년까지 가입자 수가 6,000만 명에서 9,000만 명을 넘어설 것"으로 전망했었다. 이런 분위기 때문에 콘텐트 사업자들도 가입자 1억9,300만 명(2020년 2분기)으로 이 시장을 장악하고 있는 넷플릭스를 넘어서기 위해 스트리밍 서비스에 투자를 집중하고 있다.

코로나 바이러스의 확산은 스트리밍 서비스의 시청 시간도 대폭 늘려 놓았다. 월스트리트저널의 조사에 따르면, 코로나 바이러스 확산 이후 아이가 있는 가정 다섯 곳 중 한 곳(21%)이 하루 4시간 이상 스트리밍 서비스를 시청했다. 일반 시청자들의 시청 시간도 늘었다. 직장이 문을 닫아 집에서 일하는 성인의 2/5가 한 달에 100달러 이상을 스트리밍 서비스 구독에 투입하는 것으로 조사됐다. 이와 함께 〈트롤: 월드 투어〉 등 몇몇 메이저 영화들이 극장 대신 스트리밍 서비스로 직행한 것도 시청자들이 스트리밍으로 모이는 주요 동인이 되었다.

그러나 기세를 올리는 스트리밍 서비스 사업자들에게도 고민이 생겼다. 이용자들이 늘고 있지만, 코로나 바이러스 확산으로 신규 콘텐트 제작이 거의 중단됐기 때문이다. 특히, 이 시장에 새롭게 진입하려는 사업자들은 당초 계획했던 콘텐트 수급에 차질이 생겼다. 따라서 스트리밍 사업자들의 시장 공략 전략도 바뀔 수밖에 없다. 코로나 바이러스 대유행으로 인한 수익 감소를 고려해 비용을 최소화하면서도 효과를 극대화하는 방법을 찾기 시작했다.

첫 번째는 검증된 콘텐트를 공급하는 것이다. 〈프렌즈Friends〉, 〈오피스The Office〉, 〈사인필드The Seinfeld〉 등 할리우드 고전 클래식 콘텐트가 대표적이다. 현재 HBO, CBS 등 스트리밍 사업자들 사이에 이들 콘텐트의 확보 전쟁이 본격화하고 있다. 두 번째는 애니메이션Animation 장르에 대한 투자다. 애니메이션은 대규모 제작비를 투입하지 않고도 효과를 볼 수 있는 장르다.

스포츠 경기와 같이 시청자들을 한 번에 모으는 전략 콘텐트가 없는 상황에서 대규모 투자가 아니더라도 새로운 콘텐트는 필요하다. 특히, 경기 침체로 인해 주머니가 얇아진 시청자들을 서비스에 머물게 하려면 비용을 치를 만한 가치가 있는 콘텐트의 공급이 중요하다. 카간Kagan에서 실시한 조사에서 만약 코로나 바이러스 확산으로 일자리를 잃을 경우, 미국 가정의 37%가 "스트리밍 구독을 중단할 것"이라고 답하기도 했다. 볼만한 콘텐트가 없다면 바로 구독을 취소할 수 있다는 이야기다.

### 신규 기대작 제작 차질

특히, 미디어 업체의 경우 코로나 바이러스의 확산으로 인해 제작 중단과 이에 따른 수익 감소로 악순환에 빠졌다. 많은 할리우드 제작사들이 무급휴직과 임금 삭감을 시행했다. 제작 중단은 새로운 스트리밍 서비스에도 큰 영향을 끼쳤다. 워너미디어WarnerMedia가 2020년 5월 27일 출시한 스트리밍 서비스 HBO MAX도 콘텐트 수급에 차질이 빚었다. 공개와 동시에 전략 콘텐트로 삼았던 몇 개 콘텐트를 론칭할 수 없었다. 대표적인 작품이 〈프렌즈〉 멤버들이 다시 뭉친 재결합 판이다. HBO MAX는 2021년을 기약하고 있다. 새로운 드라마인 스트리밍 오리지널 〈항공 승무원The Flight Attendant〉도 선보일 수 없게 됐다. 칼리 쿠오크Kaley Cuoc가 주연한 이 드라마는 술에 취한 상태에서 누군가를 살인했다는 공포에 휩싸인 승무원을 그린다. 사실, HBO MAX는 이 드라마를 메인 작품으로 꼽았었다.

2020년 7월에 서비스를 시작한 NBC유니버설의 피콕Peacock도 마찬가지 상황이다. 기대를 모았던 오리지널 드라마 〈닥터 데스Dr. Death〉가 론칭 시점에 공개되지 못했다. 이 작품은 같은 이름의 팟캐스트Podcast가 원작이다. 제이미 도난Jamie Dornan, 알렉 볼드윈Alec Baldwin, 크리스천 슬레이터Christian Slater 주연의 이 드라마는 외과 의사가 중대한 과실로 종신형을 받으면서 이야기가 시작된다. 참고로 피콕은 세 가지 버전으로 공개된다. 제한적 콘텐트를 서비스하는 무료 버전, 4.99달러 광고 버전, 9.99달러 광고 없는 버전이다. 광고 버전은 모회사인 케이블TV 컴캐스트Comcast 고객에게 무료로 서비스된다.

2019년 11월 시작된 애플의 TV+(이하 애플TV+)도 차질이 불가피했다. 인기 드라마 〈모닝쇼The Morning Show〉의 시즌2도 2020년 5월 현재 제작이 중단됐다. 애플TV+의 경우 HBO나 NBC 등에 비해 제작 중단 피해를 크게 봤는데, 할리우드 기반 제작사처럼 쌓아놓은 콘텐트가 없었기 때문이다.

## 접촉 없이 제작 가능한 장르 인기

코로나 바이러스 확산 이후 할리우드의 거의 모든 콘텐트 제작이 중단됐다. 그러나 감염병 시대에 활황인 곳들도 있다. 이른바 접촉 없이 작업을 진행할 수 있는 장르들이다. 특히 후반 작업을 담당하는 포스트 프로덕션Post production 회사들은 때아닌 호황을 누린 것으로 알려졌다. 제작 중단 사태에도 원격으로 작업이 가능한 사업장들이다. 이와 함께 코로나 바이러스 확산 이후 학교가 문을 닫자, 어린이 프로그램들의 시청률이 급증했다.

타인과의 접촉 없이 작업이 가능한 프로그램들은 드라마 수급이 어려워진 스트리밍 사업자들의 주요 수집 대상이 됐다. 특히 애니메이션이 코로나 바이러스 이후 큰 인기를 끌고 있다. 코로나가 만든 새로운 트렌드다. 폭스FOX의 대표 애니메이션인 〈심슨The Simpsons〉 역시 코로나 바이러스 위기 속에서도 작업이 진행된 것으로 전해졌다. 예능이나 리

어린이가 있는 가정의 스트리밍 가입현황 (2020년 3월)(출처 : 월스트리트저널)

얼리티 프로그램, 다큐멘터리 등도 코로나 바이러스 이후 스트리밍 사업자들에게 주목을 받았다. 제작 기간이 짧은 경우가 많아서, 빨리 만들어 오리지널 콘텐트의 공백을 메울 수 있기 때문이다.

### 코로나 바이러스가 소비자의 모든 습관을 바꾼다

2020년 4월 미국 미디어 공룡인 AT&T의 CEO에 오른 존 스탠키John Stankey. 모든 미디어 비즈니스 질서가 변하는 어려운 시기에 CEO가 됐다. 그 때문에 이전 미디어 기업 CEO들의 행보와는 다를 수밖에 없다. 스탠키는 CNBC와의 인터뷰에서 코로나 바이러스의 대규모 확산과 관련해 "코로나 바이러스는 소비자들의 행동을 모두 바꿀 것"이라며 "이는 AT&T가 새로운 비즈니스 모델을 찾아야 한다는 말과 같다"고 이야기했다.

이는 결국 최근 주목받고 있는 구독경제로의 전환을 의미한다. 코로나 바이러스 시대, 극장에 가지 못하는 시청자들은 실시간 TV가 아닌 넷플릭스, 아마존 프라임 비디오 등의 스트리밍 서비스를 이용한다. CNBC와의 인터뷰 중 주요 내용을 이 글에서 인용한다.

존 스탠키는 포스트 코로나 시대의 비즈니스 모델 변화를 한마디로 정리했다. 과거의 '정상Normal'으로 돌아가지 않을 것이라고 말이다. 정상이라는 의미는 적어도 미디어 영역에서는 '광고를 기반으로 한 단순한 비즈니스 모델'을 의미한다. 스탠키는 이에 대한 해답을 '인사'로 보여줬다. AT&T의 스트리밍 서비스 및 콘텐트 제작 자회사인 워너미디어 CEO에 훌루Hulu의 공동 창업자 제임슨 키라Jason Kilar를 선임했다.

스트리밍 전문가를 콘텐트 부문을 이끌 수장으로 임명한 것이다.

스탠키는 "키라는 워너의 다양한 사업부를 책임지며 포스트 코로나 시대를 대비하게 될 것"이라고 말했다. 그는 "코로나 바이러스 시대를 거치면서 연결성이 매우 중요해졌다"며 "네트워크로 연결된 세계와 그것의 다양한 기능은 기업이 힘든 상황에서도 정상성을 유지해 가는 데 매우 중요하고 강한 엔진이 된다."고 말했다. 자가격리시대, 네트워크로 연결된 세계가 매우 중요하고, 네트워크를 기반으로 하는 비즈니스가 성공의 열쇠라는 분석이다.

스탠키는 코로나 바이러스 시대에는 콘텐트 비즈니스가 매우 중요하다고 강조했다. 코로나 바이러스 대유행 때문에 87%의 미국인이 '가정 대기Stay at home' 명령을 받았기 때문에 집에서 즐길 오락거리가 필요하다는 것이다. 스탠키는 "사람들은 현실을 잠시 잊고 어려운 시기에 집에서 시간을 보낼 콘텐트를 찾고 있다"고 설명했다. 이와 관련하여 AT&T는 2020년 5월 27일 자사의 스트리밍 서비스인 HBO MAX를 시장에 론칭했다.

디즈니+, 애플TV+ 등 경쟁사보다 한참 늦었지만, 코로나 바이러스 확산으로 인해 '미디어 시장의 기본 공식'이 흔들리는 상황은 그들에게 새로운 기회를 줄 것으로 보인다. 경제 전망이 불투명하지만, AT&T는 출시를 늦추지 않을 것으로 보인다. 스탠키 CEO는 "이 서비스는 사용자들에게 다른 어떤 스트리밍보다 더 새롭고 신선한 콘텐트를 제공할 것"이라고 강조했다.

그러나 AT&T는 스트리밍 서비스 비즈니스 모델의 일부 수정은 피할 수 없다고 분석한다. 특히, 코로나 바이러스로 인해 대부분의 극장 체인이 문을 닫은 현실에서 콘텐트 공급 시기와 전략이 무엇보다 중요해 보인다. 극장에 개봉할 신작 콘텐트를 언제 스트리밍에 전송할지를 결정해야 한다.

디즈니와 NBC유니버설의 경우, 극장 개봉 기회를 잡지 못한 신작 영화들을 자사의 스트리밍에서 제공했거나 우선 공개할 예정이다. 그리고 HBO 등 케이블TV 채널과의 관계 설정도 생각해봐야 할 문제다. 이에 대해 스탠키 CEO는 "소비자의 표현이 그들의 선호와 기호"라고 답했다. 시장과 소비자가 원하는 쪽으로 비즈니스 모델을 바꾸겠다는 것이다. 스트리밍 시장에 집중할 AT&T가 예상된다.

한편, HBO MAX의 수장에 임명된 키라는 현재 미디어 업계 대세가 된 구독경제를 10년 전에 예측한 것으로 유명하다. 지난 2011년 훌루 CEO로 근무할 당시, "광고가 너무 많다. 사람들은 TV 콘텐트를 시청하면서 광고를 보고 싶어하지 않는다."고 사내 블로그에 글을 남겨 주주들의 분노를 샀다. 그때까지만 해도 광고 모델은 실시간 TV 시청의 필수 수익 모델이었다.

그러나 그의 독설은 이제 현실이 됐다. 그리고 그는 할리우드 주요 스튜디오 중 하나인 워너미디어의 수장에 올랐다. 그의 워너미디어 대표 지명은 할리우드를 갈라놓을 것으로 보인다. 그는 누가 뭐라 해도 최고의 스트리밍 베테랑이다. 인터넷 비즈니스가 TV 시장을 어떻게 바꿔놓았는지 잘 기억하고 있다. 5월 출시된 AT&T의 스트리밍 서비스 HBO MAX에도 그의 전략이 잘 녹아 있다.

# 절망에 빠진 유료방송 시장

코로나 바이러스의 영향력이 한창이던 2020년 1분기 방송 사업자들의 실적을 검토해보면 한 가지 공통점을 발견할 수 있다. 바로 급격한 가입자 감소다. 이미 수년 전부터 이어져 온 현상이지만 케이블TV, 위성방송, IPTV 등 미국 방송 사업자들의 가입자 감소는 이제 절망 수준이다.

유료방송 시청을 중단한 시청자들은 넷플릭스, 아마존 프라임 비디오, 디즈니+, 퀴비 등 스트리밍 서비스로 옮겨가고 있다. 이른바 코드커팅Cord-Cutting이다. 그야말로 케이블TV, 위성방송 등 유료방송의 수난 시대다. 특히, 유료방송 사업자들이 가입자 감소의 대안으로 투자하던 인터넷 유료방송 플랫폼 이용자도 감소해 'Pay-TV의 시대'가 지고 있다. 코로나 바이러스의 영향이 본격화하는 2020년 2분기 이후에는 이탈이 더욱더 많아질 것이라는 지적이다.

## 가속화되는 유료방송 이탈

코로나 바이러스 확산으로 코드 커팅 현상이 가속화 하고 있다. 2019년 미국 유료방송 가입자는 550만 명 줄었다. AT&T, 버라이즌, 컴캐스트 등 주요 방송 사업자의 실적을 보면 2020년에도 큰 폭의 감소가 예상된다. 버라이어티는 코로나 바이러스 사태로 800만 명이 유료방송을 떠날 것으로 예측했다.

2019년 1분기 6개 주요 유료방송 사업자(AlticeUSA, AT&T, Charter, Comcast, Dish, Verizon)의 총 가입자는 7,650만 명이었다. 그러나 AT&T는 2020년 1분기에만 300만 명을 잃었다. 버라이즌은 전체 유료방송 가입자가 400만 명 가까이 추락했다. 케이블TV 1위 사업자인 컴캐스트 역시 1분기에 약 41만 명의 고객을 떠나보냈다. 12분기 연속 가입자 이탈이다. 이 같은 가입자 이탈로 인해 2020년 1분기 유료방송 채널의 시청률도 썩 좋지 않았다.

스마트TV 시청률 및 시청 형태 분석 기관인 삼바TV가 버라이어티에 제공한 자료에 따르면, 2020년 1분기에 시작된 케이블TV 시청률의 하락이 2분기까지 이어졌다. 삼바TV는 코로나 바이러스 대유행 직전인 3월 첫 2주와 4월 첫 2주의 케이블TV 시청률을 비교했다. 이 결과 4월 2주의 경우, 한 달 전과 비교해 전체 케이블TV 시청량이 증가한 것으로 나타났다. 케이블TV 기본 채널들의 시청률은 21,990만 시간(10.2%) 증가했다.

증가 분량의 65%는 케이블 뉴스가 담당했다. 코로나 바이러스 확산으로 뉴스에 관한 관심이 늘어난 영향이다. 뉴스 시청 시간을 제외할 경우 7,790만 시간, 4.6% 증가에 그쳤다. 저녁 7~11시까지 프라임 타임 시청 시간을 분석한 자료에서 한 가지 재미있는 현상을 볼 수 있다. 3월 2주와 4월 2주를 비교해보면 케이블TV 채널들은 프라임 타임 때 오히려 시청률이 떨어졌다. 프라임 타임의 전체 케이블TV 시청 시간은 3월보다 1.5%, 1,140만 시간 줄었다. 케이블TV 시청 대신 스트리밍 서비스, 게임 등 다른 엔터테인먼트를 즐긴다는 이야기다. 케이블TV가 더 이상 온 가족의 놀잇거리가 아닐 수 있다.

특이한 점은 이 시간대 케이블TV 뉴스 채널의 4월 2주 시청률이 3월 대비 4.4%, 350만 명 늘었음에도 전체 케이블TV 시청 시간은 줄었다는 사실이다. 일반 케이블TV의 4월 2주 시청 시간은 3월보다 3.3%, 1,480만 시간 줄었다. 이는 뉴스 시청률 증가보다 다른 채널들의 시청 시간 감소가 컸다는 방증이다. 실제로 뉴스 채널을 제외한 기본 채널들의 시청률은 3월 대비 4월에 1,830만 시간, 5% 감소했다. 사실 이 같은 시청률의 하락은 콘텐트 부재가 큰 원인이었다. 코로나 바이러스로 제작이 중단되고 스포츠 경기를 중계할 수 없게 되면서 실시간 TV 채널이 어려움을 겪었다. 특히, 스포츠 케이블TV 채널들이 스포츠 경기의 잇따른 취소로 생존 위기에 놓였다. 스포츠가 중계되지 않으면서 가입자 이탈과 채널 이용료 환불 요구도 거셌다. 미국의 경우, 대부분의 스포츠 채널이 별도 가입해야 하는 유료 채널이다.

버라이어티의 조사에 의하면 유료 스포츠 채널 해지 고객 중 14%가 스포츠 중계가 되지 않기 때문이라고 답했다. 스포츠 중계가 되지 않는데 유료 채널에 가입하는 건 비용 낭비라고 생각하는 것이다. 스포츠 채널 가입 중단이 여러 채널을 묶어 시청하는 번들Bundle 상품의 취소와도 연관되는 만큼, 스포츠에서의 이탈이 전체 가입자 감소 트렌드를 이끌었다고 볼 수도 있다. 특히 스포츠와 함께 다른 드라마 예능 프로그램들까지도 차질을 빚으면서 유료방송들은 2020년에 최악의 여름을 보냈다. 캘리포니아 주는 2020년 6월 12일 스튜디오들의 제작 재개를 허락했지만, 제작 속도는 예전만 못하다.

미국이 사상 초유의 실업률과 경기 침체를 겪고 있다는 점도 유료방송에 악재로 작용했다. 주머니가 가벼워진 사람들이 유료방송을 중단하거나 저렴한 스트리밍 서비스로 옮겨가고 있다. 미국의 케이블TV 한 달 평균 시청료는 2018년 기준 217.42달러다. 경기 악화 시 케이블TV가 첫 번째 희생양이 될 가능성이 크다. 디즈니+에서 HBO MAX까지 새로운 스트리밍 옵션이 폭발적으로 증가하는 시기라는 점도 유료방송에는 좋지 않다.

## 유료방송 비즈니스 모델 붕괴 위기

AT&T 등 유료방송의 가입자 감소는 2020년 이후에도 계속 이어질 전망이다. AT&T는 2020년 1분기에만 2019년 4분기와 유사한 수준인 89만7,000명의 고객을 잃었다. 미국 방송 시장 분석 회사인 모펫내탄슨MoffettNathanson에 따르면 1분기 미국 유료방송 가입자 수는 180만 명 감소했다. 연간으로 환산하면 7.6%의 감소율인데, 유료방송 역사상 가장 빠른 가입자 축소다.

모펫내탄슨의 수석 연구원인 크레이그 모펫Craig Moffett은 보고서에서 "이제 미국 전체 가구의 63%만이 전통적인 유료방송에 가입하고 있다. 이는 지난 1995년 이후 가장 낮은 수치"라며 "현재 유료방송을 보지 않는 4,600만 가구는 1988년의 유료방송 가입자와 같은 수준"이라

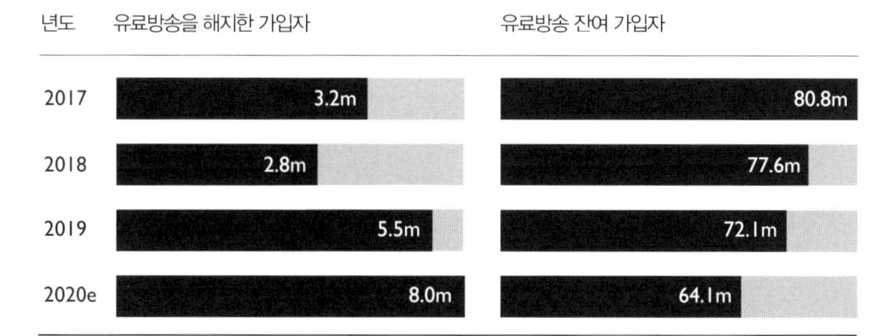


2017~19년 주요 유료 방송 가입자 변화 (출처: 버라이어티)

고 지적했다. 현재 미국 전역에서 실업률이 증가하고 있는 만큼 유료방송 해지도 이어질 것이다. 버라이어티는 2020년 유료방송 가입자 감소 규모를 800만 명으로 예상했다.

가장 큰 고민은 유료방송 가입자 감소가 추세냐 아니면 일시적이냐 하는 것이다. 코로나 바이러스 확산으로 인한 단기적 영향이라면 다행이지만, 구조적인 변화라면 심각한 문제다. 전문가들은 유료방송 시장의 가입자 감소가 계속되리라 전망한다. 물론 경기가 좋아지면 방송을 중단했던 고객 중 일부가 돌아오겠지만, 10명 중 5명 정도에 불과하리라는 것이 전문가들의 생각이다. 유료방송의 위기다.

유료방송 가입자 이탈이 가속화되면서 미국의 방송 비즈니스 모델에도 균열이 생기고 있다. 케이블TV 등 유료방송 플랫폼은 자사에 채널을 공급하는 방송사PP나 NBC 등 지상파 방송사들의 채널을 재전송하면서 그 대가(프로그램 사용료)를 지급하고 있다. 물론 이 돈은 가입자들이 내는 비용에서 나온다. 따라서 가입자가 감소하면 프로그램 사용료도 줄어들 수밖에 없다.

NFL, NBA 등 미국 프로 스포츠 경기들이 중단된 만큼, 유료 스포츠 채널들도 가입자들로부터 이탈 및 환불 압박을 받고 있다. 유료 스포츠 채널들은 통상 5~20달러의 월 이용료를 받아서 플랫폼 사업자들과 이익을 분배했는데, 스포츠 채널 가입자 수가 줄어들면 그만큼 방송 플랫폼 사업자의 수익도 감소하게 된다. 최악의 상황이다. 만약, 스포츠 중계가 이전처럼 정상화되지 않으면 유료방송 가입자 이탈은 걷잡을 수 없게 된다.

### 케이블TV 시청자 수 급격히 감소

코로나 바이러스 확산 이후 케이블TV 채널 시청자의 급격한 감소가 확인됐다. 자기격리 이후 많은 미국인이 경제적인 이유로 케이블TV 시청을 중단하거나 저렴한 스트리밍 서비스로 옮겨간 것으로 보인다. 스마트TV 플랫폼을 통한 시청률을 집계하는 삼바TV에 따르면, 뉴스 장르가 아닌 케이블TV 채널의 2020년 1분기 시청률은 모두 떨어졌다. 삼바TV는 미국 내 3,000가구의 스마트TV에 칩을 심어 시청률을 조사하는 만큼 정확성을 인정받는다.

삼바TV가 미국 미디어 연예 주간지 버라이어티의 의뢰를 받아 180만 가구의 1월 중순 2주와 자가격리 명령이 떨어진 3월 중순 2주의 시청률을 비교했다. 그 결과 케이블TV 채널 시청자는 2달 사이 130만 명 감소한 것으로 나타났다. 조사 대상 채널은 120개 케이블TV 채널이었다.

케이블TV 채널 시청률 감소 이유는 다양하다. 자택 대기로 집에 있는 기간이 길어지면서 스트리밍 서비스 이용이 늘었고, 경기 악화로 주머니가 가벼워진 가구들이 유료방송 시청을 중단했다. 특히 뉴스 채널을 빼고 계산하면 상황이 더욱 심각해진다.

삼바TV의 분석에 따르면 뉴스 채널을 제외한 다른 케이블TV 채널들의 시청자 감소는 두 달 동안 200만 명이 넘었다. 9개 스포츠 채널 시청자의 경우, 시청자 감소는 2,000만 명이 넘었고, 각 방송사는 지난 2020년 1월 이후 시청자의 25% 이상을 잃었다. 물론 스포츠 채널만 시청자가 감소한 건 아니다. 뉴스, 스포츠 채널 이외의 시청자도 2달 동안 60만 명이나 감소했다. 생활(라이프스타일), 리얼리티 등의 채널들도 시청자를 잃었다.

코로나 바이러스가 유행하기 전에도 케이블TV 시청자는 감소하고 있었지만, 코로나 사태로 가속이 붙었다. 그러나 이런 불황 속에서도 시청률이 상승한 채널이 있어 주목된다. 삼바TV의 조사 결과 유료 프리미엄 채널 'AMC네트워크'는 2020년 1월~3월 사이 무려 410만 명의 시청자가 늘었고, 'FXX'도 상당 수준 증가했다. 다른 카테고리에서 시청자가 상승한 채널은 음악 채널들이다. 'MTV클래식', 'MTV라이브'의 시청률 상승이 눈에 띄었다. 게임 채널들도 상승 폭이 컸다. 프리미엄 유료 채널의 경우, '쇼타임'이 시청률 상위 1위였는데, 같은 기간 220만 명의 시청자를 더 불러왔다.

코로나 바이러스 확산 이전에도 케이블TV 시청률은 하락하고 있었다. 그러나 이 자료가 의미하는 것은 이제 사람들이 여가를 즐기거나 정보를 얻는 주된 소스가 더이상 케이블TV가 아니라는 사실이다. 향후 스트리밍 서비스의 약진이 계속될 것으로 보여 앞으로도 케이블TV 채널의 가입자 감소는 계속 이어질 전망이다.

## 가상 유료방송 서비스의 몰락

2020년 1분기 미국 유료방송 시장의 또 다른 특징은 VMVPD Virtual MVPD, 즉 가상 유료방송 서비스의 몰락이다. 가상 유료방송 서비스란 케이블TV나 IPTV 같은 기존 방송 서비스를 인터넷을 통해 실시간으로 제공하는 서비스를 말한다. 실시간 방송 채널들을 스트리밍한다고 해서 실시간 스트리밍 TV 서비스라고 부르기도 한다. 현재 VMVPD 서비스를 제공하는 사업자는 유튜브TV, 슬링TV Sling TV, 훌루+라이브TV 등이 대표적이다. 이와 함께 방송 플랫폼 사업자도 계속 감소하는 가입자를 잡기 위해 VMVPD 시장에 뛰어든 상태다. AT&T TV NOW가 그렇다. 이들은 급속도로 점유율을 확대하고 있는 스트리밍 서비스와 경쟁하기 위해 VMVPD를 내세운다. 가격도 기존 방송 서비스의 절반 정도(40~50달러)에 불과하다.

그러나 미국 유료방송 시장의 1분기 실적을 보면 대다수 메이저 VMVPD의 가입자 수가 줄었다. 버라이어티에 따르면 2019년 말 서비스를 접은 소니의 플레이스테이션 VUE Playstation Vue 가입자 50만 명을 포함하면 2020년 1분기 가입자 수가 지난해 4분기 대비 90만 명 줄었다. 시장 전문가들은 2분기에도 50만 명 내외의 가입자 이탈을 예상한다.

훌루+라이브TV의 가입자가 소폭 늘긴 했지만, 디즈니+가 포함된 번들 상품(디즈니+, 훌루, ESPN 월 12.99달러)의 후광을 입은 덕이 컸다. 그렇다면 VMVPD의 침체 이유는 뭘까? 가장 큰 문제는 '가격'이다. 현재 VMVPD의 월 이용 가격은 40~50달러 정도인데, 케이블TV 등 미국 유료방송 이용료의 절반 수준이다. 지금은 가격 경쟁력이 있지만, 이용료는 매년 오르는 추세다. 경쟁력 확보를 위해 스포츠 등 신규 채널들을 추가하면서 이용료를 더 지급해야 하기 때문이다.

지난 2015년 론칭한 슬링TV는 15개 내외의 필수 채널을 스키니 번들Skinny Bundle로 공급하면서 한 달에 20달러만 받아 인기를 끌었다. 그러나 경쟁을 거듭하면서 채널이 늘어났고, 최근에는 90개 이상 채널을 제공하면서 가격도 가파르게 상승하는 중이다. 또 다른 VMVPD인 후보TVFubo TV도 100개 이상의 채널을 공급하는데, 가격 역시 급등하고 있다. 유튜브TV도 2020년 5월에 바이어컴CBS 채널 15개를 추가했는데 월 이용료가 오를 가능성이 크다.

결국, 기존 케이블TV 방송과 가격이 별로 차이 나지 않는 상황도 벌어지고 있다. 2020년 5월 현재, 월 이용료가 60달러 수준까지 올라갔다. 굳이 VMVPD에 가입할 이유가 없게 된 것이다. 차라리 훨씬 저렴하면서도 다양한 콘텐트를 제공하는 넷플릭스, 디즈니+ 등 스트리밍 서비스에 가입하는 게 낫다.

방송 플랫폼 사업자들이 코드 커팅의 대안으로 내세웠던 VMVPD가 경쟁력을 잃고 있다. 저렴한 가격에 라이브 스포츠 채널, 뉴스 채널 등 기존 방송 플랫폼의 장점을 유지했던 VMVPD가 비용 증가라는 암초에 부딪히면서 가입자가 빠지고 '틈새 상품'으로 전락하는 모양새다.

코로나 바이러스 확산 상황도 VMVPD를 어렵게 하고 있다. 프로리그 중단으로 스포츠 경기 중계가 중단된 상황이 가입자 감소로 이어지고 있기 때문이다. 케이블TV 등 방송 플랫폼들의 가입자가 빠지는 현상과 같다. 이런 이유로 VMVPD가 다시 성공하기 위해선 초심으로 돌아가야 한다는 의견도 나온다. 슬링TV가 20달러 내외의 저렴한 서비스로 시청자들의 기본 욕구를 채워줬던 그 당시로 말이다.

특히, 코로나 바이러스로 인한 불황이 장기화할 것으로 예상되는 지금, 스키니 핵심 번들skinny essential bundles은 플랫폼을 살릴 '코로나 바이러스 번들'이 될 수도 있다. 물론 저가 구도의 고착이 또 다른 어려움을 줄 수도 있겠지만, 생존을 위한 어떠한 방법이라도 찾아야 한다는 주장에도 일리는 있다.

## 미국 최대 케이블TV 사업자 컴캐스트의 침몰

미국 최대 케이블TV 방송 사업자 컴캐스트는 2020년 1분기에 최근 12년간 가장 많은 인터넷 서비스 가입자를 확보했다. 그러나 그 성장은 코로나 바이러스 대유행으로 인한 영화 제작 상영 중단과 테마파크 폐쇄의 피해로 상당 수준 가려졌다. 컴캐스트는 현재 인터넷 사업(Xfinity), 케이블TV 플랫폼, NBC방송, 유니버설 픽처 무비 스튜디오, 유니버설 스튜디오 테마파크 등의 사업을 운영하고 있다.

컴캐스트는 2020년 1분기 총 매출이 266억1,000만 달러라고 발표했다. 지난해 같은 기간에 비해 0.9% 감소한 수치다. 코로나 바이러스 대유행 상황임을 고려할 때 어느 정도 선방했다고 볼 수도 있지만, 1분

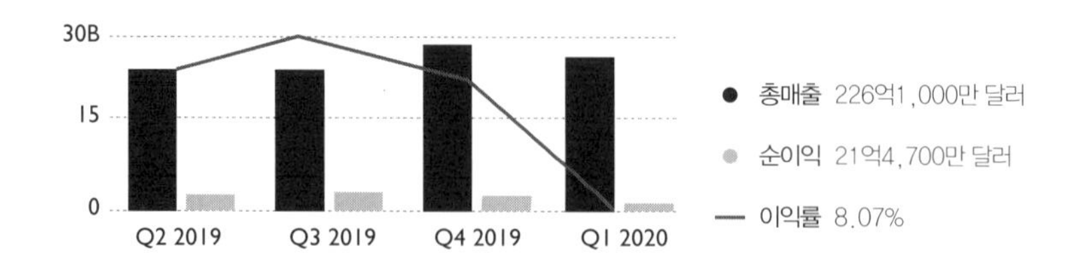


컴캐스트 2020년 1분기 주요 실적 (출처: 블룸버그)

기 초반인 1, 2월에는 코로나의 영향력이 제한적이었다는 점에서 보면 2분기가 무척 걱정스러운 상황이다. 컴캐스트는 매출 대부분을 케이블 비즈니스에서 올렸다. 초고속 인터넷, 케이블TV, 전화 서비스다. 컴캐스트의 케이블 부문 매출은 지난해보다 4.5% 상승한 149억2,000만 달러였다.

그러나 테마파크나 영화 부문은 실적이 최악이었다. 이들 각 부문의 1분기 매출은 각각 8억6,900만 달러, 13억700만 달러였다. 지난해보다 각각 32%와 23%가 줄었다. 3월 중순 이후 극장과 테마파크가 폐쇄되었기 때문이다. NBC유니버설이 할리우드와 올랜도에서 운영하는 테마파크는 2020년 3월 14~15일 이후 폐쇄가 이어지고 있다. 이에 앞서 일본의 유니버설 파크도 3월 초 운영이 중단됐다.

2020년 3월 중순에 NBC유니버설에게 또 다른 우울한 소식이 있었다. 사회적 거리 두기 규제가 확대되면서 미국의 거의 모든 극장이 문을 닫은 것이다. 이 기간에 개봉한 〈헌트The Hunt〉, 〈인비저블맨The Invisible Man〉 등은 20년 만에 최악의 티켓 실적을 기록했다. 2020년 1분기 컴캐스트의 이익은 21억5,000만 달러였다. 지난해 35억5,000만 달러보다 40%나 줄어든 수치다. 컴캐스트는 이익 감소의 주된 원인으로 지난해 인수한 영국 스카이SKY 방송 플랫폼의 감가상각을 반영했기 때문이라고 설명했다.

컴캐스트의 초고속 인터넷 사업의 경우, 2020년 1분기에만 가입자 수가 47만7,000명 증가했다. 그러나 케이블TV 사업은 12분기 연속 감소세를 면치 못했다. 컴캐스트의 케이블TV 가입자는 1분기에 12만 1,000명 줄었다. 코로나 바이러스의 영향을 고려하더라도 너무 큰 손실이다. 2020년 1분기 현재 컴캐스트 케이블TV 총가입자(스카이 포함)

는 5,580만 명이다.

케이블TV 가입자의 감소는 컴캐스트가 스트리밍 서비스에 몰두하는 결과로 이어지고 있다. 컴캐스트의 자회사인 NBC유니버설은 2020년 7월에 스트리밍 서비스 '피콕'을 일반 버전으로 내놨다. 이와 함께 컴캐스트의 무료 스트리밍 서비스 라인업도 강화했다. 컴캐스트의 무료 스트리밍 서비스 판당고Fandango는 월마트의 회원제 무료 비디오 서비스 부두Vudu를 인수했다. 이에 앞서 광고 기반 무료 스트리밍 사이트 쥬모Xumo도 사들였다. 이 무료 서비스들이 자리 잡을 경우, 컴캐스트는 스트리밍 서비스만 4개를 보유하게 된다. 케이블TV 고객 이탈을 상쇄할 방어막을 확실히 친 것이다.

방송 광고의 감소로 NBC유니버설의 방송 관련 매출은 소폭 줄었다. NBC유니버설의 2020년 1분기 매출은 지난해보다 7% 줄어든 77억 달러였다. 이 중 TV 부문(지상파 네트워크 TV) 매출은 9% 늘어난 반면, 영화와 테마파크 수익이 급감했다. 케이블TV 부문 광고 수익은 지난해 같은 기간에 비해 소폭 줄었는데, 코로나 바이러스로 인한 경기 불확실성이 계속되면서 광고주들이 지갑을 닫았기 때문이다. 영화, TV 제작 등 스튜디오 부문 피해가 가장 심각했다. 다른 할리우드 스튜디오와 마찬가지로 NBC유니버설의 영화 제작 작업도 대부분 중단되었으며, 그 때문에 새로운 스트리밍 서비스인 피콕의 작품 수급에도 영향을 미쳤다. 컴캐스트 CEO인 브라이언 로버츠Brian Roberts는 2020년 1분기 실적에 대해 "우리는 다양한 매출 포트폴리오와 세계 최고 수준의 관리로 좋은 실적을 기록했다"라며 "그러나 지금은 위기 상황이며 불황에서 탈출해 강한 회사가 되기 위해 노력 중"이라고 말했다.

## 스포츠TV 네트워크, 스포츠 리그 중단으로 위기

코로나 바이러스 확산이 심각해지던 2020년 1분기. NBA, NFL 등 미국 스포츠 리그를 중계하는 스포츠 TV 네트워크들이 큰 어려움에 빠졌다. 거의 모든 리그가 중단되어 중계할 수 없게 되자 광고 매출 등이 급감했다. 중계를 위해 천문학적인 중계권료를 지급했지만, 광고 수익을 올리지 못해 재정적인 고비를 맞았다.

정상적으로 리그가 시작되지 못한 미국 스포츠 리그는 수도 없이 많다. NBA, NHL, MLB 등은 코로나 바이러스 대유행으로 리그를 잠정 중단했다. 대학 경기에도 영향을 미쳤는데, 미국대학농구NCAA는 남자와 여자 농구 토너먼트를 전면 취소했다. 이에 따라 방송사들의 중계 일정에도 차질이 생겼다. 중계가 없으니 광고 수입도 발생하지 않았다. 그러나 중계권료는 그대로 지급해야 했기 때문에 방송사들의 수익은 악화했다.

미국의 미디어 중 상당수는 스포츠 중계에 올인하고 있다고 해도 과언이 아니다. 시청자 모집 효과가 확실한 탓이다. 디즈니의 ESPN과 AT&T의 TNT는 NBA 중계를 위해 한 해에 27억 달러를 쓰고 있다. 컴캐스트나 싱클레어 미디어 기업이 보유하고 있는 지역 스포츠 채널RSN, regional sports networks들도 많은 돈을 들여 지역에 NBA 경기를 중계한다. NHL은 컴캐스트가 중계하고 있고, ESPN과 터너, 폭스는 MLB 경기에 많은 돈을 쓰고 있다.

미국 내에서 인기가 가장 높은 NBA가 타격도 가장 크게 받았다. 시장조사기관 칸타Kantar에 따르면 방송사들이 2019년 NBA 정규리그에서 벌어들인 광고 수익은 약 6억 달러였다. 플레이오프 중계로는 9억

7,200만 달러를 벌어들였다. 그러나 2020년은 리그가 중간에 멈추면서 광고 수익이 급감했다. 수익 감소는 광고에만 그치지 않는다. 케이블TV 등 미디어 플랫폼으로부터 받는 채널 사용료도 영향을 받았다. 각종 스포츠 채널들이 스포츠 경기를 일정 수준 이상 중계하지 못하게 되자, 플랫폼들은 프로그램 사용료 지급 규모를 줄이려 했다. NBA 팀인 댈러스 매버릭Dallas Mavericks의 구단주이자 스트리밍 서비스를 운영하는 마크 쿠반Mark Cuban은 월스트리트저널과의 인터뷰에서 코로나 바이러스로 인한 경기 중단 사태를 블랙 스완black swan에 비유했다. 리그와 중계권자들 모두 처음 겪는 경험이라는 이야기다.

### 스포츠의 부재는 유료방송 전체 시장에도 타격

전례 없는 스포츠의 부재는 '유료방송 스포츠 생태계'도 바꿔 놓았다. 스트리밍 사업자의 등장으로 가뜩이나 어려움을 겪는 와중에 스포츠 경기까지 문제가 발생하자 유료방송에서 이탈하는 고객들이 급속도로 늘어났다. 그나마 현재 유료방송 플랫폼을 지탱하는 콘텐트는 실시간성이 강한 스포츠가 유일하다. 모펫내탄슨의 마이클 내탄슨Michael Nathanson 수석 애널리스트는 미국 현지 매체들과의 인터뷰에서 "스포츠가 유료방송에 가입하는 유인책이 되는 상황에서 스포츠를 잃을 경우 급속한 시장 이탈이 예상된다"고 말하기도 했다.

더 큰 문제는 중계권료에 대한 정확한 정산이다. NBA 등 스포츠 경기 재개에 차질이 생길 경우, 채널들이 중계권료를 모두 내야 하는지가 불분명하다. 지난 1998~1999년의 경우, 시즌이 중간에 줄어들었음에도 채널들이 중계권료를 모두 지급했다. 향후 관계를 위해서다. 물론 스포츠 중계와 관련한 미디어 간 계약은 예기치 않은 사건이 발생할 경우에 대비해 조항을 만들어두기도 한다. 그러나 이번 경우는 달랐다. ESPN은 "지금 이 상황(코로나 바이러스로 인한 스포츠 경기 중단)은 한 번도 겪어보지 못한 경험"이라며 "우리는 리그들과 좋은 관계를 맺고 있고 앞으로도 잘 해결해 나갈 것"이라고 말했다.

아예 경기가 취소된 대학 농구는 상황이 더 심각했다. 해당 프로그램의 빈자리를 대체할 콘텐트도 마땅치 않았다. ESPN은 농구 경기가 편성되어 있던 시간에 ESPN2, ESPN NEWS 같은 프로그램을 방송했다. CBS에도 대학 농구가 편성되어 있었지만, 취소되면서 뉴스와 오락 쇼 등을 편성했다. 20개가 넘는 지역 스포츠 채널을 보유한 미국 2위 지역방송사 싱클레어도 다른 프로그램들을 대체 편성하면서 상황만 지켜봤다.

### 스포츠 중계 무산으로 혼란에 빠진 사업자들

코로나 바이러스 확산으로 NBA 등 프로 스포츠 경기가 중단되면서 ESPN 같은 스포츠 채널들은 정규 프로그램을 편성하지 못했다. 스포츠 채널들은 과거에 열린 경기를 편성하는 등 대체 프로그램을 방송했는데, 당연히 스포츠 팬과 이용자들의 원망이 이어졌다. 덕분에 대체 편성된 다큐멘터리가 대박을 터트리기도 했는데, ESPN이 급히 편성한 시카고 불스와 마이클 조던Michael Jordan의 다큐멘터리 〈더 라스트 댄스The Last Dance〉 1, 2편이 시청자 600만 명을 끌어들였다. ESPN 다큐멘터리 사상 최고 성적이다. 하지만 시청자에게는 정상적인 상황이 아니었다. 특히 문제가 된 점은 이들 채널 대부분이 별도로 돈을 지급해야 볼 수 있는 유료 채널이라는 점이다. 일부 시청자들은 프로 스포츠 중계가 계속되지 않을 경우, 이들 채널이 가입자들에게 이용료를 환불하거나 할인해주어야 한다고 주장했다.

이런 가운데 뉴욕주 법무부 장관인 레티이 제임스Letitia James는 케이블TV, 위성방송 사업자들은 스포츠가 중계되지 않은 만큼의 비중으로 가입자들의 채널 이용료를 면제하거나 감경해야 한다고 공식 문서를 보내 주목을 받았다. 전체 스포츠 채널 이용료에서 라이브 스포츠가 중계되지 않아 받은 피해를 고려해 할인해야 한다는 이야기다. 법무부 장관은 또 "플랫폼 사업자들은 라이브 스포츠가 재개될 때, 고객들에게 환불 및 할인, 수수료 인하, 납부 연기 등의 서비스를 제공해야 한다"고 덧붙였다. 이 문서는 법무부 장관 명의로 뉴욕주 지역 방송 플랫폼 사업자들인 알티스USAAltice USA, AT&T, 차터 커뮤니케이션즈Charter Communications, 컴캐스트 케이블, 디시 네트워크DISH Network, 지역 스포츠 네트워크Regional Sports Networks, RSN, 버라이즌Verizon 등에 보내졌다.

스포츠 채널의 라이브 스포츠 경기 중단은 2020년 3월 중순 이후부터 최소 7월까지 이어졌다. MLB나 NBA는 여름 시즌 경기를 재개했지만, 리그가 대폭 축소되거나 무관중 경기로 리그를 치러야 했다. 뉴욕주 법무부 장관의 요청은 수많은 스포츠 채널 가입자에게 환영받았다.

ESPN, CBS, NBC, RSN 등 스포츠 중계 채널들은 수십억 달러의 스포츠 중계권료 지출을 이유로 상당한 수준의 채널 이용료를 플랫폼 사업자들로부터 받고 있다. 케이블TV, 위성방송 등 방송 플랫폼 사업자는 이 돈을 가입자들에게 전가한다. 뉴욕주 법무부 장관은 스포츠 채널 가입자들이 한 달 평균 20달러 정도의 비용을 내고 있다고 추정했다. 그러나 이용자들은 2020년 3~4월 최소 두 달간 사실상 스포츠를 보지도 못한 채 이 비용을 냈다.

사실 방송 플랫폼 사업자들도 오리지널 콘텐트를 공급하지 않은 프로그램 채널들에 보상을 요구하거나 다른 수익 보전을 요구했다. 방송 플랫폼 사업자 역시 프로그램 채널들에 사용료를 지급해야 하기 때문이다. 라이브 스포츠의 부재, 오리지널 콘텐트의 부족은 유료방송 생태계에 큰 타격을 줬다. 가입자들도 불만을 터뜨렸다. 미국의 경우 2020년 1분기 현재 8,000만 명 정도가 케이블TV나 위성방송을 통해 유료 스포츠 채널을 시청하고 있는 것으로 파악되고 있다. 미디어 분석 회사 라이트쉐드 파트너스Lightshed Partners의 리치 그린필드Rich Greenfield 연구원은 현지 언론인 데드라인Deadline과의 인터뷰에서 "미국 유료방송 가입자들은 한 달에 40~50달러를 스포츠 경기 시청을 위해 쓰고 있는데, 요즘은 볼 수 있는 것이 거의 없다"고 언급했다.

그러나 ESPN 등이 일부 논의하기는 했으나 환불이나 구독료 납부 중단과 같은 움직임은 아직 없다. 뉴욕 지역 케이블TV 방송사인 알티스USA의 CEO 덱스터 고이에Dexter Goie는 컨퍼런스콜을 통해 "법무부 장관의 언급에 완전히 동의한다"며 "우리도 일정 수준의 보상을 기대하고 있다"라고 말했다. 그러나 구체적인 환불이나 규모 등은 밝히지 않았다. 게다가 보상의 주체도 명확하지 않다. 대부분의 케이블TV 사업자들은 해당 스포츠 채널들이 보상을 해줘야 고객들에게 환불해 줄 수 있다는 입장이다. 알티스USA는 ESPN에 매달 프로그램 사용료로 가입자 당 9달러 정도를 지급하고 있는데, ESPN이 이 중 일부를 돌려줘야 보상 가능하다는 논리를 폈다.

사실 방송 플랫폼 사업자들이 환불할 수 없거나 주저하는 이유는 '스포츠 중계를 둘러싼 중계권료 시장의 사슬'이 매우 복잡하기 때문이다. 대부분의 방송 플랫폼들이 ESPN과 라이브 스포츠가 중계되지 않을 때를 대비해 '손실 보장 계약'을 맺고 있다. 그러나 이 경우는 대부분 경기가 취소되는 상황이 아니라 연기되는 상황에 관한 보호 조항이다. 코로나 바이러스로 인해 미래가 불확실한 경우를 여기에 포함시키기는 어렵다.

만약 스포츠 시즌이 완전히 취소된다면, 해당 리그는 중계권자에게 중계료를 환불해야 한다. 그러면 TV 중계 방송사는 케이블TV 등 방송 플랫폼 사업자에게 TV 채널 사용료를 돌려주게 되고, 플랫폼 사업자는 고객에게 다시 월 이용료를 할인하거나 환불하게 될 것이다.

지역 스포츠 네트워크RSN도 문제다. RSN은 지역 지상파 방송사나 폭스 등이 소유하고 있는데, 해당 지역의 농구나 미식축구 등을 중심으로 별도 계약 없이 시청자에게 무료 중계한다. 전국 방송과는 다르다. RSN 또한 취소된 경기에 대한 보상을 해당 리그로부터 받을 수 있다.

## 환불 계획 없는 프로리그, 소비자 피해 예상

만약 중계권료를 환불한다면 전체 유료방송 이용료에서 중계권료가 차지하는 비용 수준을 정확히 알 수 있게 된다. 그러나 현재 미국 프로리그들은 중계 방송사들에 환불을 계획하고 있지 않다. 설령 경기가 취소된다 해도 말이다. 이 경우 ESPN, ABC, NBC, TNT, TBS, CBS 등 전국 스포츠 중계 방송사들은 프로 스포츠 리그들을 상대로 중계권료 환불 소송을 할 수 있지만 그럴 가능성은 거의 없다. 중계사와 스포츠 리그들은 서로 공생 관계이기 때문이다. 게다가 채널 경쟁이 치열한 상황에서 '갑'의 위치에 있는 프로 리그들에 맞설 TV 채널들도 많지 않다. 만약 TV 채널들과의 분쟁이 생길 경우, 프로 스포츠 리그들은 아마존이나 구글에 독점 중계권을 판매하려고 들 지 모른다. 물론 지금도 어느 정도는 그렇지만 말이다. 이런 이유로 TV 채널들은 스포츠 리그에 목을 맬 수밖에 없다. 그 결과 시청자들만 피해를 봤다.

가정이지만 프로 스포츠 리그들이 중계권료를 돌려줄 경우, 선의의 피해를 보는 사람들이 또 있다. 바로 선수들이다. 가난해진 스포츠 리그 및 구단들은 선수들의 연봉을 삭감하려 들 것이 분명하다. 샐러리캡을 손댈 경우, 선수 노조가 가만히 있지는 않을 것이다. 결국 큰 피해는 프로리그에서 근무하는 직원이나 관계자들이 볼 것이다. 선수들의 연봉을 깎기 어려운 상황에서 프런트에 쓰는 비용을 삭감하려 할 것이 분명하기 때문이다.

한편, ESPN과 방송 플랫폼 사업자들은 라이브 스포츠 중계가 이뤄지지 못한 비용을 산정하고 있다. 월 이용료의 전액은 아니지만, 일부를 보상받을 수 있을지도 모른다. 하지만 전체 월 이용료에서 라이브 스포츠의 기여분을 산출하기는 쉽지 않다.

## 도쿄올림픽 연기, 방송사에도 위기

코로나 바이러스의 확산이 올림픽도 멈추게 했다. 2020년 7월로 예정되어 있던 도쿄올림픽이 전격 연기됐다. 함께 열릴 예정이던 패럴림픽도 마찬가지다. 올림픽이 열리지 않은 해는 과거 전쟁이 있었던 해뿐이었다. 1916년에는 제1차 세계대전으로 여름 올림픽이 취소됐고, 1940년과 1944년에는 제2차 세계대전의 영향으로 여름과 겨울 올림픽이 취소됐다. 이번 코로나 바이러스 사태가 흡사 전쟁 상황처럼 인식되고 있다. CNN은 코로나 바이러스로 인한 대공황을 'World War V Virus'라고 불렀다. 사실 그럴 만도 한 것이 미국 내 코로나 바이러스로 인한 사망자는 2020년 7월말 현재 15만 명을 넘었고 집계하기 어려울 정도로 증가하고 있다.

결국 아베 신조 일본 총리는 토마스 바흐Thomas Bach 올림픽조직위원회IOC 위원장에게 올림픽의 1년 연기를 요청했다. 형식은 요청이지만 사실상 올림픽을 강행하면 안 된다는 국제 사회의 요구 때문이다. 사실 올림픽을 강행해도 파행이 불가피했다. 캐나다, 브라질, 호주 등은 코로나 바이러스 확산 우려 때문에 올림픽이 열리더라도 자국 대표팀을 파견하지 않겠다고 밝힌 바 있다. 2020년 3월 22일까지만 해도 올림픽위원회는 도쿄올림픽을 예정대로 개최한다는 입장이었다. 그러나 각국에서 올림픽 예선전 개최에 차질을 빚었고, 특히 가장 큰 지분을 차지하는 미국 올림픽위원회가 강력히 연기를 요청하면서 상황이 반전됐다.

올림픽 연기로 가장 큰 타격을 본 곳은 알다시피 일본이다. 올림픽은 2021년 7월 23일부터 8월 6일까지로 다시 일정이 잡혔지만, 이미 일본은 상당한 돈을 투자했다. 2019년말 현재, 일본은 도쿄올림픽을 위해 126억 달러를 썼다. 도쿄시 56억9,000달러, 일본 올림픽조직위원회 57억4,000만 달러, 일본 정부 14억2,000만 달러 등이다. 그 때문에 일본 경제 분석 전문기관들은 올림픽 연기로 일본의 GDP 감소가 불가피할 것으로 전망하고 있다.

## 패닉에 빠진 미국 주관 방송사 NBC

일본과 함께 방송 미디어 업계도 피해가 불가피했다. 미국 올림픽 주관 방송사인 컴캐스트NBC는 패닉이었다. 중계권료도 그렇지만 정작 가장 큰 피해를 본 건 NBC유니버설의 차기 스트리밍 서비스 '피콕'이었다. 피콕은 도쿄올림픽이 열리기 2주 전에 첫 오픈을 생각하고 있었다. 이와 함께 여름 경기를 위해 수백 시간의 방송과 스트리밍 편성 슬롯을 비워뒀었다. 그러나 올림픽이 연기되면서 모든 계획이 수포가 되었다. 올림픽이 열렸으면 거의 모든 시선이 피콕에 집중됐겠지만 이런 상황을 예상하기는 어렵게 됐다. 7월과 8월 방송 시장의 주인공이 되는 기회도 잃은 셈이다.

NBC유니버설의 모회사인 컴캐스트는 2014년부터 2020년까지 열리는 4개 올림픽 중계권료로 43억8,000만 달러를 투입했다. NBC는 2021년부터 2032년에 열리는 6개 올림픽을 위해서도 77억5,000만 달러를 지급하기로 합의했다. 중계권 협상을 할 당시인 2011년, NBC는 폭스와의 중계권 확보 경쟁에서 이기기 위해 천문학적인 돈을 사용했다. 폭스는 4개 대회의 중계권료로 34억 달러를 제안한 바 있다. 이와 관련하여 NBC스포츠는 공식 성명을 통해 "전례 없는 갑작스러운 상황"이라며 "그러나 IOC의 결정을 존중하며 다른 계획을 준비 중"이라고 밝혔다.

컴캐스트 CEO 브라이언 로버츠Brian Roberts는 투자자 컨퍼런스에서 올림픽 연기(혹은 취소)에 대한 대비책을 마련해뒀다고 밝히긴 했다. 계약 당시, 경기 취소로 인한 투자 손실을 최소화할 보험 및 보호 조항을 포함했다는 이야기다.

취소가 아닌 연기인 이상, 지출 손실은 제한적일 수 있다. 보통 올림픽 중계사가 중계권료를 한꺼번에 다 내지는 않는다. IOC에 따르면 경기 전에 보통 5~10%의 증거금을 내고, 잔금은 올림픽이 열린 이후 정산한다. 2020년 도쿄올림픽은 NBC가 중계권을 확보한 첫 번째 패키지(4개)의 마지막 경기다. 블룸버그는 "계약이 어떻게 구성됐는지 정확히 알 수 없지만, 국제 관계상 올해에 경기가 시작되어야 10억 달러가량을 지급하는 것으로 되어있을 가능성 크다"고 예측했다. NBC가 올해 10억 달러를 내지 않아도 된다는 이야기다.

그러나 광고는 비상이다. NBC유니버설은 이미 도쿄올림픽 경기 TV 광고를 90% 이상 판매했다고 밝혔다. 금액으로 치면 12억5,000만 달러다. 지난 2016년 리우올림픽이 최종 12억 달러의 광고 매출을 기록한 데에 비하면 기록적인 판매다. 그러나 올림픽이 열리지 않으면 이 금액을 현실화할 수 없다. 일부 광고주는 1년 뒤로 미뤘지만, 일부는 환불을 요구한 것으로 전해졌다.

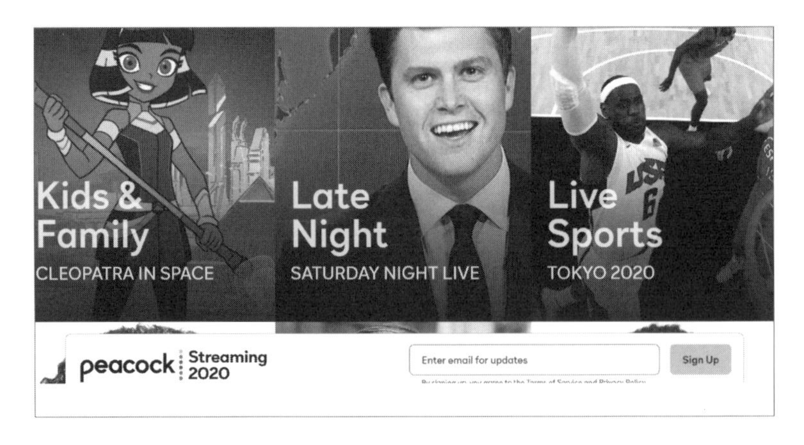


도쿄올림픽을 홍보하는 피콕

올림픽이 무산되면서 스트리밍 서비스에 큰 문제가 생겼다. 올림픽의 경우 시청자를 끌어모으기에 상당히 좋은 콘텐트다. 2주 동안 수천 시간의 경기 콘텐트에 평균 2,500만 명의 시청자가 집중한다. 대체 편성도 쉽지 않다. 3월 초부터 코로나 바이러스로 인해 거의 모든 할리우드 스튜디오들이 문을 닫으면서 신작의 조기 제작이 사실상 어려워졌기 때문이다.

올림픽을 시작으로 초기 가입자를 끌어모으려 했던 스트리밍 서비스 피콕은 대회 무산으로 인해 상당한 시련을 경험하고 있다. NBC는 피콕을 4.99달러(광고 ○), 9.99달러(광고 ×)짜리 유료 서비스와 무료 서비스로 론칭한다는 계획이었다. 서비스를 시작하면서 1만5,000시간의 오리지널 콘텐트를 공급하겠다고 밝혔는데, 여기에 올림픽도 포함된 것으로 알려졌다. 그러나 올림픽이 편성되지 않으면서 빈 곳을 메우기 위해 동분서주하고 있다는 소식이다. 컴캐스트는 미국 증권선물거래소에 제출한 투자 보고서에서 "코로나 바이러스의 확산을 막기 위한 정부 노력의 성공 여부에 실적이 달려 있다"며 "현재로서는 예측할 수 없지만, 광고 매출에 영향을 줄 것은 확실하다"라고 설명했다.

# 새로운 정상, 영화 시장

코로나 바이러스가 한창이던 2020년 3월. 빌 드 블라시오Bill de Blasio 뉴욕 시장과 에릭 가르세티Eric Garcetti LA 시장이 코로나 바이러스의 지역 확산을 막기 위해 초강수를 뒀다. 뉴욕과 LA 지역의 모든 극장을 당분간 폐쇄하라고 지시한 것이다. 이 조치는 날씨 등의 영향으로 문을 닫았던 때를 제외하곤 영화 역사상 처음 있는 일이었다.

이에 따라 뉴욕 시는 2020년 3월 15일 일요일부터 코로나 확산 방지에 정면으로 나섰다. 음식점과 나이트클럽의 영업을 중단시켰고, 3월 17일 화요일부터는 소규모 극장과 콘서트홀도 봉쇄했다. 더 나아가 뉴욕 지역 공립학교(K-12)도 문을 닫았다. 드 블라시오 뉴욕 시장은 폐쇄 조치 이후 트위터를 통해 "이번 결정은 가벼운 조치가 아니다"라며 "이들 장소가 뉴욕 시를 상징하는 곳들이지만, 우리는 전례 없는 위협으로부터 뉴욕을 방어해야 한다. 전시와 같은 마음가짐을 가져야 한다."고 말했다.

코로나 바이러스 확산을 막기 위한 LA의 조치도 강력했다. 나이트 클럽, 피트니스센터를 비롯한 거의 모든 오락 시설들이 폐쇄됐다. 에릭 가르세티 LA 시장은 "식료품 매장과 약국은 문을 열겠지만 주의가 필요하다"고 지적했다.

### 미국 극장 폐쇄, 22년 만에 최악의 성적표

2020년 3월 15일, 미국 질병통제센터CDC는 50명 이상 모이는 행사와 이벤트를 8주 이후로 미루라고 권고했다. 형식은 권고recommended였지만 사실상 지시Ordered였다. CDC의 강화된 가이드라인에 따라 미국 최대 극장 체인인 AMC는 상영관 한 곳당 관람객을 50명 이하로 줄이거나 티켓 판매를 절반 이하(50%)로 유지하겠다고 밝혔다. 사회적 거리 두기를 실천하기 위해서다. 그러나 이 조치는 점점 강해져서 미국 시내의 거의 모든 극장이 문을 아예 닫았다.

당시 LA와 뉴욕 시장의 이 같은 움직임은 미국에서 가장 큰 두 도시의 코로나 바이러스에 대한 반응이라는 점에서 의미가 있었다. 결국, 이 조치는 급격히 확산했다. 4월 이후엔 사실상 미국 전역이 폐쇄Shut down됐다. 문을 연 극장도 코로나 바이러스 확산에 대한 우려 때문에 좌석과 좌석 사이를 띄우고 살균 등 방역을 최우선으로 했다.

멀티플렉스 극장의 폐쇄는 영화의 흥행에 큰 악영향을 미쳤다. 3월 중순 북미 지역의 영화 흥행은 22년 만에 최악이었다. 3월 20일 금요일부터 23일 일요일 사이 미국 극장들은 겨우 5억5,300만 달러를 벌어들였다. 당시 개봉했던 픽사의 〈온워드Onward〉, 유니버설의 〈헌트The Hunt〉 등은 최악의 흥행 성적표를 받았다. 결국 디즈니의 야심작 〈온워드〉는 예정보다 일찍 스트리밍 서비스로 직행했다. 지난 20여 년 동안 티켓 판매가 가장 낮았던 해는 2000년 9월로 5,450만 달러였다.

디즈니는 울상이었다. 3월 첫 주 극장가 최고 챔피언이던 〈온워드〉의 3월 둘째 주 흥행 성적은 1,050만 달러였다. 첫 주에 비해 73% 감소한 수치다. 〈온워드〉가 2주 동안 벌어들인 수익은 북미 지역 6,080만 달러, 글로벌 지역 1억100만 달러였다. 설상가상으로 중국, 한국, 이탈리아 등 주요 국가의 극장들도 문을 닫는 바람에 영화 흥행이 최악이었다. 이후 많은 할리우드 영화사들이 자사 영화의 개봉 시기를 늦추거나 취소했다. 버라이어티에 따르면 2020년 상반기 개봉 영화 82편이 하반기로 시기를 변경하거나, 아예 디지털로 직행하거나, 개봉을 무기한 미뤘다. 대표적으로 디즈니의 〈뮬란Mulan〉, 파라마운트의 〈콰이어트 플레이스II Quiet Place Part II〉, 유니버설의 〈패스트9 Fast 9〉, MGM의 007 영화 〈노 타임 투 다이No Time to Die〉 등의 개봉 일자가 조정됐다. 이 영향

긍정적인 예상

$7,630,000,000

제한적인 예상

$6,710,000,000

2019년 실제 수익

$11,400,000,000

버라이어티의 2020년 미국 영화 개봉 매출 예상

으로 미국 내 영화 개봉 매출은 올해 최악을 경험할 것으로 보인다.

극장 체인도 최악의 시간을 보냈다. 세계 1위 극장 체인인 AMC는 지난 2018년 대비 2019년 순 부채가 두 배 이상 증가했다. 그러나 고난은 시작에 불과했다. 영화 개봉 일정이 줄줄이 조정된 데다 지자체의 잇따른 극장 폐쇄로 매출이 급감했기 때문이다. 극장 체인들의 주가도 급락했다. 세계 2위 극장 체인인 시네월드Cineworld는 2020년 3월 첫 주 주가가 71%나 감소했다. 매출 급감으로 인해 극장 임대료를 걱정하게 됐다. 시네월드는 이미 극장 임대주들과 임대료 인하 협상에 들어갔다.

코로나 바이러스의 확산으로 거의 모든 주요 지역의 극장이 폐쇄되자 새로운 트렌드도 나타났다. 자동차 극장Drive-in theaters이 다시 주목받은 것이다. 코로나가 만든 새로운 경제다. 자동차 극장은 사회적 거리를 확보하면서 공공장소에서 신작 영화를 즐길 수 있는 최적의 서비스다. LA타임스에 따르면 2020년 3월 13~15일 주말에 LA 근처 파라마운트 자동차 극장은 전주보다 티켓 판매가 2배 이상 늘었다.

사실 자동차 극장은 그동안 스트리밍 서비스의 확산 등으로 고전을 면치 못했다. LA타임스는 "만약 할리우드 스튜디오들이 자사의 신작 영화 공개를 계속 연기하거나 곧바로 스트리밍으로 가는 전략을 택한다면 자동차 극장의 인기 역시 단명할 수 있다"고 지적했다. 어쨌든 코로나가 만들어낸 새로운 경제의 한 단면이다.

새로운 규칙도 만들어지고 있다. 코로나 바이러스 확산 전에는 극장 전체 좌석의 50%만 관람객을 받는 일을 상상할 수 없었지만, 이젠 그게 정상이 됐다. 할리우드 스튜디오와 극장주들은 관객이 줄을 서 있는데도 표를 팔지 못하는 건 생각하기도 싫은 시나리오일 것이다. 그러나 이제 그 일이 현실이 됐다. 그 때문에 할리우드에서는 극장의 개관과 함께 수용 인원 정책이 큰 화두가 되었다.

물론 극장 수용 인원이 줄어들더라도 인기 작품의 개봉 기간을 늘리거나 더 많은 상영관을 확보하여 예전 수준의 수익을 올릴 수도 있다. 할리우드리포터에 따르면, 밥 체이펙Bob Chapek 디즈니 CEO가 신작 〈뮬란〉의 좌석 점유율을 25% 정도로 생각하고 있다고 한다. 이 정도로도 성공할 수 있다는 이야기인데, 극장주협회에 따르면 현재 미국에만 4만613개의 스크린이 있다. 시장분석기관 컴스코어Comscore에 따르면 디즈니 마블 스튜디오의 성공작 〈어벤져스: 엔드게임〉은 4억2,210만 달러의 수익을 기록했다. 평균 9.16달러의 티켓 가격을 가정한다면 관객 수 4,400만 석을 채운 후 달성한 수치다.

## 코로나 바이러스가 할리우드의 오랜 관행을 바꾸다

코로나 바이러스가 할리우드의 오랜 관행도 바꾸고 있다. 극장과 온라인(혹은 스트리밍) 사업자 간에 존재했던 일정 수준의 안전지대가 없어지고 있다. 이 안전지대는 이른바 '90일 극장 개봉 조항'이다. 이 협정은 신작 영화가 극장에 걸린 지 90일이 지나야 온라인이나 스트리밍 서비스에 풀 수 있다는 규칙이다. 그동안 유니버설, 디즈니 등 할리우드 스튜디오들은 이 조항을 영화 생태계 보호를 위한 최후의 보루로 여기고 지켜왔다. 법에 나와 있는 강제 조항은 아니고 일종의 신사협정이다. 물론 넷플릭스, 애플, 아마존 프라임 비디오 등 IT 기반 스트리밍 사업자들이 번번이 이 조항을 어겨 극장 업계와 갈등을 일으키기는 했다. 특히 넷플릭스는 뉴욕과 LA의 극장 체인까지 인수해 이 전통을 흔들었지만, 할리우드는 요지부동이었다. 그러나 2020년 3월 16일에 균열이 발생했다.

할리우드 메이저 제작사 중 하나인 NBC유니버설 픽처스가 2020년 3월 16일에 넷플릭스 등 디지털 스트리밍 회사와 유사한 배급전략을 밝힌 것이다. 몇몇 작품을 극장 개봉과 동시에 스트리밍 서비스에 공급하겠다고 했다. 이와 관련하여 NBC유니버설은 "3월과 4월에 개봉하는 작품 중 애니메이션 〈트롤: 월드 투어〉, 〈헌트〉, 〈인비저블맨〉, 〈엠마〉 등을 극장 개봉과 동시에 48시간 렌탈 방식으로 온라인에서 제공하겠다"고 설명했다. 신작 영화의 48시간 렌탈 이용 요금은 20달러. 뉴욕 등 대도시의 영화표 가격이 22달러인 데 비하면 무척 저렴한 수준이다.

온라인 개봉에 대해 NBC유니버설은 "최근 코로나 바이러스로 인한 어쩔 수 없는 상황 변화"라는 설명도 덧붙였다. 회사는 "우리는 관객들이 영화관을 갈 수 있게 되면 다시 그곳에서 영화를 보고 즐길 거라고 생각한다."라며 "하지만 지금은 세계 곳곳의 영화관이 폐쇄되었기 때문에 이 방법을 택했다"고 설명했다.

NBC유니버설과 함께 다른 스튜디오도 움직였다. 디즈니는 자사의 애니메이션 〈겨울왕국2 Frozen2〉의 스트리밍 공급 시기를 석 달 앞당겨 3월 중순에 디즈니+ 등에 서비스하기 시작했다.

영화 시장 분석 전문가들은 코로나 바이러스가 진정되면 영화관을 찾는 사람들의 숫자도 다시 회복될 것으로 보고 있다. 물론 예전만큼 아니겠지만 말이다. 컴스코어 Comscore 의 수석 미디어 분석 연구원인 데가라베디안 Dergarabedian 은 현지 언론과의 인터뷰에서 "바이러스가 진정되면 영화를 보는 습관은 다시 회복될 것"이라고 말하기도 했다. NBC유니버설도 "우리는 상황에 따라 최고와 최선의 배급전략을 고민하고 실행할 것"이라고 결론을 열어 놨다.

그러나 NBC유니버설의 이 같은 전략 변화가 추세로 이어질지도 모른다는 지적이 많다. 과거에는 극장이라는 플랫폼이 영화라는 콘텐트를 소개하는 중요한 창구였지만, 지금은 스트리밍이라는 아주 효과적인 창구가 존재한다. 대체재가 생긴 셈이다. NBC유니버설 역시 2020년 4월 12일부터 자사의 스트리밍 서비스 '피콕'을 시작했다. 그 때문에 NBC의 이번 결정이 결국 공고했던 90일 장벽을 무너뜨리고 영화를 무한 경쟁의 시대로 인도할 것이라는 전망이 아주 많다. 넷플릭스 등 스트리밍 사업자들은 이미 90일 조항을 잘 지키지 않고 있다. 그 때문에 애써 만든 작품들이 극장에 제대로 걸리지 않기도 하지만 아랑곳하지 않는다. 넷플릭스만 해도 전 세계 가입자가 1억8,300만 명(2020년 1분기)에 달하는 만큼 굳이 극장 수익에 매달릴 필요가 없다. 올해 개봉했던 마틴 스코시즈의 〈아이리시맨〉도 전통적인 규칙을 지키지 않았다.

뉴욕과 LA 지역 극장이 문을 닫으면서 오스카Oscar도 고민에 빠졌다. 지금까지 오스카에 작품을 출품하기 위해서는 LA와 뉴욕 지역 상업 극장에 7일 동안 하루 최소 3회 이상 상영해야 했다. 미국에서 열리는 영화제인 만큼 미국인들이 보지 못한 작품에는 상을 줄 수 없다는 원칙이다. 그러나 코로나 바이러스 대유행 이후 상황이 달라졌다. LA와 뉴욕 지역의 영화관들이 모두 문을 닫으면서 이 기간에 극장 개봉 기회를 잡지 못한 영화들이 늘었기 때문이다.

드림웍스Dreamworks의 신작 〈트롤: 월드 투어〉가 VOD로 돌아섰고, 소피아 코폴라의 코미디 영화 〈온더락스On the Rocks〉, 스티븐 스필버그의 〈웨스트사이드스토리West Side Story〉, 데이비드 핀처의 〈맨크Mank〉 등은 제작이 끝났지만 언제 개봉할 지 알 수 없다. 그래서 오스카 영화제 조직위원회는 한시적으로 이 규정을 완화해주기 위해 논의했고 큰 원칙에 합의했다.

한시적이라고는 하지만 이 원칙 변경이 영화계에 파장을 줄 것으로 보인다. 그동안 오스카는 넷플릭스, 아마존 프라임 비디오 등 스트리밍 사업자들과 영화 개봉 시기 및 일 수를 두고 실랑이를 벌였다. 스트리밍 사업자들은 극장에서 개봉하지 않는 영화도 수상작에 올려 달라는 입장이지만 오스카는 당연히 반대다. 그러나 코로나 바이러스로 인해 균열이 생겼고 금이 커지는 건 시간 문제다. 게다가 지난 2018년 넷플릭스의 〈로마Roma〉가 오스카에서 보여준 저력이 있기 때문에 스트리밍 전용 영화를 오스카 수상작으로 선정해도 전혀 어색하지 않다. 〈로마〉는 당시 오스카 최고작품상은 놓쳤지만 감독상, 외국영화상, 촬영상 등 주요 부문을 휩쓸었다.

## 애니메이션 <트롤2>로 POD 가능성 실험

"월드 프리미어를 스트리밍으로 집에서"

결국 NBC유니버설의 애니메이션 신작 〈트롤: 월드 투어〉(이하 트롤2)가 미국에서 극장이 아닌 TV에서 공개됐다. 극장이 모두 문을 닫자 스트리밍 서비스에서 시청자들을 만난 것이다. 코로나 바이러스가 만들어낸 새로운 트렌드다.

2020년 4월 10일 〈트롤2〉가 판당고, 아마존 프라임 비디오 등 각종 스트리밍 사이트에서 첫선을 보였다. 이른바 POD Premium On Demand 다.

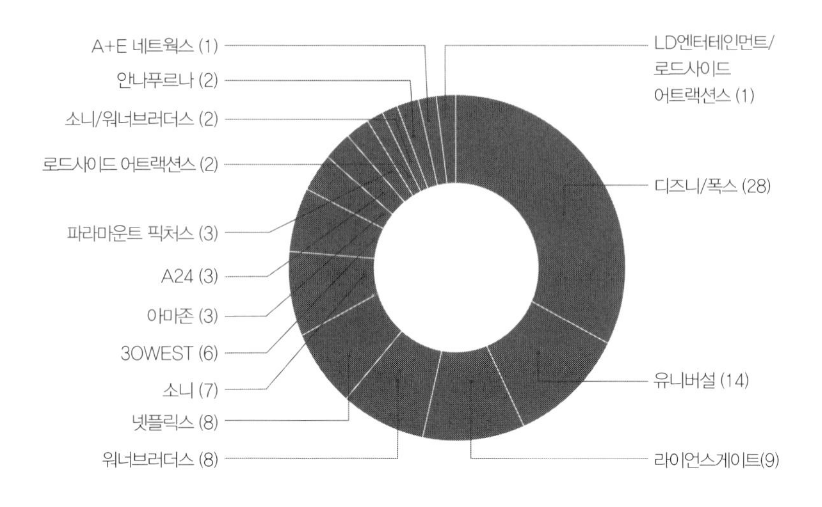


스튜디오(스트리밍)별 오스카 수상 실적 (출처: 버라이어티)

그동안 극장에서 신작들을 공개해온 유니버설 입장에선 낯선 일이지만 〈트롤2〉의 흥행 여부에 관심이 집중됐다. 2020년 봄이나 이른 여름에 개봉 날짜를 잡았던 대부분의 할리우드 영화들은 코로나 바이러스 확산 때문에 극장을 잡지 못했다. 그래서 많은 영화가 개봉 시기를 미뤘는데, 유니버설은 극장을 건너뛰고 스트리밍 서비스로 직행하기로 했다. 가격은 19.99달러에 48시간 이내에 보는 조건이다. 유니버설이 극장을 건너뛰고 스트리밍으로 간 이유는 변화하는 시장을 테스트해 보고 싶은 마음 때문이었다.

코로나 바이러스 확산 때문에 극장이 폐쇄되긴 했지만, 이미 방송 시장은 극장이 아닌 스트리밍으로 옮겨가고 있었다. 그래서 유니버설은 〈트롤2〉의 첫 개봉지로 스트리밍을 택하고 시장 가능성을 파악해 본 것이다. 극장주들은 유니버설의 결정을 '극장 개봉 원칙'을 깨는 일이라며 평가절하했지만, 상황은 그렇게 간단하지 않다. 〈트롤2〉를 계기로 NBC유니버설도 넷플릭스처럼 극장과의 갈등 관계를 안고 갈 수도 있기 때문이다.

극장 개봉의 경우 극장과의 수익 배분이 배급사에 불리하지만, 스트리밍 사이트는 배급사의 이익이 상대적으로 더 많이 보전된다. 지난 2016년 10월 공개된 〈트롤1〉의 첫 번째 에피소드는 글로벌 시장에서 3억4,690만 달러를 벌어들였다. 그러나 극장주들과 수익을 배분한 뒤 유니버설이 벌어들인 금액은 1억9,000만 달러 정도였다. 그런데 업계 추산 결과 유니버설이 스트리밍에서 〈트롤2〉로 1,000만 다운로드를 확보한다면 이와 같은 규모의 금액을 확보할 수 있다.

NBC유니버설을 보유하고 있는 컴캐스트의 경우 케이블TV 가입자만 2,000만 명이고 영국에서 3,000만 명이 가입하고 있는 스카이SKY도 가지고 있다. 애플과 아마존 프라임 비디오에도 〈트롤2〉가 공급됐다는 점을 고려하면 1,000만 다운로드가 어려운 숫자는 아니다.

만약 〈스타워즈〉처럼 대규모의 제작비를 투입한 영화라면 어떨지 모르겠지만 〈트롤2〉의 경우에는 이 정도 다운로드면 손익분기점을 충분히 넘을 수 있다고 판단했다. 〈트롤1〉의 제작비는 1억2,500만 달러 정도였다. 〈트롤2〉는 세금 혜택과 리베이트를 제외하면 제작비가 1억 달러 남짓이다. 그 때문에 웬만한 대작이 아니라면 다른 할리우드 영화도 스트리밍 서비스로 직행할 수 있다는 전망이 나온다. 디즈니의 〈아르테미스Artemis Fowl〉도 디지털 상영이 결정됐다. 사실 이제 디지털에서의 상영은 극장에서 달성하지 못한 매출의 보전이 아니라 새로운 수익원으로 부상했다. 특히 할리우드 스튜디오를 계열사로 가진 HBO MAX(워너브러더스), 디즈니+(디즈니 스튜디오), CBS 올 액세스(파라마운트), 피콕(유니버설 스튜디오) 등은 자사에서 만든 영화가 어느 플랫폼에서 많은 수익을 낼지 저울질할 것이다.

한편 유니버설은 과거에도 디지털 개봉을 추진한 적이 있다. 지난 2011년 브레트 레트너의 〈타워 하이스트Tower Heist〉를 극장 개봉 3주 만에 59.99달러 가격으로 디지털에 서비스했었다. 그러나 극장주들이 상영 거부 위협을 가하자 곧바로 원상 복구할 수밖에 없었다. 유니버설, 워너브러더스, 소니 등도 극장 개봉 이후 60일 만에 29.99달러에 디렉TV를 통해 서비스하기도 했다.

## <트롤2>, 디지털 최고 성적에 극장과 전면전

앞서 언급했듯이 〈트롤2〉는 2020년 4월 10일에 극장과 인터넷에서 동시에 개봉했다. 코로나 바이러스 대유행으로 미국을 포함한 많은 국가의 극장이 문을 닫았기 때문에, 사실상 디지털 스트리밍으로의 직행으로 봐도 무방하다. 개봉을 연기하지 않은 이유는 극장 공개를 앞두고 이미 본격적인 마케팅 작업에 돌입했었기 때문이다. 만약 극장 문이 열리기를 기다려 영화를 공개할 경우, 향후 마케팅비를 다시 집행해야 하는 상황이었다. 〈트롤2〉는 애플TV, 아마존 프라임 비디오에서 19.99달러에 공개됐다. 기존 VOD와 차별화하기 위해 PVODPremium VOD라는 이름이 붙었다.

결과는 어땠을까? 〈트롤2〉의 디지털 개봉은 그야말로 대박이 났다. 월스트리트저널에 따르면 디지털 개봉 매출이 1억 달러에 달하는 것으로 조사됐다. 미국과 캐나다 전역에서 500만 건 이상 다운로드가 발생했다. 이 성적은 전편인 〈트롤1〉이 5개월 동안 극장에서 올린 매출보다 더 나은 수준이다. 단 3주 만에 디지털 플랫폼에서 달성한 숫자여서 더욱 의미가 있었다. 이런 성적은 극장을 자극하기 충분했다. 앞으로 극장을 건너뛰고 온라인으로 개봉하는 상황이 일반화되지 않을까 하는 불안감 때문이다. 극장은 영화 스튜디오와 전면전을 선언했다. 코로나 바이러스가 만든 새로운 전쟁이다.

할리우드에서는 〈트롤2〉의 성공을 단순하게 보지 않았다. 작은 돌(트롤의 온라인 개봉)이 전통적인 영화 공급 질서(혹은 방식)를 바꿀지에 대해 관심이 집중됐다. 미국 영화 체인들은 콘텐트를 다른 플랫폼에 공개하기에 앞서 최소 90일 동안 극장에 독점적으로 개봉할 것을 요구한다.

그러나 최근 극장들이 문을 닫으면서 90일 극장 개봉 원칙의 예외들도 많이 생기고 있다. 실리콘밸리 기반 스트리밍 사업자들은 할리우드 스튜디오보다는 이 원칙에서 자유로운 만큼 코로나 바이러스로 인한 혼란을 기회(?)로 삼으려는 곳도 많다. 이참에 기존 원칙을 허물고 극장을 뛰어넘어 디지털 개봉을 시작하는 영화들의 선례를 많이 만들겠다는 전략이다.

이런 관점에서 〈트롤2〉의 디지털 개봉은 코로나 바이러스 이후 시장 판도를 예측할 수 있는 중요한 시험대였다. 만약 극장 없이 일정 수준의 수익 확보에 성공한다면 굳이 극장의 원칙을 지켜주지 않아도 되는 것이다. NBC유니버설도 성공 가능성을 실험해보고 싶었던 것으로 알려졌다. 유니버설스튜디오의 모회사인 NBC유니버설의 제프 쉘Jeff Shell CEO는 코로나 바이러스가 확산되기 몇 개월 전부터 PVOD의 성공 가능성 테스트를 원했던 것으로 알려졌다. 쉘은 월스트리트저널과의 인터뷰에서 "〈트롤2〉의 흥행은 우리의 예상을 뛰어넘었고 PVOD 시장의

| | 스트리밍 서비스 | 극장 개봉일 | 스트리밍 개봉일 | 극장 개봉 일수 |
|---|---|---|---|---|
| 북스마트(Booksmart) | 아마존 | 5월 24일 | 8월 20일 | 88 |
| 레이트 나이트(Late Night) | 아마존 | 6월 14일 | 9월 6일 | 84 |
| 빨래방(Laundromat) | 넷플릭스 | 9월 27일 | 10월 18일 | 21 |
| 내 이름은 돌러마이트(Dolemite Is My Name) | 넷플릭스 | 10월 4일 | 10월 25일 | 21 |
| 더 킹(The King) | 넷플릭스 | 10월 11일 | 11월 1일 | 21 |
| 엘리펀트 퀸 (The Elephant Queen) | 애플 | 10월 18일 | 11월 1일 | 14 |
| 아이리시맨 (The Irishman) | 넷플릭스 | 11월 1일 | 11월 27일 | 26 |
| 결혼 이야기 (Marriage Story) | 넷플릭스 | 11월 6일 | 12월 6일 | 30 |
| 더 리포트 (The Report) | 아마존 | 11월 15일 | 11월 29일 | 13 |
| 두 교황 (The Two Popes) | 넷플릭스 | 11월 27일 | 12월 20일 | 23 |
| 에어로너츠 (The Aeronauts) | 아마존 | 12월 6일 | 12월 20일 | 14 |

스트리밍 작품과 극장 개봉 일수 (출처: 버라이어티)

가능성을 확인해주었다"며 "극장이 다시 정상화되면 우리는 두 가지 포맷으로 영화를 개봉할 것"이라고 말했다. 그가 말한 두 가지 포맷이란 극장+PVOD 개봉이다.

디지털 스트리밍을 통한 첫 개봉은 제작 스튜디오 입장에서 더 큰 이익이 될 수 있다. 플랫폼 사업자와의 수익 배분율이 훨씬 높기 때문이다. 일반적으로 작품 매출의 80%를 제작사가 확보하는 것으로 알려졌다. 나머지 20%는 넷플릭스나 애플TV 등 디지털 스트리밍 플랫폼 사업자의 몫이다. 반면 극장은 극장주들에게 티켓 매출의 50% 정도를 지급해야 한다. 제작과 유통사 입장에서 디지털 유통에 관심을 가질 수밖에 없는 구조인 셈이다.

유니버설은 〈트롤2〉의 개봉으로 미국과 캐나다에서 3주간 약 7,700

만 달러의 수익을 올린 것으로 알려졌다. 이 숫자는 〈트롤2〉의 전체 매출이 9,500만 달러가량 된다는 것을 의미한다. 만약 〈트롤2〉를 극장에서 개봉했다면 1억6,000만 달러 이상을 벌어야 가능한 수익이다. 극장의 경우 앞서 언급했듯이 티켓 매출의 50%를 나눠 갖기 때문이다. 참고로 〈트롤2〉의 제작비는 9,000만 달러 정도다.

전편인 〈트롤1〉은 1억5,370만 달러를 벌어들였는데, 제작사가 가져간 수익은 2편과 유사했다. 당시 유니버설은 7,700만 달러를 정산받았다. 별다른 마케팅을 하지 않고도 얻은 2편의 수익과 차이가 없는 셈이다. 향후 20달러의 PVOD 가격이 바뀔 수도 있지만, 지금은 충분히 성공적인 전략이다. 유니버설의 최근 조사에 따르면 〈트롤2〉를 디지털에서 본 관객 중 51%가 '극장에서 개봉했으면 반드시 봤을 것'이라고 답했다. 게다가 응답자 중 20%는 디지털 대여 방식으로 영화를 본 경험이 거의 없는 사람들이었다. 이는 극장 개봉 관객이 좀 줄어들 수 있지만 새로운 관객이 늘어날 수도 있다는 의미다. 〈트롤2〉의 디지털 기록은 모든 플랫폼에서 달성된 것으로 조사됐다.

### 스트리밍 전쟁으로 디지털 개봉 증가

유니버설은 〈트롤2〉에 이어 차기작도 디지털 스트리밍 개봉을 준비 중이다. 극장이 열리기를 기다리지 않겠다는 생각이다. 디지털 개봉의 첫 주자는 새 코미디 영화인 〈더 킹 오브 스테이튼 아일랜드The King of Staten Island〉다. 이 영화는 원래 2020년 6월 9일 극장 공개가 예정돼 있었다. 이에 앞서 유니버설은 지난 3월에 개봉한 다른 네 편도 디지털

| 스튜디오 | 영화 | 디지털 릴리즈 방식 | 오리지널 공개일 | 디지털 공개일 |
|---|---|---|---|---|
| 파라마운트 | 러브버드(The Lovebird) | 스트리밍(넷플릭스) | 4월 3일 | 5월 22일 |
| 유니버설 | 트롤2(Trolls World Tour) | VOD | 4월 10일 | 4월 10일 |
| STX | 나의 스파이(My Spy) | 스트리밍(아마존) | 4월 17일 | 미정 |
| 라이언스게이트 | 더 쿼리(The Quarry) | VOD | 4월 17일 | 4월 17일 |
| 워너브러더스 | 스쿠비!(Scoob!) | VOD | 5월 15일 | 5월 15일 |
| 디즈니 | 아르테미스(Artemis Fowl) | 스트리밍(디즈니+) | 5월 29일 | 6월 12일 |
| 유니버설 | 더 킹 오브 스테이튼 아일랜드 (The King of Staten Island) | VOD | 6월 19일 | 5월 15일 |
| 소니 | 아메리칸 피클(An American Pickle) | 스트리밍(HBO MAX) | 출시예정 | 미정 |

코로나 바이러스 때문에 온라인으로 직행한 할리우드 영화들 (2020년)

플랫폼을 통해 20달러에 공개했다. 〈인비저블맨〉, 〈헌트〉, 〈엠마〉, 〈전혀 거의 가끔 항상Never Rarely Sometimes Always〉 등이다.

이들 4개 영화는 총 6,000만 달러의 온라인 개봉 수익을 올렸는데, 월스트리트저널에 따르면 이 중 4,800만 달러가 유니버설의 이익으로 돌아갔다. 극장 폐쇄 전 가장 많이 벌었던 〈인비저블맨〉이 미국과 캐나다에서 6,400만 달러의 티켓 매출을 달성했으니, 이들 영화의 수익이 그리 나쁜 수준은 아니다. 물론 아직은 디지털 개봉이 대세는 아니다. 지금도 할리우드 스튜디오들은, 많은 돈이 투입된 기대작의 경우, 극장 오픈을 기다리며 개봉을 연기하고 있다. 유니버설은 하반기 액션 기대작인 〈패스트 앤 퓨리어스Fast & Furious〉의 개봉을 극장 정상화 이후로 연기했다. 다른 스튜디오도 마찬가지 상황이다. 몇몇 작품은 2021년으로 공개 시기를 넘겼다.

할리우드 스튜디오들의 디지털 첫 개봉 전략(혹은 트렌드)은 앞으로도 계속될 것으로 보인다. 매출을 극대화하거나 그들이 가진 스트리밍 서비스를 띄우기 위해서다. 특히 실리콘밸리 기술 대기업과 할리우드 스튜디오들이 앞다퉈 자신들의 스트리밍 서비스를 내놓음에 따라 콘텐트 확보 경쟁이 더욱 치열해질 것으로 전망된다. 단독 개봉 영화는 고객 유치를 위한 매우 좋은 프로그램이다.

AT&T의 워너브러더스는 2020년 3월 15일 개봉 예정이던 어린이 영화 〈스쿠비Scoob!〉를 극장을 뛰어넘어 2020년 5월에 디지털 플랫폼으로 직행시켰다. 19.99달러 대여 조건이다. 미국 현지 보도에 따르면 향후 워너브러더스는 디지털 플랫폼의 경우 하이브리드 모델hybrid model을 사용한다. 디지털 플랫폼에서 디지털 렌털과 다운로드를 제공하는 동시에 자사의 새로운 스트리밍 서비스인 HBO MAX에도 시차를 두고 서비스해 스트리밍 서비스를 띄운다는 전략이다. HBO MAX는 한 달 이용 가격이 14.99달러다. 워너브러더스는 소니의 새로운 코미디 영화 〈아메리칸 피클An American Pickle〉의 HBO MAX 방영권도 확보했다. 원래 이 영화는 소니가 2020년 하반기에 극장에서 개봉할 예정이었다. 디즈니도 디지털 플랫폼 직행을 추진한다. 하반기 기대작인 〈아르테미스〉를 극장 개봉 없이 디즈니+를 통한 스트리밍과 디지털 렌털로 전환키로 했다.

앞으로도 이 같은 디지털 플랫폼 첫 개봉이 늘어날 가능성이 있다. 이 대열에서 가장 앞서 나갈 사업자는 유니버설로 전망된다. 지난 2015년 유니버설의 CEO 자리에 오른 제프 쉘은 케이블TV 사업자 컴캐스트에서 평생을 일한 '케이블 가이cable guy'다. 영화보다는 미디어 플랫폼의 속성을 잘 알고 있어서 플랫폼의 이익을 극대화하는 방향으로 전략을 추진할 가능성이 크다. 영화를 좀 더 빠르고 신속하게 시청자들에 전달하는 것이 그의 목표로 보인다.

극장 업계는 스튜디오들의 이 같은 움직임에 크게 반발할 것으로 보인다. 〈트롤2〉의 디지털 개봉 때 극장주들은 유니버설을 크게 비난했다. 그러나 코로나 바이러스 사태 이후에도 디지털 플랫폼, 스트리밍이라는 큰 흐름을 거스르기는 쉽지 않을 것으로 전망된다. 코로나 바이러스가 만든 새로운 틈이다. 물론 아직은 저항이 거세다. "작은 예외가 큰 비즈니스 모델의 변화를 만들 수는 없다" 미국 극장주협회 존 피티언John Fithian 회장의 발언이다. 그러나 그의 발언이 이미 비즈니스에 변화가 오고 있다는 말과 같은 의미로 들린다.

## 극장주협회, 디지털 동시 개봉 거부

극장 체인들은 이런 흐름을 심각하게 받아들인다. 디지털 플랫폼이 일반화하면 극장이 완전히 자리를 잃을 수도 있기 때문이다. 어쩌면 마지막 저항으로 볼 수 있다. 세계 최대 극장 체인인 AMC는 "NBC유니버설 제프 쉘 CEO의 언급대로 극장과 디지털에 동시 공급할 경우 AMC는 유니버설이 공급하는 모든 영화를 상영하지 않을 것"이라고 강경한 노선을 밝혔다. AMC 극장의 대표 CEO인 아담 아론Adam Aron은 이 같은 내용을 담은 서신을 유니버설 필름 엔터테인먼트 그룹의 도나 랭글리Donna Langley CEO에게 보냈다.

항의 서신에서 아담 아론은 "이번 결정은 우리를 매우 실망스럽게 했다. 제프 쉘의 일방적 행동은 우리에게 선택의 여지를 남겨 놓지 않았다"며 "미국뿐만 아니라 유럽, 중동의 AMC 체인에서도 유니버설의 영화를 상영하지 않을 것"이라고 언급했다. 또 "이 정책은 단지 유니버설에 대한 징벌적 처벌이 아니라 현재의 90일 상영 관행을 일방적으로 포기하는 모든 영화 제작자에게 확대될 것"이라며 디지털 첫 개봉에 전면전을 선언했다. 그러나 현재로서는 유니버설이 이 정책을 적용받는 유일한 스튜디오라고 말했다.

만약 이 정책이 실제로 적용된다면 유니버설의 향후 계획이 상당히 틀어진다. 기대작인 〈패스트 앤 퓨리어스〉 〈미니언즈2 Minions: The Rise of Gru〉 〈씽2 Sing 2〉 〈주라기월드 도미니언 Jurassic World: Dominion〉 등의 극장 개봉에 차질이 발생하기 때문이다. AMC의 결정에 대해 유니버설의 대변인은 "〈트롤2〉를 디지털 개봉한 이유는 코로나 바이러스 확산으로 자가격리를 당한 미국인들에게 콘텐트를 볼 기회를 제공하기 위해서"라며 "극장이 문을 열지 않는 상황에서 극장 개봉을 고집하지 않은 것은 관객들과 파트너를 위해 명확히 옳은 결정"이라고 말했다. 또 "AMC의 결정은 매우 실망스러우며 다른 극장주협회 National Association of Theatre Owners, NATO도 마찬가지"라고 강공을 날렸다.

이와 함께 앞으로도 유니버설은 PVOD 형태로 영화를 개봉할 수도 있다고 언급해 사실상 전면전을 선포했다. 유니버설은 "우리의 목적은 최대한 많은 관객에게 우리의 콘텐트를 전달하는 것"이라며 "물론 우리는 극장에서 영화를 경험하는 일의 중요함을 믿지만, 앞으로의 상황과 합의에 따라 PVOD와 극장 개봉을 동시에 추진할 것"이라고 설명했다.

NBC유니버설은 이와 관련하여 코미디 영화 〈더 킹 오브 스테이튼 아일랜드〉를 극장 개봉 없이 온라인으로 직행시켰다. 극장과의 충돌 전에 나온 결정이지만, 이 결정이 AMC와 NATO의 강공에 불을 지른 것만은 사실이다. 그러나 AMC 등 극장주의 협박이 얼마나 유효할지는 알 수 없다. 극장주들은 유니버설의 성과를 평가 절하하고 있다. 영화 개봉에 미칠 영향 때문이다. NATO는 "〈트롤2〉의 디지털 첫 개봉은 수억 명이 집에서 자가격리하는 상황에서 어쩔 수 없는 선택"이라며 "이 영화가 사람들의 영화 시청 습관을 바꾸는 것은 아니다"라고 언급했다.

그러나 대세를 거스를 수는 없다. 이미 다른 영화사인 워너브러더스의 〈스쿠비〉와 디즈니의 〈아르테미스〉 등도 차기작들을 디지털 또는 자사의 스트리밍 서비스를 통해 공급할 계획이기 때문이다. NATO의 CEO 존 피티안John Fithian은 "유니버설은 극장 개봉을 건너뛰는 비정상적인 상황을 만들 이유가 없어 보인다"며 "극장은 콘텐트에 대한 몰입감과 따라할 수 없는 관람 경험을 제공한다"고 언급했다. VOD를 보는 경험과는 다른 소중한 유대감을 제공할 수 있다는 것이다. 다른 대형 체인들도 강경하다.

미디어 전문지인 데드라인Deadline에 따르면 세계 2위의 대형 극장 체인을 가진 시네월드그룹도 "90일 원칙을 지키지 않는 사업자의 영화는 상영하지 않을 것"이라고 입장을 정한 것으로 알려졌다. 제작사와 극장의 싸움이 어떻게 결론 날 지는 아직 알 수 없다. 그러나 콘텐트에 대한 극장의 장악력이 예전만 못한 것만은 확실하다.

### 스트리밍 무비 오스카 수상 자격 부여

코로나 바이러스 대유행은 세계 최고, 최대 영화상인 오스카마저도 움직였다. 적어도 2021년 오스카상에 출품하는 영화들은 'LA 지역 극장에 필수로 상영'하지 않아도 된다. 2020년 4월 28일, 오스카상을 주관하는 아카데미 영화상 심사위원회는 이 같은 내용을 표결해 확정했다. 기존 오스카상에 출품하기 위해서는 최소 7일 동안 LA 지역 극장에 상영해야 했다. 그러나 LA 지역 극장이 폐쇄되면서 물리적으로 이 같은 조건을 지키지 못하는 영화들이 많아졌다.

아카데미는 이번 규정 완화가 일시적인 변화temporarily changing라고 강조했다. 극장이 다시 열리면 기존 규정으로 돌아간다는 의미다. 아카데미는 성명을 통해 "극장이 연방 정부나 지역 정부의 가이드에 따라 다시 문을 열면 이 면제 조항이 더는 적용되지 않는다."고 언급했다. 그러나 정확히 언제까지 이 면제 조항이 유효한지는 밝히지 않았다.

극장 개봉을 면제하는 대신, 2021년 오스카상 출품을 위해서는 아카데미 회원들에게 60일 동안의 온라인 스트리밍 시청이나 VOD 제공을 허용해야 한다. 이 조건 외에 다른 규정들은 동일하게 적용된다. 극장 대신 온라인 시청을 요구한 것이다. 이와 함께 만약 극장이 다시 열릴 경우, 아카데미는 기존 LA 지역 상영관 개봉작만 인정했던 것과 달리 LA, 뉴욕, 시카고, 마이애미, 애틀랜타, 샌프란시스코 등에서 개봉한 영화도 출품작으로 인정하기로 했다. 개봉 대기 영화들이 너무 많아서 자가격리 기간이 끝나더라도 LA 지역 상영관만으로는 소화가 힘들기 때문이다.

규정 완화는 사실 일시적이다. 그러나 시사하는 바가 크다. 그동안 오스카 시상식은 스트리밍 사업자들과 기존 극장 체인 간 갈등이 심했다. 넷플릭스, 아마존 프라임 비디오 등 스트리밍 사업자들은 그들의 작품을 오스카에 출품하기 위해 억지로라도 극장에 개봉해야 했다. 오로지 수상 자격을 얻기 위해서다.

코로나 바이러스가 상황의 변화를 만들었지만, 상황의 변화가 규칙의 변화에 영향을 줄 수도 있다. 스트리밍 영화들의 퀄리티가 좋아져서 극장 개봉작과 별 차이가 없어졌고 최고 영화상을 받을 가능성도 예전보다 크다. 스티븐 스필버그 등 스트리밍 서비스에 관대한 할리우드 거물들도 이 같은 규정의 변화를 지지하고 있다.

지난 2019년 미국 규제 당국의 지적으로 스트리밍 서비스 사업자들에게도 오스카의 문호를 열었다. 그러나 극장 첫 상영 조건은 그대로 남아있었다. 2021년 오스카상의 향방에 따라 스트리밍 사업자와 극장 간 갈등이 치열해질 수도 있다. 오스카가 스트리밍 사업자에게 대상을 줄 경우는 더욱더 그러하다.

한편, 2021년 2월 개최 예정이었던 제93회 오스카영화제의 오프라인 행사는 결국 4월 25일로 두 달 연기되었다. 오스카상을 주최하는 아카데미 영화상 심사위원회는 취소도 심각하게 고민했지만 시기를 조정해 개최하는 방법을 택했다. 그러나 코로나 바이러스 대유행 이후 일상의 규칙이 바뀐 지금으로선 모든 일정이 불투명하다.

# 바닥을 경험한 엔터테인먼트 시장

엔터테인먼트 업종은 코로나 바이러스 대유행으로 가장 큰 타격을 받은 분야 중 하나다. 코로나 바이러스가 엔터테인먼트 업종에 끼친 악영향을 한마디로 정리하면 '외부 활동의 중단'이다. 고객들이 직접 보고(드라마, 영화, 뉴스 등) 경험하는(영화제, 행사, 테마파크 등) 것이 업종의 특성인 만큼, 움직이지 않는 격리는 이들 기업의 실적 하락으로 이어졌다. 디즈니, NBC유니버설, CBS 등 여러 기업의 영업과 광고 매출이 급감했고 무급휴직도 이어졌다. 지금 이 글을 쓰는 동안에도 기업의 무급휴직이 결정되었다는 뉴스가 들려온다. 오프라인 공간도 거의 모두 폐쇄됐다. 극장, 테마파크, 동물원 등이 문을 닫았고 각종 이벤트 행사도 대부분 중단됐다. 콘텐트 사업자 입장에서는 현장에서 소비자나 바이어들을 만날 기회가 사라진 것이다.

그중에서도 디즈니의 추락은 모두에게 의외였다. 디즈니의 10만 명 무급휴직 결정은 상반기 가장 큰 뉴스 중 하나였다. 코로나 바이러스 대유행 이전까지만 해도 막강한 콘텐트(스타워즈, 픽사, 마블 스튜디오)로 세상을 호령하던 디즈니가 바이러스의 습격에 쓰러졌다. 전문가들은 콘텐트를 중심으로 막강한 수직 계열화 체인을 만든 것이 오히려 독이 됐다고 평가한다. 코로나 바이러스에 영향을 받지 않은 분야가 없을 정도로 디즈니의 모든 사업이 추락했다. 고통을 받은 곳이 디즈니뿐만은 아닐 것이다. 디즈니가 가진 문제는 모든 할리우드 스튜디오들이 느끼는 공통된 문제였다.

## 디즈니, 코로나 바이러스로 14억 달러 손실

2020년 5월에 공개된 디즈니의 1분기 실적이 할리우드 전체의 큰 관심을 받았다. 코로나 바이러스가 확산하는 가운데 그 영향이 얼마나 되는지 가늠할 수 있는 지표일 수 있기 때문이었다. 전임 CEO이자 이사회 의장인 밥 아이거Bob Iger는 코로나 바이러스로 인한 피해가 14억 달러에 달한다고 밝혔다. 테마파크 부문만 10억 달러 규모의 매출 손실을 봤다. 그 때문에 디즈니의 2020년 1분기 순익도 전년 대비 91%나 떨어져 4억7,500만 달러를 기록했다. 1분기 실적 악화로 디즈니는 2020년 1분기 주주 배당을 포기했다.

피해는 여기서 끝이 아니다. 전체 직원 22만 명의 절반가량인 10만 명의 직원이 무급휴직을 당했다. 디즈니는 늘어나는 영업 손실을 보전하고 운영비를 벌기 위해 50억 달러 규모의 채권을 발행하기도 했다. 그러나 1분기 실적이 피해의 끝은 아니다. 2020년 3월 중순부터 테마파크가 폐쇄되고 크루즈가 멈추기 시작한 점을 고려하면 진짜 큰 피해는 테마파크가 완전히 문을 닫은 2분기가 될 가능성이 크다. 2020년 5월 11일 중국 상하이 디즈니랜드가 다시 문을 열었지만 온전한 상태는 아니다. 수용 가능 인원(8만 명)의 30%만 입장이 가능하고 사회적 거리 두기의 적용으로 각종 놀이기구도 빈 곳을 많이 둬야 한다.

15년을 장기 집권한 디즈니의 밥 아이거 전임 CEO. 2020년 2월 자리에서 물러났지만, 그가 만들어놓은 디즈니 왕국의 영향력은 어마어마했다. 루카스필름Lucas film, 마블, 픽사 등이 제작한 콘텐트를 중심으로 완벽한 생태계가 만들어졌다. 테마파크뿐만 아니라 새롭게 시작한 스트리밍 서비스 디즈니+도 시작 6개월 만에 가입자 수 5,500만 명을 돌파했다.

그러나 그 영광의 모습이 2020년에는 보이지 않는다. 세계에서 가장 큰 엔터테인먼트 기업이 코로나 바이러스의 직격탄을 맞았다. 2020년 1분기 총 매출은 지난해 같은 분기에 비해 21% 상승한 180억 달러였지만, 영업이익은 37%나 떨어진 24억 달러를 기록했다. 당기 순이익은 전년 같은 분기에 비해 무려 91%가 떨어진 4억7,500만 달러였다.

밥 아이거 디즈니 이사회 의장은 1분기 투자자 미팅에서 "영화관이 오픈하고 테마파크가 다시 개장하면 매출이 회복될 것"이라며 "앞으로 희망이 있다"고 강조했다. 코로나 바이러스의 장기화는 디즈니에 좋은 소식이 아니다. 근본적인 비즈니스 모델 변화를 수반하기 때문이다. 그동안 콘텐트 저작권을 중심으로 강력한 '고객 경험' 생태계를 구축한 디즈니로선 두려운 현실이다. 사람들은 테마파크와 극장을 예전처럼 편하게 이용하지 못한다. 마블의 영화를 이용해 고객들을 테마파크로 끌어들였던 생태계의 변화가 불가피해졌다.

## 테마파크 부문, 코로나 바이러스에 직격탄

2020년 5월 5일에 있었던 실적 발표에서 가장 타격을 받은 것으로 나타난 사업군은 다름 아닌 테마파크 부문이다. 3월 중순 이후 전 세계 모든 테마파크가 문을 닫으면서 매출이 전혀 발생하지 않았다. 중국 상하이를 시작으로 7월에는 미국 플로리다 등의 디즈니랜드가 문을 열었지만, 과거와 같은 모습은 아니다. 사회적 거리 두기와 접촉을 두려워하는 고객들 때문에 수용 인원을 줄일 수밖에 없었다. 중국 정부는 상하이 디즈니랜드 입장 정원을 수용 가능 인원의 30%가량인 2만4,000여 명만 받으라고 주문했다.

테마파크 부문은 디즈니 내에서 성장이 빠른 사업군이었다. 폐쇄 직전인 2019년 4분기에는 방문객들이 테마파크에서 지출한 비용이 사상 최고를 기록했다. 그러나 코로나 바이러스가 모든 걸 바꿔놓았다. 스튜디오 등 여타 엔터테인먼트 사업부의 이익이 감소하는 상황에서

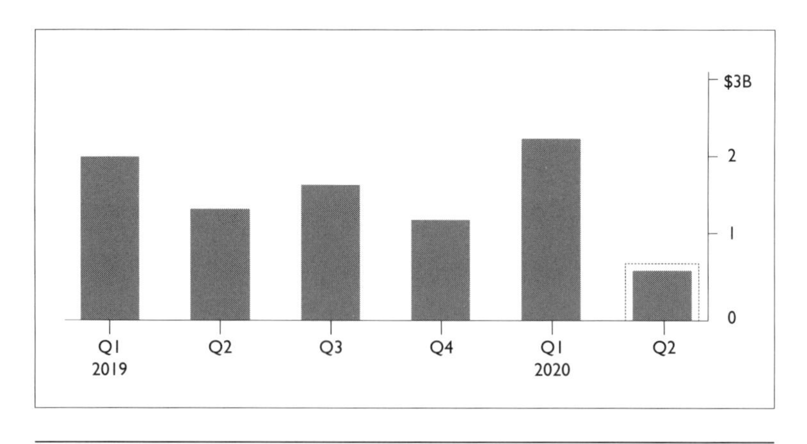


디즈니 테마파크 부문 영업이익 (출처: 블룸버그)

테마파크의 부진은 그야말로 뼈아프다. 2020년 1분기 스튜디오-엔터테인먼트 사업부의 매출은 19% 상승한 25억 달러였다. 그러나 영업이익은 8% 떨어져 4억4,600만 달러에 그쳤다.

결국 디즈니는 2020년 4월 사상 초유의 임금 삭감에 나섰다. 디즈니 CEO인 밥 체이펙Bob Chapek의 임금을 50% 삭감하고 다른 임원들도 직급별로 일괄 삭감했다. 체이팩은 임원들에게 보낸 이메일에서 "우리는 이 위기를 이겨내기 위해 다양한 조치를 시행할 것"이라며 "오는 4월 5일부터 부사장급 20%, 수석부사장 25%, 대표이사 이상 30%의 임금을 삭감할 것"이라고 말했다. 밥 체이펙 본인은 그의 월급 중 50%를 반납하고, 이사회 의장인 밥 아이거는 임금 전액을 포기할 것이라며 "이전에 우리는 이보다 더한 위기도 이겨냈다"고 강조했다.

디즈니 임원진의 임금 일괄 반납은 코로나 바이러스가 디즈니에 주는 악영향의 강도를 확인할 수 있는 대표적 사례다. 양질의 콘텐트 생산으로부터 모든 가치 생태계가 형성되는 디즈니에게 콘텐트 생산과 유통이 멈췄다는 사실은 악몽이었다. 〈뮬란〉을 비롯해 디즈니의 거의 모든 영화의 개봉이 중단됐고, 디즈니랜드, 크루즈 라인, 디즈니 스튜디오도 제작과 생산을 멈췄다. 코로나 바이러스로 인해 수익이 거의 발생하지 않은 것이다.

디즈니는 임금 삭감과 함께 일시적인 해고, 즉 무급휴직도 발표했다. 글로벌 콘텐트 1위 기업의 발표라는 점에서 충격적이다. 무급휴직은 회사가 경영상 어려움에 빠졌을 때 취하는 조치로 고용 상태는 유지하면서 임금은 지급하지 않는 형태다. 완전한 해고와는 다르다. 무급휴직은 디즈니 임원들의 일시적 임금 삭감 이후에 나온 대책이어서 '코로나 바이러스의 영향'이 얼마나 큰지를 보여주는 심각한 사례로 인식된다.

월트 디즈니 월드의 재개장 알리는 홈페이지

번에 복귀하기는 쉽지 않아 보인다. 디즈니의 무급휴직은 LA 경제에도 악영향을 끼쳤다. 디즈니의 총 직원은 23만 명 수준으로 이 중 절반 정도가 LA 지역에 근무한다.

## 새로운 질서 속 디즈니파크 재개장

3개월의 고난의 행군 뒤, 플로리다의 '월트 디즈니 월드'가 2020년 7월에 개장했다. 3월 중순 이후 거의 4개월 만의 개장이다. 코로나 바이러스 확산 여파가 남은 상태였지만 더 미룰 경우 사업에 큰 타격이 예상돼 전격적으로 다시 문을 열기로 했다. 그러나 홍콩 디즈니랜드는 코로나 바이러스 재확산으로 재개장 한 달 만에 다시 문을 닫았다.

어렵사리 문은 열었지만, 위생 규정이 매우 강화됐다. 입장하는 고객들의 체온을 측정해야 하고, 사회적 거리 두기에 따라 물리적 대기가 길어졌다. 최소한의 접촉을 통한 테마파크 이용이 핵심이다. 식당 결제도 모바일 주문이나 '접촉을 최소화할 수 있는 수단(카드 등)'을 권장하기로 했다. 3세 이상 이용객들은 모두 마스크를 써야 한다. '밀접 접촉 경험 High-touch experiences'이 요구되는 공간과 이벤트는 재개에서 제외됐다. 수용 인원을 제한하고 사람들이 모여드는 퍼레이드와 이벤트도 당분간 중단하기로 했다. 그 때문에 디즈니 테마파크가 과거의 영광을 다시 찾을 수 있을지는 아직 확실치 않다.

## 접촉에 대한 불안이 온라인 축제를 만들다

코로나 바이러스는 사람들의 발을 묶었다. 행정 명령과 외부 활동에 대한 두려움으로 행사나 축제 등에 방문하려는 사람들이 거의 사라졌다. 이에 2020년 3월 이후 열릴 예정이던 각종 전시회, 축제 등이 대부분 취소됐다. 이들 이벤트는 오프라인 대신 온라인으로 방향을 전환했다. 일부 영화제는 스트리밍 서비스나 소셜 미디어 서비스와 손을 잡고 각종 미디어 플랫폼에서 이벤트를 열기도 했다. 코로나 바이러스가 만들어낸 새로운 트렌드다.

온라인 축제가 코로나 바이러스 이후 새로운 흐름이 될지 주목된다. 사실 코로나 바이러스가 이른 시일 내에 종식되지 못하고 접촉에 대한 불안감을 만들어낸 상황인 만큼, 온라인 행사나 축제들이 또 다른 이벤트로 자리 잡을 가능성이 매우 크다. 과거에는 무료였던 온라인 이벤트들의 유료화도 속속 도입되고 있다. 기업 입장에서 긍정적인 측면도 있는 것이다. 몇 가지 대표적인 사례를 정리해 보자.

**사우스 바이 사우스웨스트** 텍사스 오스틴Austin에서 매년 3월 열리던 사우스 바이 사우스웨스트SXSW가 코로나 바이러스로 취소됐다. 영화, 인터랙티브, 음악 페스티벌 등이 열리는 SXSW는 오스틴에서 매해 봄마다 개최되어 50여 개국 2만여 명의 관람객이 참여한다. 수년 전부터는 IT, 콘텐트 업체들도 참석해 새로운 기술과 신작을 소개하는 장이 되고 있다. 그러나 2020년에는 행사가 취소되면서 많은 이들이 음악과 콘텐트, 서비스를 소개할 기회를 잃었다. SXSW는 고심 끝에 아마존 프라임 비디오와 함께 온라인으로 'SXSW 2020'을 4월 말에 개최했다.

많은 영화 제작자가 이 온라인 행사에 참석해 프라임 비디오에 그들의 신작 영상을 독점 공개했다. 물론 오프라인 행사와는 규모가 달랐지만, 최대한 분위기를 내려고 노력했다. 아마존은 프라임 회원뿐만 아니라 원하는 모든 이들에게 이 영상을 공개했다. 행사에 참석한 영화 제작자들은 상영료 개념의 콘텐트 제공료를 받았다. 아마존 스튜디오 CEO인 제니퍼 살케Jennifer Salke는 성명을 통해 "SXSW가 영화 제작자들에게 그들의 작품을 공개할 기회를 제공할 수 있어서 매우 기쁘다"라며 "오프라인의 즐거움을 온라인에서 전달할 것"이라고 언급했다.

SXSW는 온라인 플랫폼에서 IT 기술과의 결합도 시도했다. 오큘러스TV와 함께 '가상 영화 상영회'를 시도한 것이다. 이 이벤트는 관객이 영화 공간 안에 있는 것처럼 느끼게 하는 것이 핵심인데, 관객들이 VR 안경을 쓰고 영화를 감상하는 방식이었다. 당초 오프라인 행사로 구상했으나 온라인에서도 충분히 그 느낌을 즐길 수 있었다.

**버닝맨 페스티벌** 네바다 지역 대표 축제인 버닝맨Burning Man도 영향을 받았다. 조직위원회는 2020 버닝맨 페스티벌을 취소하고 온라인 이벤트를 열기로 했다. 주최 측은 "여러 곳에서 다양한 의견을 청취한 결과, 올해 블랙 록 시티Black Rock City에서 개최할 예정이던 버닝맨을 취소한다"며 "가슴 아프지만 그게 옳은 결정이라고 생각한다"고 말했다. 2020년 버닝맨은 네바다 북부 '블랙 록' 사막에서 8월 30일부터 9월 7일까지 열릴 예정이었으나 개최가 취소되면서 티켓 판매가 중단되었다. 해마다 사막에서 열리는 버닝맨 페스티벌은 예술가들과 기술 애호가들, 일반 참가자들이 자유분방한 분위기에서 다양한 캠프에 정렬해 여는 행사다. 행사의 마지막은 버닝맨을 불태우며 끝난다.

**샌디에이고 코믹콘** 2020년 7월 22일~25일 샌디에이고에서 열릴 예정이던 만화, 애니메이션 전시회 '샌디에이고 코믹콘 2020 San Diego Comic-Con 2020'도 공식 취소됐다. 코믹콘이 시작된 지 50년 만에 처음 있는 일이다.

코믹콘 인터내셔널Comic-Con International, CCI은 2020년 4월 17일 "만화와 애니메이션을 주제로 한 팝 컬처 컨벤션으로 불리는 코믹콘이 코로나 바이러스 확산 우려로 열리지 않을 것"이라며 "다음 코믹콘은 내년 7월 22~25일에 같은 장소에서 열린다"고 밝혔다. 매년 7월 미국 캘리포니아 샌디에이고 컨벤션 센터에서 열리는 코믹콘은 평균 13만5,000명의 관람객이 현장을 찾는다. 2021년 7월에 행사를 열겠다고 했지만, 코로나 바이러스 확산세가 진정되지 않으면 이 역시 장담할 수 없다.

당초 코믹콘은 예정대로 7월 말에 진행될 가능성이 컸다. 캘리포니아 지역의 코로나 바이러스 확산 속도가 점점 느려진 데다 5월 이후부터 비즈니스를 재개하겠다는 움직임이 나타나고 있었기 때문이다. 그러나 캘리포니아가 대규모 감염을 우려해 많은 인원이 모이는 행사의 금지 시한을 여름까지 연장할 조짐을 보이자, 전격적으로 취소를 결정했다.

**유튜브 온라인 영화제** 코로나 바이러스 대유행으로 영화제들이 연기되거나 취소되자, 유튜브가 2020년 5월 29일부터 6월 7일까지 열흘간 디지털 필름 페스티벌을 열었다. 20개 영화제와 함께 개최되었으며, 이 기간 동안 전 세계 영화팬들은 무료로 영화를 볼 수 있었다. 페스티벌 이름은 〈We Are One〉으로 트리베카 영화제와 공동 주최했다. 이벤트에 참가한 영화제는 칸 영화제Cannes Film Festival, 토론토 국제 영화제Toronto International Film Festival, 선댄스 영화제Sundance Film Festival, 베를린 국제 영화제Berlin International Film Festival, 트리베카 영화제Tribeca Film Festival, 베니스 영화제Venice Film Festival 등이다. 온라인 영화제는 유튜브에서만 진행됐다. 유튜브는 영화제와 함께 단편 상영, 패널 토론 등 실제 영화제 환경과 유사하게 이벤트를 구성했다.

기본적인 관람료는 무료지만 영화제 참가자들이 코로나 바이러스 극복을 지원하는 기금에 기부할 수 있도록 했다. 하지만 이 온라인 축제가 실제 20개 오프라인 영화제를 대체하는 것은 아니다. 2020년 하반기나 내년에 열리는 국제 영화제들의 경우에는 취소 여부를 아직 결정하지 않았다. 그러나 이 결정도 어떻게 될지 모른다.

# 언론 미디어, 무급휴직과 정리해고

언론 및 미디어 기업도 코로나 바이러스 확산으로 큰 위기를 맞았다. 광고를 수익 모델로 삼고 있는 대다수 매체에서 광고 감소로 인한 수익 저하가 심각했다. 수익 악화는 사상 초유의 무급휴직, 정리해고로 돌아왔다. 지역 미디어가 가장 심각했고, 코로나 바이러스가 장기화하면서 CBS, 폭스 등 메이저 미디어도 무급휴직을 할 수밖에 없었다. 그러나 아이러니하게도 코로나 바이러스 확산 정국에서 시청률과 열독률은 사상 최대였다. 수익은 발생하지 않는데 시민들의 뉴스에 관한 관심으로 시청률은 올라간 것이다. 그래서 더욱더 힘든 나날을 보내고 있다. 비용은 늘어나는데 수익은 그만큼 발생하지 않기 때문이다. 코로나 바이러스가 뉴스 미디어에 끼친 새로운 영향이다. 그나마 뉴욕타임스, 월스트리트저널 등 광고가 아닌 구독 기반 모델로 전환한 미디어들은 버틸 힘이 존재했다.

### 메이저 언론사들마저 정리해고, 임금삭감

미국 미디어들은 2020년 초반부터 고난의 시기를 보내고 있다. 코로나 바이러스 대유행으로 광고 매출도 큰 타격을 입었다. 메이저와 지역 미디어 등 언론사의 크기를 가리지 않았다. 광고를 주된 수익 모델로 하는 매체들은 모두 큰 영향을 받았다.

과거에도 많은 위기가 있었지만, CBS 등 지상파 방송사나 메이저 언론사들은 예외였다. 그러나 코로나 바이러스는 이런 규칙을 허용하지 않았다. 사실상 모든 미국 경제가 가동을 멈춘 만큼, 광고를 기반으로 한 메이저 언론사들도 막대한 피해를 입었다. 정리해고나 무급휴직을 시행한 메이저 언론사는 CBS와 FOX가 대표적이다. CBS의 CEO 조지 칙스George Cheeks는 2020년 5월 28일 직원들에게 보낸 성명에서 "비용 절감의 여파는 CBS 엔터테인먼트와 CBS 뉴스 부문까지 미쳤다"며 "CBS 뉴스의 경우, 75명을 정리해고하기로 했다"고 언급했다.

CBS 뉴스의 정리해고는 충격으로 다가왔다. NBC, ABC, CBS 등 이른바 메이저 미디어 중 첫 번째 정리해고이기 때문이다. CBS 뉴스 부문 대표인 수잔 지린스키Susan Zirinsky는 "이번 해고는 재정적인 압박 때문"이라며 "해고 이후에도 프로그램을 줄이거나 뉴스 비중을 낮추지는 않을 것"이라고 설명했다. 그러나 상황이 악화할 경우 아무도 미래를 장담하지 못한다.

폭스, 월스트리트저널 등을 운영하는 뉴스코퍼레이션도 코로나 바이러스의 위협을 피할 수 없었다. 이 회사는 미국과 호주에서 100여 명의 직원을 해고했고 임원들의 임금도 삭감했다. 톰슨 CEO는 75%의 성과급을 포기했고, 이사회 의장인 루퍼트 머독Rupert Murdoch은 모든 보너스를 포기했다. 선임 이사들의 보너스도 20% 삭감했다.

뉴스코퍼레이션과 폭스의 대주주인 루퍼트 머독과 그의 아들 라클란 머독은 2020년 9월까지 자신들의 임금을 포기하기로 했다. 광고 급락이 가장 큰 원인이다. 이들이 폭스에서 지급받는 연봉은 1년에 5,500만 달러나 된다. 이들뿐만 아니라 일부 고위 임원들도 임금 삭감에 동참한다. 폭스의 CEO인 라클란 머독은 지난 2020년 4월 22일 이같은 내용의 메모를 직원들 7,700명에게 보냈다. 라클란 머독은 "우리는 정확히 언제 회사가 정상으로 돌아갈지 알 수 없다"며 "이 위기를 이겨내기 위해 몇 가지 새로운 조치할 수밖에 없다"고 말했다. 이와 함께 폭스는 모든 직원의 임금을 동결했다.

## 절망스런 위기에 처한 지역 매체

미국 지역 미디어의 위기는 절망에 가깝다. 니만랩 Nieman Lab에 따르면 2020년 4월 현재 미국 내 100여 개 신문이 무급휴직 등을 실시했다. 더 우려스러운 것은 몬테레이 컨트리 위클리 The Monterey Country Weekly, 새크라멘토 뉴스&리뷰 The Sacramento News & Review, 탬파 베이 타임스 The Tampa Bay Times, 디트로이트 메트로 타임스 Detroit Metro Times 등 지역 대표 신문들이 무급휴직 대열에 합류했다는 사실이다. 이들 매체는 코로나 바이러스 확산 상황에서 지역민들의 신뢰를 받는 정보원 역할을 하고 있다. 미국 미디어 전문 연구소들은 올해 미국 지역 광고 시장이 20~25% 감소할 것으로 예측했다. 미 대통령 선거, 코로나 바이러스 확산 등으로 지역 매체들에 대한 요구가 급증하고 있는 상황을 고려하

미국 미디어 기업의 코로나 바이러스 피해 상황(출처: 각 사)

| 구분 | 내용 |
|---|---|
| 가넷미디어 | 4월~6월 연봉 3만8000달러 이상 수령자 1주일 무급휴직<br>가넷 임원 25% 임금 삭감 |
| 메이븐 미디어 | 9% 인원 감축<br>고임금자 30% 임금 삭감 |
| 디즈니 | 밥 체이펙 CEO 등 임원 20~100% 삭감<br>직원 10만 명 무급휴직 |
| 버즈피드 | 임원 14~25% 임금 삭감<br>5월~8월 68명 무급휴직 |
| 뉴욕타임스 | 2020년 1분기 광고 매출 15% 하락 전년 대비 |
| LA타임스 | 4월 19일부터 무급휴직<br>편집국과 경영 선임 매니저 향후 12주간 5~15% 임금 |

면 아이러니한 상황이라는 분석이다.

지역 매체의 위기를 단적으로 보여주는 사례는 가넷Gannett의 무급휴직이다. 미국 최대 지역 미디어 기업인 가넷이 휴직과 임금 삭감 의지를 밝혔다. 코로나 바이러스 확산으로 인한 심각한 경기 침체 때문이다. 또 다른 지역 미디어인 게이트하우스Gatehouse와 합병한 가넷은 미국 46개 주 261개 지역의 대표 신문을 가진 최대 지역 언론사다. 심지어 전국지인 USA투데이도 소유하고 있다. 따라서 가넷의 위기는 미국 지역 언론의 위기와도 같다.

가넷의 CEO 폴 바스코버트Paul Bascobert는 직원들에게 보낸 이메일에서 "회사를 지키기 위해 가넷 소속 100개 이상의 신문들은 일주일의 무급휴직을 해야 할 것"이라며 "임원들의 임금을 25% 삭감하고, 본인은 연봉을 포기할 것"이라고 덧붙였다. 코로나 바이러스로 인한 광고 감소 등 경제적인 타격이 업계의 유력한 미디어에까지 번지는 상황이다.

LA타임스는 코로나 바이러스의 광풍이 몰아친 2020년 4월, 임직원들을 대상으로 무급휴직을 실시하고 일부 매니저들의 임금을 삭감하겠다고 밝혔다. 이에 앞서 미국 대표 미디어 연예 전문지 할리우드리포터를 소유한 발렌스 미디어Valence Media도 10여 명의 시니어 기자를 해고하겠다고 발표했다. 두 매체 모두 LA 지역과 업계에서 상당한 위치를 차지하고 있는 유력 미디어들이다. 그래서 이들의 결정이 더욱 충격으로 받아들여졌다.

두 매체 모두 이같이 극단적인 결정을 내린 배경으로 급격한 광고 매출을 꼽았다. 코로나 바이러스로 인해 열독률은 급상승했지만, 광고 매출은 오히려 급락했다. 경제 활동이 위축된 기업들이 광고를 내보내지 않기 때문이다. 할리우드 등에서 콘텐트 제작이 완전히 멈춰 섰다는 점도 매체에 미치는 영향이 크다. 현재 미국에선 LA타임스나 할리우드리포터처럼 콘텐트, 미디어 분야를 커버하면서 수익을 올리는 매체들이 상대적으로 많다. 미디어 산업의 규모가 크기 때문인데, 결국 코로나 바이러스로 인한 경제적 타격, 제작 중단 등이 미디어의 생존에까지 영향을 끼친 것이다.

### 코로나 바이러스의 직격탄을 맞은 뉴미디어 언론

뉴미디어 언론의 선두주자로 불리던 기업들도 코로나 바이러스 대유행으로 줄줄이 쓰러졌다. 복스VOX, 바이스VICE, 버즈피드, 쿼츠 등 새로운 미디어 포맷으로 혁신의 바람을 불어넣었던 기업들이다. 그러나 이들 업체의 주된 수익 구조는 모두 광고다. 따라서 광고가 들어오지 않자 버틸 수가 없었다. 구독자 기반으로의 비즈니스 모델 전환이 절실해 보인다.

2020년 4월 18일, 복스는 향후 3개월 동안 전체 9% 직원을 대상으로 무급휴직을 실시한다고 밝혔다. 이와 함께 비용 절감을 위해 남은 직원들의 임금 삭감, 연금보험의 회사분 지급 중단 등을 결정했다. 복스의 CEO 짐 뱅코프Jim Bankoff는 직원들에게 보낸 메모에서 "오늘 우리 회사의 역사에서 중요하고 어려운 결정을 했다"며 "수익 감소 정도를 예측할 수 없지만, 아마도 수천만 달러가 될 것이며 2분기는 더 힘들 수 있다"고 말했다. 뉴욕에 본사를 둔 복스미디어는 복스, 뉴욕매거진New York Magazine, 더 버지The Verge를 비롯하여 버락 오바마 대통령을 인터뷰 한 리코드Recode를 소유하고 있으며, 미디어 분야에서 상당한 취재력을 인정받고 있다.

한때 HBO와 협업하는 등 비디오 저널리즘 분야에서 큰 두각을 나타냈던 바이스도 코로나 바이러스의 파고를 넘지 못했다. 바이스의 CEO 낸시 두벅Nancy Dubuc은 1년에 10만 달러 이상을 받는 직원의 90일 연봉을 삭감하겠다고 밝혔다. 1인당 3개월 치 임금을 삭감하겠다는 것이다. 이와 함께 직원들의 퇴직연금을 같은 비율로 내주던 이른바 매칭matching도 60일간 중단한다. 물론 두벅 본인의 연봉도 삭감하고 임원들의 연봉도 25% 깎아서 고통을 분담하기로 했다. 대상 직원만 155명이다. 더 늘어날지 모른다.

버즈피드BuzzFeed도 2020년 3월 25일에 직원들의 임금을 5월부터 강제적으로 삭감하겠다고 밝혔다. 창업주이자 대표인 페레티Peretti는 본인 월급도 포기하겠다고 밝혔다. 경제 전문 뉴미디어 쿼츠Quartz는 더 강력한 조치를 했다. 전체 직원의 절반에 가까운 100여 명을 해고하고 글로벌 지국도 구조 조정하기로 했다. 뉴미디어의 대명사로 인정받던 매체들이 위기를 넘지 못하는 모습이다. 직원 해고에 앞서 쿼츠는 런던, 샌프란시스코, 홍콩, 워싱턴 지국을 폐쇄하고 임원들의 월급을 25~50%까지 삭감하는 등 자구 노력을 했으나 그 정도 노력으로는 광고 감소에 대응할 수 없었다. 지난 2012년 설립된 쿼츠는 글로벌 경제와 산업, 미디어 등에 특화된 인터넷 매체다. 깊이 있는 분석으로 대학 교수, 기업 임원 등 오피니언 리더와 관련 분야를 공부하는 학생들에게 인기가 많았다.

# 스트리밍 서비스와 구독 모델의 부상

코로나 바이러스가 미디어 시장을 흔들어 놓고 있다. 거의 모든 사람의 발이 묶이면서 가정 내 스트리밍 서비스 이용 시간 급증 사실이 여러 지표를 통해 확인되었다. 단기간의 조사 수치이긴 하지만, 스트리밍 서비스의 확장이 향후 대세로 자리 잡을 가능성이 크다. 자기격리 기간에 넷플릭스 등 다양한 스트리밍 서비스를 경험한 고객들은 대유행이 끝난 이후에도 고객으로 남을 가능성이 크다는 것이 전문가들의 분석이다. 저렴한 가격과 필요한 콘텐트만 골라볼 수 있다는 장점 때문이다. 미국 내 실제 조사 수치를 보며 미래를 예측해보고자 한다. 미국이 앞서가고 있지만, 한국의 변화도 그리 멀리 않았다.

2020년 3월 이후 스트리밍 서비스를 이용하는 고객이 부쩍 늘었다. 시청률 조사기관 닐슨에 따르면 3월 1~3주 미국 시청자들이 스트리밍 서비스를 본 시간은 4,000억 분으로 추정된다. 닐슨의 스트리밍 미터 서비스Streaming Meter service 결과를 조사한 수치다. 지난 2019년 같은 기간과 비교하면 85%가 넘는 급성장이다. 스트리밍 미터 서비스는 TV 채널 시청률 조사와 유사한 시스템으로, 닐슨은 시청자들의 스트리밍 서비스 이용 패턴을 조사하기 위해 TV를 통해 스트리밍 방송을 보는 시청자들의 집에 피플 미터People Meter를 설치해 관련 데이터를 조사한다.

## 대세로 자리 잡아가는 스트리밍 서비스

닐슨의 조사 결과에 따르면 2020년 3월 들어 주간 단위로 스트리밍 이용자가 급증하는 추세였다. 격리 기간과 대상이 늘어났기 때문으로 분석된다. 3월 16일~23일 주간의 경우, 미국 가정에서 1,561억 분의 콘텐트가 스트리밍됐는데, 전 주(9일~15일)보다 22% 증가한 수치였다. 전년 동기와 비교하면 2.2배의 성장이다.

이용 증가에 따라 스트리밍 서비스가 전체 TV 시청 시간에서 차지하는 비중도 서서히 높아지고 있다. TV를 보는 시간 중 상대적으로 넷플릭스, 디즈니+ 등 스트리밍 서비스를 이용하는 시간이 늘고 있다는 이야기다. 닐슨에 따르면 해당 기간 4주 동안, 이 흐름이 계속됐다(기준일은 2020년 3월 31일). 3월 16일 주간(16~22일) 스트리밍 사업자들의 TV 시청 점유율은 23%였다. TV를 10분 동안 보면 스트리밍 서비스를 이용하는 시간이 2.3분에 달한다는 이야기다. 이는 전년 같은 기간에 비해 16% 증가한 수준이다. 이 분석에는 스마트폰이나 PC로 스트리밍 서비스를 이용한 경우는 포함되지 않았다. 이를 포함하면 스트리밍 서비스 시청 시간이 더욱 증가할 가능성이 크다.

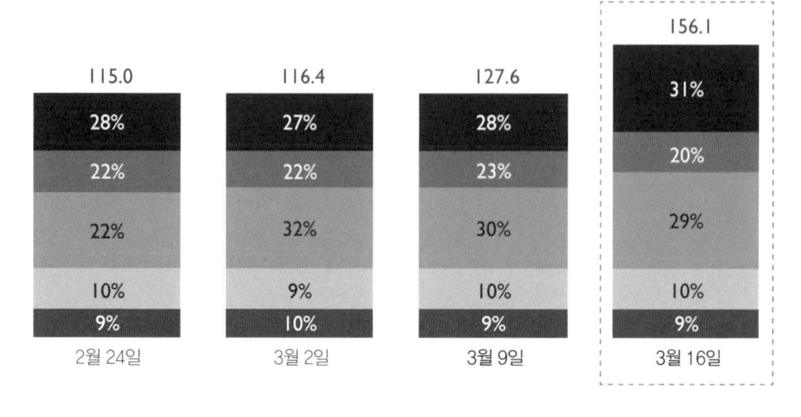


2020년 3월 둘째 주 스트리밍 서비스 시청 시간 및 분포 (출처 : 버라이어티)

사업자별로 보면, 넷플릭스가 코로나 바이러스 위기에도 가장 많은 시청 점유율을 기록했다. 2020년 3월 16일 주간 전체 스트리밍 TV 시청 시간의 29%를 차지했다. 그러나 치열한 경쟁을 반영하듯 점유율은 미세하게 줄었다. 뒤를 이어 유튜브 20%, 훌루 10%, 아마존 프라임 비디오 9% 등이다. 닐슨의 조사에서 주목할 부분이 있는데, 바로 '기타' 항목이다. 수치상으로 보면 31%인데 점차 증가하는 추세다. '기타'로 분류된 서비스들이 바로 디즈니+, 애플TV+ 등이다. 지난 2019년 11월 말에 출시한 이 스트리밍 서비스들이 코로나 바이러스 대공황을 틈타 점유율을 확대하고 있다. 향후 넷플릭스의 강력한 경쟁 상대가 될 가능성이 크다. 특히, 학교에 가지 못하는 어린이들이 디즈니+를 본다는 점을 고려하면 다음 조사에서는 순위권 내에 들 가능성이 크다. 물론 격리가 이어진다면 속도가 더 빨라질 것으로 보인다. 이와 함께 2020년 5월 27일 출시된 HBO MAX도 성인층 사이에서 빠르게 시장 점유율을 높이고 있다.

다른 스트리밍 서비스들이 더 많은 시청자의 시간을 점유할 경우, 시장 판도도 바뀔 것으로 보인다. 이 추세가 이어질 경우, 전체 TV 시청 시간에서 스트리밍이 차지하는 비중이 더욱 늘어나 절반을 넘어서는 날도 머지않았다는 분석이다. 코로나 바이러스로 인한 자가격리로 이 속도는 더 빨라질 것으로 보인다.

특히, 스트리밍 서비스들이 빠르게 TV를 대체하면서 보다 간편하게 볼 수 있는 서비스들이 부상할 가능성도 있다. 코미디나 시트콤 등 익숙한 TV쇼들이 많은 훌루 같은 서비스가 수혜를 입을 수도 있다. 젊은 세대에 비해 상대적으로 스트리밍 서비스 이용 빈도 낮았던 노년층의 이용이 늘면서 콘텐트를 소비하는 트렌드가 달라질 수도 있다.

한편, 닐슨은 3월 9일(9일~15일) 주간 스트리밍 서비스 중 가장 많이 시청한 10개 콘텐트도 공개했다. 일단 미국에서는 넷플릭스와 아마존 두 개 사업자만 조사했는데, 향후 다른 스트리밍 서비스로 조사를 확대한다는 계획이다. 이 조사에 따르면 1위는 마크 월버그Mark Wahlberg가 출연하는 넷플릭스 오리지널 콘텐트인 〈스펜서 컨피덴셜Spencer Confidential〉로 한 주간 12억500만 분을 시청했다. 2위는 놀랍게도 할리우드 고전 시트콤인 〈오피스The Office〉다. 12억3,000분을 시청해 1위와 큰 차이가 나지 않았다. 물론 이 수치도 스마트폰과 PC를 통한 시청 시간이 포함되지 않았기 때문에, 이를 더하면 실제 시청 시간은 더 늘어날 것으로 보인다. 최근 들어 넷플릭스도 국가별 상위 10개 시청 순위를 공개하지만, 구체적인 시청자 숫자 데이터를 오픈하지는 않는다. 그래서 이 수치가 흥미롭다.

## 코로나 확산, 스트리밍엔 호재

코로나 바이러스의 확산으로 많은 것이 바뀌었다. 대부분은 외부 활동을 할 수 없게 되면서 나타난 변화다. 콘텐트 시장도 마찬가지다. 극장이 폐쇄되고 스포츠 경기들이 중단되면서 콘텐트 유통 주도권이 급속하게 스트리밍 사업자로 넘어가고 있다. 실시간 시청이 중요한 스포츠가 힘을 발휘하지 못하기 때문이다. 이와 관련하여 미디어 연예 전문지 버라이어티는 2020년 4월 22일에 〈COVID-19 and Its Impact on OTT Video〉라는 주제로 각 분야 전문가들과 웹 세미나를 열었다. 시청률 조사기관 닐슨, 버라이즌 미디어, 버라이어티 등 각 분야 전문가들이 모인 이 자리에서 다양한 측면의 스트리밍 부상이 논의되었다. 중복되는 측면이 있지만, 이 주제를 요약해본다. 국내 상황과는 좀 맞지 않는 부분이 있을 수도 있으나 모든 미디어 업계에 닥쳐올 변화다.

**스트리밍 콘텐트 소비 급증** 웹 세미나에 따르면 2020년 4월 4일 하루 동안 미국인들이 TV를 통해 스트리밍 콘텐트를 시청한 시간이 270억 분이나 됐다. 닐슨의 자료인데, 1년 전 일주일에 700억 분을 보던 것에 비하면 급상승한 결과다. 닐슨은 단 하루에 5만 년 동안 상영할 수 있는 콘텐트를 본 셈이라고 세미나에서 평가했다. 코로나 바이러스 확산 이후 스트리밍을 통한 콘텐트 이용 시간이 증가한 사실은 여러 지표에 확인된다.

**콘텐트 쟁탈전 심화** 소비자가 늘어남에 따라 스트리밍 사업자들의 콘텐트 쟁탈전도 거세지고 있다. 자가격리 시간이 길어지면서 콘텐트 유통 사업자들과 스트리밍 사업자들은 새로운 콘텐트를 찾고 있다. 그런 이유로 일부 콘텐트는 공개 시점을 조정하면서 스트리밍 시장 확대에 대응하고 있다고 한다. 이 같은 스트리밍 시장 경쟁이 콘텐트 사업자에게 새로운 기회가 될 수 있다는 조언이다.

**유료 VS 무료 스트리밍 서비스** 광고 모델이냐 가입비 모델이냐, 개방형이냐 폐쇄형이냐 하는 수익 모델의 차이가 스트리밍 콘텐트 수급의 차이도 만들고 있다. 사실 이 같은 서비스 경쟁과 긴장이 스트리밍 서비스를 더욱 확대할 것으로 보인다. 유료방송 TV 시장 초기에도 이런 경쟁이 있었다. 무료 스트리밍 서비스 가입자가 늘어나면 웬만한 유료 서비스보다 더 수익이 많은 상황이 올 수도 있다. 광고 모델로서의 공고함이다.

**다양한 장르 콘텐트 소비의 증가** 버라이즌 미디어Verizon Media에 따르면 2020년 3월에서 4월 사이 미국인들의 월간 뉴스 소비가 54%나 증가했고 게임 소비는 60%, 엔터테인먼트 콘텐트 소비도 134%나 늘었다. 인터넷 트래픽도 스트리밍 TV 시청 시간 증대로 3월 기준, 전년 동기 대비 380% 상승했다. 실시간 스포츠 중계의 부재가 다양한 콘텐트로 관심을 분산시킨 결과다. 버라이즌의 분석에 따르면 인터넷 제공 사업자의 평균 다운로드 속도가 15% 정도 감소했다. 이용자가 늘었기 때문이다.

**비디오 압축 기술의 고도화** TV 시청 환경이 스트리밍으로 넘어감에 따라 경쟁도 치열해지고 있다. 인터넷 사용량이 늘면서 망 서비스에 부담을 느낄 수밖에 없는데, 이 같은 악조건 속에서도 안정적인 서비스를 제공해야 하는 것이 스트리밍 사업자들의 의무다. 이에 스트리밍 시장의 확대는 콘텐트 압축 기술의 고도화로 이어지리라는 것이 세미나 참석자들이 지적이었다. 이와 함께 운영비용도 최소화해야 해서 이래저래 기술 투자에 집중할 수밖에 없다.

## 넷플릭스와 디즈니의 패권 싸움

코로나 바이러스의 확산세가 이어지는 가운데, 올드 미디어 기업인 디즈니와 뉴미디어 스트리밍 기업인 넷플릭스의 패권 다툼이 계속되고 있다. 이 두 기업은 미디어 업계 시가 총액 1위 자리를 두고 뺏고 뺏기는 싸움을 벌이고 있다. 그러나 코로나 바이러스 확산 이후 넷플릭스가 앞서는 날이 많아졌다.

넷플릭스의 경우, 코로나 바이러스로 인한 피해가 거의 없었다. 이런 점이 주가에 반영된 것이다. 그 덕분에 2020년 4월 1일 이후 디즈니를 제치고 최고 미디어 그룹으로 등극하는 날이 많아졌다. 4월 이전에는 디즈니가 폭스를 인수한 이후 총 92주 동안 넷플릭스에 앞서 있었다. 디즈니의 주가는 테마파크를 재개장한 6월 이후 많이 회복됐지만, 넷플릭스의 추격 역시 계속되고 있다.

2020년 들어 디즈니는 테마파크가 문을 닫고 영화도 개봉하지 못했다. TV 프로그램 및 콘텐트 제작도 제대로 되지 않으면서 추락이 계속됐다. 스트리밍 서비스인 디즈니+는 코로나 바이러스의 영향을 입지 않았지만, 디즈니+만으로 디즈니 전체를 구하기에는 역부족이었다. 실

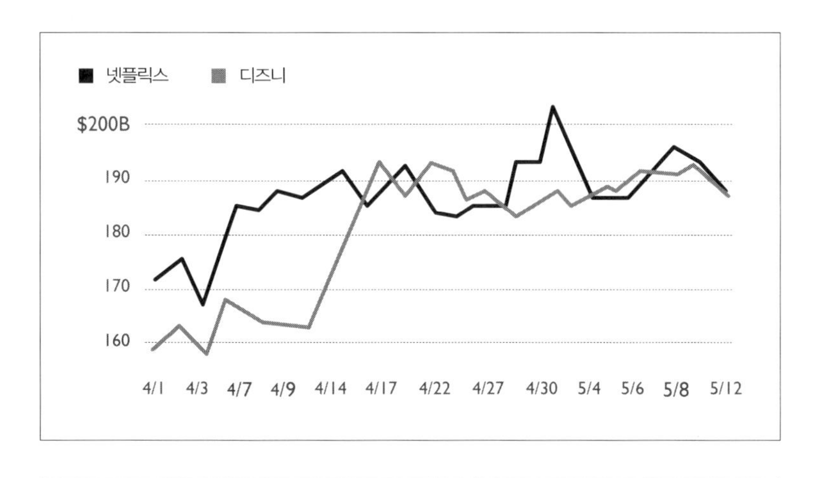


넷플릭스와 디즈니의 시가 총액 비교 (출처: 버라이어티)

적도 바닥을 쳤다. 2020년 1분기 회사의 총 영업 수익은 전년 대비 12억7,900만 달러나 줄었다.

넷플릭스는 상대적으로 호황이었다. 수익 기반이 광고 모델이 아닌 가입자 모델이고, 스포츠 중계도 하지 않기 때문에 가능했다. 자가격리 명령으로 집에 있는 시간이 길어진 영향도 컸다. 2020년 4월 21일에 실시한 1분기 실적 발표에서 넷플릭스는 "코로나 바이러스로 인한 제작 지연은 없다"고 못 박았다. 반면 디즈니는 내년 극장 개봉 예정이었던 뮤지컬 영화 〈해밀턴Hamilton〉을 오는 7월 디즈니+에서 스트리밍으로 서비스한다고 밝혔다. 제작 차질로 스트리밍 서비스에 공개할 오리지널 콘텐트가 부족해졌기 때문이다.

전문가들은 현재 100~110달러 사이인 디즈니 주가가 향후 100달러 미만으로 떨어질 것으로 전망한다. 그럴 경우, 넷플릭스와의 시가 총액 차이가 더 벌어질 것으로 예상된다. 반대로 넷플릭스는 광고 매출 등에 영향을 받지 않기 때문에 주가와 시가 총액에 큰 차이가 없을 것으로 보인다. 뿐만 아니라 코로나 바이러스의 영향이 커지면 커질수록 넷플릭스의 힘은 더욱 강해질 것으로 예상된다.

# 2

## 완성되는
## 스트리밍 경제

STREAMING

# 스트리밍 전쟁, 생존이 중요하다

새로운 사업자의 등장으로 인한 시장의 변화는 당연한 결과다. 뜨는 사업자가 있으면 지는 사업자도 있다. 미국 미디어 시장도 비슷한 분위기다. 넷플릭스와 아마존 프라임 비디오가 만들어놓은 스트리밍 시장에 애플과 디즈니가 가세했고 이들이 새로운 질서를 만들어가고 있다. 2020년으로 접어들면서 숏폼Short-Form 스트리밍 사업자 퀴비Quibi와 막강한 경쟁자 HBO MAX가 스트리밍 시장에 들어왔다. 그야말로 '스트리밍 시대Streaming Era'가 열린 것이다.

세대는 30년 주기로 변한다고 한다. 미디어 시장도 비슷한 양상을 보였다. 1920년 무성영화에서 유성영화로 전환했고, 30년 뒤인 1950년대는 TV의 등장이 전성기를 이끌었다. 이후 1980년대에는 케이블TV가 전문 장르 콘텐트의 시작을 알렸다. 2000년대 이후에도 이 같은 30년 변화 주기가 이어지고 있다. 2020년 TV 시장에 부는 스트리밍 혁명은 과거의 혁명적 변화에 비유할 만하다. TV를 인터넷으로 보는 시대가 된 것이다.

### 스트리밍의 시대가 온다

스트리밍 서비스는 방송 변화의 중심에 있다. 지난 2007년 이 시장(스트리밍 시장)을 개척한 넷플릭스는 10년 만에 콘텐트 업계의 거인이 됐다. 1년에 콘텐트 제작비로 200억 달러를 투입하고, 전 세계 가입자 수는 2020년 3월말 현재 1억8,300만 명에 달한다. 코로나 바이러스 확산으로 시청자들이 집에 있는 시간이 길어지면서 넷플릭스의 힘은 더 강해졌다. 더 많은 시간을 넷플릭스와 함께 한 것이다.

스트리밍 시장에 넷플릭스만 있는 건 아니다. 미국 시장 조사 업체

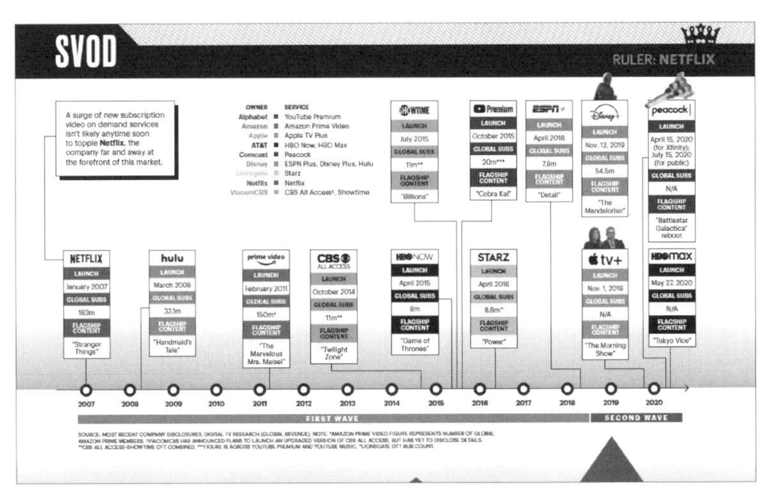

◐ 스트리밍 사업자들의 시장 참여 시기와 주요 콘텐트 (출처: 버라이어티)

파크스어소시에이츠Parks Associates에 따르면 미국에서만 271개의 사업자가 스트리밍 시장에 뛰어들었다. 호러Horror, 다국어, 뉴스 등 전문적인 스트리밍 서비스도 점차 확산하고 있다. 전문 채널들이 1970년대 미국 케이블TV 시장을 열었던 것처럼, 스트리밍 서비스 시장도 전문 서비스들이 개척하고 있다.

## 할리우드 스튜디오들의 시장 참여

스트리밍 시대로의 완전한 변화를 확신하는 이유는 또 있다. 전통의 할리우드 스튜디오들이 본격적으로 이 시장에 뛰어들고 있기 때문이다. 2019년 11월, 디즈니가 요란한 소리를 내며 시장에 들어왔다. 디즈니의 스트리밍 담당 대표인 케빈 메이어는 2021년 스트리밍 시장에 10억 달러를 투자한다고 밝혔다. (케빈 마이어는 현재 틱톡Tictoc 대표로 자리를 옮겼다) 모두 오리지널 콘텐트를 만들기 위한 돈이다. NBC유니버설의 피콕과 워너미디어의 HBO MAX도 2020년 4월과 5월에 스트리밍 서비스에 진출했다.

2020년 2월 2일 열린 캔자스시티 칩스Kansas City Chiefs와 샌프란시스코 49erg San Francisco 49erg의 슈퍼볼 결승전 광고는 스트리밍 사업자들의 치열한 전투 양상을 정확히 확인할 수 있는 현장이었다. 슈퍼볼 광고의 경우, 어마어마한 비용(30초당 560만 달러)으로 인해 대형 기업들만 광고를 하는데, 2020년에는 훌루와 마블의 디즈니, 숏폼 콘텐트 스트리밍 서비스 퀴비가 광고주 대열에 합류했다.

3대 스튜디오가 스트리밍 시장에 진입하면서 할리우드의 많은 질서가 바뀌고 있다. 콘텐트 수급 구조뿐만 소비 구조도 바꾸고 있다. 그동안 이른바 미들맨(플랫폼)을 통해 시청자와 만났던 방송사업자들이 그들의 스트리밍 서비스를 통해 시청자와 실시간으로 만나고 있다. 뉴욕타임스는 기사를 통해 할리우드 스튜디오들이 스트리밍 시장에 가세하면 그들의 주요 수익 기반이었던 케이블TV 채널 수입(광고 및 재전송료)은 위기에 빠질 거라고 진단하기도 했다. 그동안 디즈니나 워너의 프로그램을 방송하며 플랫폼으로부터 채널 사용료를 받아 수익을 올렸던 디즈니 채널Disney Channel이나 TBS는 커다란 위기에 직면했다.

할리우드 스튜디오들의 참전으로 인해 스트리밍 시장 경쟁의 중심은 '기술Technology'이 아닌 '콘텐트Content'가 됐다. 그 때문에 넷플릭스나 아마존 같은 기술 대기업을 상대해야 하는 할리우드 스튜디오들은 아마 창업 이후 가장 강한 적을 만난 기분이 들 것으로 보인다. 스트리밍 전투를 위한 비용(콘텐트 제작)이 엄청나게 소요될 것으로 보이는 것은 당연하다. 기술에 대한 이해와 시스템에 대한 투자는 물론이고, 새로운 전투(스트리밍)를 벌이는 동시에 기존 영역(케이블TV)을 수성하기 위한 고민도 필요해졌다. 물론 기존 영역이 점점 소멸해 가고 있기는 하지만 자기의 영토를 순식간에 포기하기는 어려운 일이다.

하지만 스트리밍 시장 성장기인 지금까지는 모두 나쁘지 않은 분위기다. 지난 2019년 11월 12일 스트리밍 시장에 뛰어든 디즈니는 출범 하루 만에 1,000만 명이 넘는 가입자를 확보했다. 2020년 5월에는 가입자가 5,400만 명을 넘어섰다. 한 달에 7달러가 안 되는(6.99달러) 가격에 마블, 픽사 등 디즈니의 7,500개 TV 콘텐트를 볼 수 있다는 장점이 많은 사람을 유혹했다. 글로벌 진출 속도도 빨라져서 2020년 3월 유럽에 이어 6월에는 동아시아 일본에도 진출했다. 한국 시장 진입도

시간문제다. 이 정도 가격에 그만한 양의 콘텐트라면 디즈니가 모든 승부수를 걸었다고 봐도 무방하다. 디즈니+ 론칭에 모든 힘을 쓴 이는 밥 아이거 전 CEO다. 현재 이사회 의장으로 물러난 그는 디즈니+를 시작하면서 "우리는 모든 것을 걸었다.We are all in"라고 표현했다.

디즈니의 대표 콘텐트는 스타워즈의 확장판 TV 시리즈인 〈만달로리안The Mandalorian〉이다. 이와 함께 〈앙코르Encore〉와 같은 오리지널 콘텐트를 속속 추가하면서 가입자를 늘리고 있다.

2020년 5월 27일 스트리밍 시장 진출을 선언한 AT&T 워너미디어는 HBO를 전면에 들고나왔다. 이름도 HBO MAX다. 가격은 다소 비싼데 한 달 가격이 14.99달러다. 그러나 콘텐트가 남다르다. 수십 년간 콘텐트 비즈니스를 한 업력에 1만 시간에 가까운 워너미디어 콘텐트와 〈프렌즈Friends〉, 〈사우스파크South Park〉, 〈빅뱅이론The Bigbang theory〉 등 할리우드 고전급 인기 콘텐트도 제공된다. 일본 지브리 스튜디오의 애니메이션 작품들도 포함됐다. 뿐만 아니라 〈배트맨Batman〉, 〈세서미스트리트Sesame Street〉 같은 팬이 많은 콘텐트도 HBO MAX를 통해 선보인다. 물론 CNN의 뉴스와 다큐멘터리도 포함됐다. 넷플릭스는 할리우드 최고의 스튜디오를 경쟁자로 만난 셈이다. HBO MAX에서는 〈전함포템킨The Battleship Potemkin〉에서부터 최신 영화 〈조커Joker〉까지, 시트콤 〈프렌즈〉에서부터 드라마 〈웨스트월드Westworld〉, 〈왕좌의 게임Game of Throne〉, CNN의 〈무비Movies〉까지 모두 볼 수 있다. 5월 27일 출시 첫날 모바일 애플리케이션만 90만 건이나 다운로드를 기록했다.

NBC유니버설의 피콕은 일단 컴캐스트 고객을 대상으로 4월에 데뷔했다. 그러나 피콕의 정식 공개일은 7월이다. 4월에는 NBC의 모회사인 케이블TV 사업자 컴캐스트의 고객만을 대상으로 했고, 7월에는 모든 이들을 대상으로 공개했다. 피콕의 가장 큰 특징은 방대한 콘텐트 라인업이다. 100년을 이어온 스튜디오인 만큼 콘텐트 라이브러리가 엄청나다. 1만5,000시간에 가까운 방송과 〈오피스〉, 〈프레이저Frasier〉와 같은 할리우드 고전도 있다. 〈SNL〉과 〈배틀스타 갈락티카Battlestar Galactica〉도 다시 만들어진다. 고전 유니버설 영화도 당연히 서비스된다. 가격은 3단계로 잡았다. 광고 유무와 컴캐스트 고객 여부에 따라 무료(피콕 프리)에서부터 9.99달러(피콕 프리미엄)까지 가격이 다르다.

스트리밍 시장을 넘보는 기업은 할리우드 스튜디오뿐만이 아니다. 실리콘밸리를 기반으로 하는 애플, 페이스북, 스냅챗Snapchat, 퀴비 등도 진출했거나 기회를 엿보고 있다. 애플의 경우, 애플TV+를 2019년 11월에 시작했다. 숏폼 콘텐트를 사업 모델로 하는 퀴비도 4월 7일 첫 시작을 알렸다. 이와 함께 투비Tubi, 플루토TV 등 광고를 수익 모델로 한 무료 스트리밍 서비스도 세를 확장하고 있다. 기존 넷플릭스, 아마존 비디오 서비스 등도 스트리밍 콘텐트 투자를 늘리고 있다.

스트리밍 사업자의 가세로 미국 방송 시장은 과거 어느 때보다 치열한 경쟁을 벌이고 있다. 그러나 이 같은 경쟁으로 가장 큰 피해를 보는 곳은 스트리밍 서비스 사업자가 아니라 바로 TV 방송사다. 스트리밍 방송 서비스의 성장은 시청자들의 TV 시청 패턴의 변화를 수반한다. 시청자들의 TV 시청 패턴이 채널이 아닌 콘텐트 단위로 변하고 있다. 그 때문에 실시간 TV 시청 고객을 대상으로 한 광고가 주요 비즈니스 모델인 기존 방송국들은 힘들 수밖에 없다. 2020년 3월 이후부터는 코로나 바이러스가 대유행하면서 스트리밍 사업자들을 전면으로 끌어들였다. 넷플릭스의 CEO인 헤이스팅스는 2019년 뉴욕타임스가 개최한 딜북Dealbook 행사에서 "시청자들이 유료방송 구독을 중단하고 있으므로 스트리밍 사업자들에게 앞으로 많은 기회가 있을 것"이라며 "전통적인 TV 시청자는 감소하고 있으며 이는 스트리밍의 성장을 더욱 가속화 하고 있다"고 말했다. 한마디로 스트리밍 전쟁의 피해자는 스트리밍이 아니라 전통적인 유료방송이라는 이야기다.

## 플랫폼 없는 전쟁

현재 스트리밍 전쟁에 참여한 사업자는 크게 두 종류로 나눌 수 있다. '할리우드 스튜디오'와 '실리콘밸리 기술 기업'. 이들 간의 스트리밍 전쟁은 다양한 방식으로 진행되고 있다. 그 첫 번째는 케이블TV 등 방송 플랫폼 없이 직접 만나는 고객을 확보하기 위한 경쟁이다. 스트리밍 시대, 할리우드 스튜디오들은 경쟁력 있는 콘텐트를 극장 대신 온라인으로 곧바로 스트리밍 서비스하고 있다. 그 때문에 극장과 갈등하고 있지만, 대세를 무시할 수는 없다. 앞서 설명했듯이 NBC유니버설은 극장에서 선보인 영화 〈트롤2〉를 스트리밍 서비스에 조기 투입했다. 디즈니도 애니메이션 〈아르테미스〉와 뮤지컬 영화 버전 〈해밀턴〉을 디즈니+에 공개했다.

HBO는 당초 극장 개봉 예정이던 〈슈퍼인텔리전스Superintelligence〉의 일반인 공개 일정을 변경해 HBO MAX에 스트리밍 서비스하기로 했다. 새로운 스트리밍 플랫폼을 띄우기 위해서다. 여기에 다 언급하지 못했지만, 스트리밍 사업자들이 만드는 많은 영화가 이제 스트리밍 서비스로 직행하고 있다. 할리우드에서도 TV 제작과 영화 제작의 경계가 사라지고 있다. 투입하는 돈도 마찬가지다. 〈만달로리안〉의 경우, 편당 제작비가 영화에 버금가는 300만 달러 이상이나 된다.

스트리밍 서비스의 확산으로 기존 유료방송 사업자에게 위기가 닥쳐오고 있다. 사람들은 이제 더 빠른 속도로 유료방송 구독을 중단하고 있다. 케이블TV의 경우, 아직까지는 엔터테인먼트 산업의 돈줄 역할을 하고 있지만 이제 그 역할이 수명을 다하고 있다. 미국에서 2019년 3분기에만 약 200만 명의 고객이 유료방송을 중단했다. 전체 가입자의 7% 가까운 수치다. 미국 방송 시장 분석 회사 모펫내탄슨MofftettNathanson에 따르면 2020년 1분기에만 180만의 가입자가 유료방송을 떠났다. 물론 디즈니나 워너브러더스 등 대형 할리우드 스튜디오도 유료방송 플랫폼과 결별을 준비하고 있다.

케이블TV를 중심으로 방송하던 실시간 채널들도 시련의 시간을 맞았다. 특히, 코로나 바이러스의 확산은 이들 채널의 고객들을 빠르게 이탈시켰다. ESPN이나 브라보Bravo, HGTV 같은 인기 채널들은 아직 실적이 나쁘지 않지만, 신생 채널이나 시청률 하위권 채널은 플랫폼 시장에서 퇴출당하거나 스스로 나가고 있다. 2020년 들어 알자지라 아메리카 등이 케이블TV 시장에서 철수했다.

### 기술 대기업들의 인재 싹쓸이

기술 대기업의 인재에 대한 투자도 할리우드를 위협하고 있다. 넷플릭스, 아마존 프라임 비디오, 애플 등으로의 창작자 쏠림 현상이 나타나고 있다. 유명 작가들은 이미 기술 대기업이 장악했다. 〈블랙키시black-ish〉의 켄야 바리스Kenya Barris, 〈아메리칸 호러 스토리American Horror

Story〉의 작가 라이언 머피Ryan Murphy, 〈그레이 아나토미Grey's Anatomy〉의 숀다 라임스Shonda Rhimes, 〈왕좌의 게임〉의 데이비드 베니오프David Benioff와 D. B. 와이스D. B. Weiss 등이 넷플릭스와 차기 작품을 작업 중이다. HBO에 수많은 에미상을 안겼던 전 CEO 리차드 프레플러Richard Plepler는 애플TV+와 손을 잡았다.

콘텐트 창작자들의 몸값도 올라가고 있다. 할리우드와의 콘텐트 창작자 쟁탈전으로 제작비 인상도 계속되고 있다. 테드 사란도스 넷플릭스 콘텐트 최고 책임자는 한 세미나에서 "지난해(2019년)보다 콘텐트 제작 단가가 30% 이상 상승했다"라고 말하기도 했다. 그래서 일부 할리우드 제작 스튜디오 중에는 기술 대기업의 투자 덕분에 돈이 넘쳐나는 곳도 있다.

하지만 대부분의 할리우드 제작자들은 늘어난 제작 편 수 때문에 근무환경이 더욱 열악해지고 있다. 뉴욕타임스에 따르면 지난 2019년 할리우드에서 제작된 드라마는 495편 정도였는데, 이는 2011년에 비해 85% 증가한 수치다. 스트리밍 사업자들의 증가 때문이다. 일부 제작사들은 늘어난 편 수를 맞추느라 한계점으로 몰리고 있다.

스트리밍 사업자의 확산은 할리우드 고용계약에도 변화를 가져왔다. 디즈니의 경우 TV쇼 계약에 새로운 방식을 채택했다. 과거에는 제작 초기 일부 제작비를 지급하고 성공하면 재방송 등에 따른 수익을 받는 방식을 채택했지만, 지금은 아니다. 현재는 넷플릭스 등 IT 대기업들처럼 초기에 거의 모든 제작비를 지급하고 있다. 성공에 따른 추가 수익 보전은 없다. 저작권도 대부분 스트리밍 사업자가 보유한다.

이 때문에 제작자들의 불만도 이어졌다. 콘텐트 성공에 대한 추가 수익을 기대할 수 없기 때문이다. 많은 돈을 보장받는 인기 작가들은 괜

찮지만, 평균 이하의 소득을 받는 작가들은 불공정한 계약이라며 불평하고 있다. 이에 13,000명의 시나리오 작가들이 속한 미국 작가조합Writers Guild of America, WGA은 파업 가능성까지 거론하고 있다.

미국 작가조합은 2020년 5월 미국제작자협회AMPTP와 표준 계약을 위한 단체 협상에서 스트리밍에 대한 추가 보너스를 요구했다. 자신들이 쓴 TV 프로그램이 TV가 아닌 넷플릭스, HBO MAX 등 스트리밍 서비스에서 상영될 때 발생하는 수익을 배분해 달라는 내용이다.

기존 수익 배분 조항의 경우 재방송이나 VOD 시장 등으로 넘어갈 때 존재했지만, 스트리밍 서비스에 이를 요구한 것은 처음이다. 전체 TV 시장의 주도권이 스트리밍으로 넘어가고 있음을 방증하는 사례다. 기술의 발전이 TV 제작과 관련한 변화에 이어 전통적인 계약 방식도 바꾸고 있다.

### 콘텐트 확보 전쟁, 인기 콘텐트를 잡아라

TV의 미래로 불리는 '스트리밍 서비스'는 올드 미디어의 클래식 콘텐트도 넘보고 있다. 정확히 말하면 수집하고 있다. 스트리밍 가입자 확보를 위해 독점적 콘텐트가 필요하기 때문이다. 특히, 수십 년간 미국 TV에서 사랑받은 이른바 클래식 콘텐트에 대한 권리 확보전은 점입가경이다. 스트리밍 사업자들의 콘텐트 확보 경쟁은 2019년 7월을 기점으로 2020년 초까지 계속 이어졌다. 주요 스트리밍 사업자들은 편당 수억 달러에서 수십억 달러의 돈을 투입하고 있다. 넷플릭스, HBO MAX 등 스트리밍 사업자들이 2019년 9월부터 12월 사이 〈빅뱅이론〉,

〈오피스〉 등 스트리밍 서비스에서 인기가 높은 클래식 콘텐트를 확보하기 위해 쓴 돈만 65억 달러다.

이들 사업자가 클래식 콘텐트에 눈길을 주는 이유는 간단하다. 가입자들의 클래식 콘텐트에 대한 충성도가 매우 높기 때문이다. 지난 2018년 넷플릭스에서 시청자들이 가장 많이 본 콘텐트는 신작이 아니다. 바로 〈오피스〉다. 제작한 지 20년도 더 된 과거의 시트콤이 가입자들을 사로잡았다.

## 넷플릭스, <사인필드>를 품다

2019년 9월 16일, 미국 미디어들은 넷플릭스를 대서특필했다. 넷플릭스가 미국 유명 코믹 시트콤 〈사인필드Seinfeld〉 방영권을 확보했다는 소식이었다. 온라인 매체뿐만 아니라 전국 단위의 TV 방송국에서도 관련 뉴스를 보도했다. 주요 메이저 방송사인 ABC와 CBS 등은 아침 뉴스에서 긴급하게 소식을 전했다.

〈사인필드〉는 1989년부터 1998년까지 NBC에서 방영된 시트콤이다. 현대 미국인의 가정과 삶을 코믹하게 잘 그려내 미국인에게 상징적인 작품으로 여겨진다. 현재는 훌루가 미국 내 방영권을 가지고 있고, 아마존 프라임 비디오가 전 세계 방영권을 보유하고 있다. 이번 계약으로 넷플릭스는 180편의 사인필드를 향후 5년간 미국 가입자에 공급하게 됐다. 계약 가격은 양사의 비밀 유지 조항으로 정확히 알려지지 않았다. 업계에서는 5억 달러 이상일 것으로 예측한다. 연간 1억 달러 수준의 빅 딜Big Deal.

그러나 넷플릭스는 이 정도 금액을 큰돈으로 생각하지 않는 것 같다. 투자 대비 효율이 확실하기 때문이다. 전 세계 1억8,300만 명의 가입자(2020년 1분기 기준)를 가진 넷플릭스는 '가입자 당 콘텐트 투입 가격'이 매우 낮은 편이다. 즉, 다소 비싸게 사 오더라도 남는 장사라는 이야기다. 넷플릭스가 〈사인필드〉에 올인했던 이유는 그들 역시 콘텐트를 경쟁사에 대거 빼앗겼기 때문이다. 〈프렌즈〉, 〈오피스〉 등 굵직한 할리우드 콘텐트가 넷플릭스가 아닌 HBO MAX와 NBC유니버설의 피콕에 방영권이 넘어갔다. 테드 사란도스 넷플릭스 콘텐트 최고책임자는 "사인필드는 TV 코미디 중 가장 뛰어난 작품"이라며 "재미를 유지하는 동시에 시청자들의 만족도를 위해 4K급으로 화질을 높일 것"이라고 말했다.

5억 달러는 워너미디어가 시트콤 〈프렌즈〉를 넷플릭스에서 빼앗기 위해 투입한 4억2,500만 달러와 비슷한 금액이다. 대형 시트콤 가격 '연간 1억 달러'라는 공식이 만들어진 셈이다.

사인필드의 가격이 엄청나게 오른 이유는 스트리밍 사업자 간 치열한 경쟁 때문이다. 100회 이상의 에피소드를 가진 방송 프로그램 가격이 매우 가파르게 상승하고 있다. 대부분 시트콤이나 코믹 드라마 장르다. HBO가 자사의 스트리밍 서비스인 HBO MAX를 위해 워너브러더스에서 구입한 〈빅뱅이론〉도 6억 달러 가까이 됐다.

스트리밍 전쟁의 중심에 클래식 콘텐트가 위치한 이유는 몰아보기binge watch에 적합한 볼륨Volume 때문이다. 100회 이상의 편 수는 스트리밍의 일반적인 시청 형태인 몰아보기에 최적화되어 있다. 이들 프로그램은 가입자들을 끊임없이 잡아둘 수 있고 클래식 콘텐트를 보고 난 뒤 다른 콘텐트를 클릭하는 이른바 낙수효과도 좋다는 사실이 입증

됐다. 이와 관련 NBC유니버설은 넷플릭스에 넘겨줬던 자사의 코미디 시트콤 〈오피스〉를 5억 달러에 되찾았다. 게다가 2020년 7월 론칭한 NBC유니버설 스트리밍 서비스 피콕을 위해 새로운 시리즈(리부트)를 제작하기로 했다.

스트리밍 사업자 간 클래식 TV 콘텐트 쟁탈전은 앞으로도 계속될 가능성이 크다. 2019년 11월, 스트리밍 시장에 진입한 디즈니의 경우에는 타사에 자신들의 콘텐트를 넘기지 않겠다고 공언했다. 이른바 콘텐트 장벽Content wall을 친 것인데 스타워즈를 보기 위해서는 무조건 디즈니+를 봐야 한다. 물론 클래식 방송 콘텐트의 영향력에 대한 반론도 있다. 1억8,000만 명의 가입자를 가진 넷플릭스였기에 콘텐트의 생명을 연장할 수 있었다는 이야기다. 넷플릭스에 〈프렌즈〉가 있으니 찾아보는 것이지, 〈프렌즈〉를 보기 위해 서비스에 새로 가입하는 고객이 얼마나 있을지는 의문이다.

결론적으로 〈사인필드〉 방영권 확보가 넷플릭스에 얼마나 '가입자 유인 효과'를 가져올 것인가? 냉정하게 말해서 〈사인필드〉만을 보기 위해 넷플릭스에 가입하는 사람은 거의 없을 것이다. 물론 현재의 가입자들에게 매력적인 건 사실이다. 블룸버그Bloomberg의 보도에 따르면 현재 넷플릭스에서 AMC, NBC 등의 콘텐트가 사라질 경우, 전체 가입자의 45%가 구독을 중단할 것이라고 답하기도 했다.

미디어 전문 매체인 VOX는 "넷플릭스는 사인필드로 이득을 볼지 모른다. 그러나 사람들이 넷플릭스를 오리지널 콘텐트가 아닌 사인필드를 볼 수 있는 곳으로 인식할 경우 기존 고객들을 잃어버릴 수도 있다"고 언급했다. 일리가 있다. 넷플릭스만의 새롭고 혁신적인 콘텐트가 나오지 않을 경우, 지금의 가입자가 유지될지 의문이다. 이런 이유 때문인지 아마존 프라임 비디오는 아직까지 클래식 콘텐트 쟁탈전에 뛰어들지 않고 있다.

한편 넷플릭스의 창업주이자 CEO인 리드 헤이스팅스Reed Hastings는 버라이어티와의 인터뷰에서 "2019년 11월이 스트리밍 사업자 전쟁의 시작이며 전혀 다른 세상이 펼쳐질 것"이라면서 "우리는 몰아보기 정책을 계속 유지할 것이며 다른 비즈니스 모델은 생각하지 않고 있다"고 설명했다. 2019년 11월은 디즈니와 애플이 스트리밍 서비스 시장에 뛰어든 시기다.

### HBO, <빅뱅이론>과 <사우스파크>에 과감한 투자

HBO도 가만있지 않았다. 프리미엄 채널이자 선 굵은 작품을 만드는 HBO는 2020년 5월 새롭게 내놓은 스트리밍 서비스 HBO MAX를 위해 과감히 실탄을 투입했다. 지난 2019년, 미국 방송 시장 최고 히트작 중 하나인 〈빅뱅이론〉의 재방송권을 확보했다. 〈빅뱅이론〉의 스트리밍 방송 권한은 CBS가 12년간 보유하고 있었는데, 이제 HBO로 넘어왔다. 사실 〈빅뱅이론〉의 최초 제작 방영은 NBC였다. 〈사인필드〉 제작도 NBC였던 점을 고려하면 미국도 과거 지상파 방송사(네트워크)가 TV 시대를 주도했음을 알 수 있다. HBO는 〈빅뱅이론〉을 앞세워 스트리밍 방송 시대, 주도권을 쥐겠다는 생각이다.

HBO의 재방송 권역은 미국에 한정된다. 가격은 정확히 알려지지 않았는데, 시세를 보면 5억 달러 정도로 보인다는 것이 현지의 반응이다. 같은 워너미디어 그룹 내에 속한 TBS는 〈빅뱅이론〉의 TV 재방송

◐ 주요 스트리밍 사업자의 클래식 TV프로그램 방영 권리 확보 현황

| 사업자 | 프로그램 | 비고 |
|---|---|---|
| 넷플릭스 | 〈사인필드〉 | NBC 최초 방영<br>〈오피스〉와 〈프렌즈〉를 잃고 확보<br>2021년부터 5년간 매해 1억5,000만 달러 이상 |
| HBO MAX | 〈빅뱅이론〉 | 2020년부터 5년간 5억 달러<br>TBS의 재방권을 포함해 6억 달러 |
| NBC유니버설 | 〈오피스〉 | 넷플릭스로부터 되찾음<br>피콕 첫선<br>2021년부터 5년간 5억 달러 |

권한을 연장했는데, 이를 포함하면 워너미디어에서 총 6억 달러가량을 〈빅뱅이론〉에 쏟아부었다.

HBO의 〈빅뱅이론〉 권리 확보는 최근 치열해지고 있는 클래식 콘텐트 확보 경쟁과 무관치 않다. 수십 년 동안 꾸준히 인기를 끌고 있는 대작 콘텐트를 가졌다는 것은 고정적으로 유입되는 가입자를 보유하고 있다는 말과 같다. 넷플릭스는 이미 〈사인필드〉의 방영권을 5억 달러에 구입했고, NBC유니버설은 자사의 스트리밍 피콕을 위해 〈오피스〉 방영권을 5억 달러에 확보했다. 넷플릭스에 설욕한 것이다. HBO MAX는 또 다른 클래식 콘텐트인 시트콤 〈프렌즈〉의 방영권도 4억2,500만 달러를 주고 샀다. 계약 기간은 5년이다.

워너미디어는 자사의 케이블TV 채널인 TBS네트워크의 〈빅뱅이론〉 재방권도 오는 2028년까지 연장했다. TBS는 케이블TV, IPTV 등 유료 방송 플랫폼에서 낮은 대역 채널을 보유하고 있는데 매일 아침과 저녁에 〈프렌즈〉나 〈빅뱅이론〉을 재방송하고 있다. TBS는 당초 스트리밍에 〈빅뱅이론〉을 넘길 경우, 사전 허가를 받아야 하는 권한까지 가지고

HBO MAX에 서비스되는 <프렌즈> 홈페이지

있다. 어쩌면 계열사인 HBO에 이 권리를 허락한 것이 당연한 이야기일 수 있다. 미국 현지 방송계에선 〈빅뱅이론〉 방영권 인수 이후 HBO MAX에 관심이 집중됐다. 2020년 5월 27일 HBO MAX가 출시했을 때도 〈프렌즈〉, 〈빅뱅이론〉 등 할리우드 고전 콘텐트 라인업을 보고 싶다는 가입자들이 많았다. 과연 HBO MAX는 넷플릭스의 경쟁자가 될 수 있을까?

워너미디어는 〈사우스파크〉의 미국 내 방영권도 따냈다. 넷플릭스와의 격전이 시작되는 모습이다. 워너미디어가 지불한 가격은 약 5억 달러다. 이번 계약에 따라 HBO MAX는 총 23개 시즌의 모든 에피소드를 방송할 수 있게 됐다. 계약 시기는 HBO MAX의 론칭 시점인 2020년 6월부터다. 5억 달러는 무척 큰돈이지만 5년 계약이라는 점을 염두에 두면 현재 시장 가격 수준이다. 〈사우스파크〉의 경우 300편이 넘는 에피소드를 보유하고 있어 편당 경쟁력은 더 뛰어난 편이다.

지난 1997년 첫선을 보인 〈사우스파크〉는 20년이 지난 지금까지도 미국인들에게 인기가 높은 이른바 효자 콘텐트다. 지난해 젊은 층에서 케이블TV를 통해 가장 많이 본 콘텐트로 꼽히기도 했다. HBO는 기존 프로그램뿐만 아니라 HBO MAX에서 새로운 에피소드를 제작해 방송하기로 했다. 이에 대해 케빈 라일리Kevin Reilly HBO 대표는 "사우스파크는 어떤 콘텐트와 비교해도 손색이 없는 할리우드 고전 중의 고전"이라고 말하기도 했다.

### 스포츠 미디어 권력의 세대교체

미국만큼 스포츠 시장이 큰 나라도 없다. 이 때문에 매체들의 스포츠 중계 경쟁도 뜨겁다. 굳이 메이저리그 팀이 아니더라도 지역 연고 야구, 축구팀을 취재하는 매체들이 매우 많다. 인구 25만 명의 소도시인 네바다 리노에도 스포츠팀을 취재하는 지역 채널이 4개 이상 된다. 지역을 기반으로 하는 스포츠 취재 채널인 RSNRegional Sports Network 등도 활성화되어 있다. RSN은 앞글자만 해당 지역의 이름을 다는 식으로 명칭을 바꿔 운영한다. 네바다의 경우 NSNNevada Sports Network이 있고, 캘리포니아에는 CSN이 있다.

스포츠 중계 시장이 요동치고 있다. 미국 시청자들의 경기 시청 방식이 TV에서 온라인, 모바일, 유튜브 등으로 옮겨가고 있기 때문이다. 유튜브 TV도 실시간 경기 중계가 일반화됐다. 이제 스포츠 중계가 TV가 아닌 온라인 스트리밍으로 넘어가고 있다. 아직 대다수 스포츠 리그의 가장 큰 중계권 시장은 TV다. 그러나 시장은 점점 TV에서 온라인으로 바뀌고 있다. 온라인 중계(애플리케이션)를 우선하는 스포츠 리그도 생겨나고 있다. 그런 이유로 스포츠를 주로 중계하는 스트리밍 서비스 간

스포츠 전문 스트리밍 사이트 <DAZN> 홈페이지

경쟁이 매우 치열하다. 아마존 프라임 비디오나 ESPN 같은 기존 스트리밍 사업자뿐만 아니라 복싱이나 이종격투기 등을 중계하는 DAZN도 전 세계 8백만 명에 가까운 시청자를 보유하고 있다. 스포츠 경기 분야의 넷플릭스라 불리는 DAZN은 1년 만에 가입자가 400만 명 늘었다. 지난 2018년 출범한 ESPN+는 250만 명의 가입자를 보유하고 있는데, 다양한 국제 경기 중계권을 가지고 있다.

### 방송사들, 풋볼 리그 중계마저 고민

미국 프로풋볼리그NFL는 32개 팀으로 구성되어 있다. 매년 9월 초에 개막해 팀당 정규시즌 16경기를 치르고 이듬해 1월부터 플레이오프에 돌입한다. 이후 2월 첫째 주 일요일에 열리는 슈퍼볼에서 우승팀을 가린다. 프로 풋볼 경기는 매주 목요일과 일요일에 열린다. 미국인들에게 가장 인기 있는 스포츠이다 보니 중계 경쟁도 치열하다. 매주 목요일에는 폭스가 중계하고, 일요일 중계권은 NBC가 가지고 있다. 미디어 플랫폼 업체들도 중계권을 사서 패키지로 만들어 팔았다. 그런데 스트리밍 업체들이 스포츠 중계에 속속 뛰어들면서 시장 양상이 변하고 있다.

위성방송인 디렉TV가 일요일 중계 패키지 판매 중단을 고려하고 있다고 월스트리트저널이 보도했다. 일요일 위성방송 경기 중계권은 지난 1994년부터 디렉TV가 독점하고 있다. 디렉TV가 가입자들에게 판매 중인 일요일 풋볼 패키지The National Football League's Sunday Ticket package는 한번 가입하면 일요일에 열리는 모든 풋볼 경기를 볼 수 있는 상품이다. 디렉TV의 고객 유인을 위한 핵심 상품이기도 했다. 위성방송의 특성상 가입자들은 모든 방송권역에서 일요일 풋볼리그 경기를 볼 수 있었다. 가입자들에게 시즌별로 300~400달러에 판매되고 있다. 디렉TV는 정확한 가입자 수를 밝히지 않고 있지만, 업계에서는 200만 명 정도가 이 패키지를 이용하고 있다고 파악하고 있다.

그러나 디렉TV의 모회사인 AT&T는 이 상품을 더는 판매하지 않는 방안을 심각하게 고려 중이다. AT&T CEO 존 스탠키는 일요일 풋볼 패키지의 가치가 점점 떨어지고 있다며 "가입자가 계속 감소하고 있는 상황에서 중계권료가 계속 올라간다면 이를 계속 유지할 가치가 없다"고 말한 바 있다. 디렉TV는 오는 2022년까지 일요일 풋볼리그 방송 권리를 가지고 있다. 가격은 연평균 15억 달러 수준이다.

하지만 계약이 만료되기 전에도 상황은 변경될 수 있다. 비용이 부담될 경우 디렉TV가 다른 미디어 플랫폼과 계약을 공유할 수도 있다는 것이 업계의 분석이다. 이들이 계약을 공유하는 플랫폼은 아마존 프라임 비디오, 디즈니+ 같은 기술 대기업이 될 가능성이 매우 크다. 디렉TV의 고민은 중계권료가 매년 급격히 오르고 있다는 데 있다. 현재의 평균 중계권 비용(8년 계약)은 2014년에 만료된 이전 계약보다 약 50% 인상됐다.

NFL 사무국은 관련 사실을 부인하고 있지만, 내부적으로는 디렉TV의 이탈에 대해 고민 중이다. 디렉TV뿐만 아니라 NFL을 중계하고 있는 모든 사업자가 비용 부담을 호소하고 있기 때문이다. NFL 경기를 중계하는 방송사는 CBS, FOX, NBC, ESPN 등 메이저 언론사들이다. 중계권료가 매년 인상되고 있지만 가입자(시청자)는 늘지 않고 있다.

게다가 디렉TV는 최근 몇 년간 수백만 가입자 감소로 힘든 시간을 보내고 있다. 스트리밍 사업자들이 일제히 스포츠 중계 시장에 뛰어들고 있기 때문이다. 현재 버라이즌과 아마존 프라임 비디오는 풋볼 경기를 스트리밍 방식으로 실시간 중계하고 있다. 물론 아직까지는 디렉TV의 일요일 풋볼 패키지가 흑자를 내고 있다. 사실 위성방송을 택하는 많은 시청자가 이 패키지 때문에 방송을 보고 있을 정도다. 디렉TV의 고민이 더욱 커질 수밖에 없다.

### 미국 스포츠 미디어 지형의 변화

스트리밍의 확산으로 미국 스포츠 미디어의 지형이 변하고 있다. 스포츠 일러스트레이트Sports Illustrated, SI 등 대표적인 스포츠 미디어들이 광고 침체로 인한 해고와 합병 등으로 어려워하고 있는 사이, DAZN과 같은 신종 미디어가 그 자리를 차지하고 있다. 90min 등 스포츠 분야 웹사이트를 보유하고 있는 미뉴트 미디어Minute Media는 지난 2019년 11월 21일 데릭 지터의 플레이어 트리뷴Player's Tribune을 인수한다고 밝혔다. 지난 2014년 출범한 플레이어 트리뷴은 선수들이 직접 본인의 시각으로 기사를 서술해 큰 주목을 받았다.

온라인 스포츠 전문 언론사로 인기가 높았던 데드스핀Deadspin은 사실상 문을 닫았다. 데드스핀은 임시 편집장이 해고된 이후 약 20명의 작가와 편집자가 사퇴했다. 데드스핀은 2019년 4월 사모펀드인 그레이트 힐 파트너스Great Hill Partners에 인수된 바 있다. 인수금은 1억3,500만 달러 정도였다. 스포츠 일러스트레이트는 대주주가 미디어 스타트업인 더 메이븐The Maven으로 바뀐 이후 10여 명의 직원이 그만뒀다. 새로운 대주주는 최근 한 미디어 컨퍼런스Recode Code Media에서 스포츠 일러스트레이티드를 블로그 사이트로 전환하는 등 새롭게 개편한다고 밝혔다. 그러나 수익 모델이 불투명해 성공 여부는 미지수다.

이에 비해 스포츠 경기를 주로 스트리밍하는 사이트(매체)는 전망이 밝은 편이다. 애슬래틱The Athletic과 DAZN은 성장을 거듭하고 있다. 스포츠 중계의 강자인 ESPN이 내놓은 스트리밍 서비스 ESPN+도 2019년 8월 이후 가입자가 100만 명 증가했다. 기존 유료방송을 중단하는 고객이 많아지면서 스트리밍 가입자는 오히려 늘고 있다. 물론 EPSN도 코로나 바이러스 대유행 이후 스포츠 중계가 중단되면서 어려움을 겪고 있다. 그러나 스트리밍으로의 전환이 잘못된 선택은 아니다.

스포츠 업계에 따르면 구독자 기반인 애슬레틱의 가입자 수는 2019년 말 기준 60만 명 늘었다. 이들은 광고 없이 50여 개 지역의 대학 및 프로 스포츠 경기를 취재하고 있다. 애슬래틱이 커버하는 리그 경기는 280회에 달한다. 영국 시장에도 진출했다. 현재 120개 팟캐스트를 운영하고 있으며 550명의 직원이 근무 중이다.

애슬래틱이 취재하고 있는 리그는 프로리그와 함께 각종 대학 스포츠NFL, NBA, MLB, NHL, NCAA FB, NCAA BB, MMA, NASCAR, SOCCER 등이다. 애슬래틱이 집중하는 콘텐트 포맷은 롱폼long-form 저널리즘이다. 오리지널 리포팅과 함께 깊이 있는 보도에 집중한다. 비즈니스 모델은 다양한 경기를 다루는 것이고 지역 신문이 커버하지 못하는 스포츠 분야까지 커버하려고 노력한다.

DAZN은 스포츠 중계의 신흥 강자다. 이미 가입자가 800만 명을 넘었다. CNBC의 보도에 따르면 지난 2019년 5월 이후 400만 명이 증가했다. 이 중 해외 가입자가 90% 이상이다. DAZN이 다양한 해외 리그를 중계하고 있기 때문이다. 이와 함께 ESPN+도 가입자가 급속히 늘어 350만 명에 달한다. 특히 ESPN은 지난 2019년 11월에 출시한 디즈니+와의 번들 상품(디즈니+, 훌루, ESPN+)이 나오면서 인기를 끌고 있다. 코로나 바이러스가 대유행한 2020년 5월엔 마이클 조던과 시카고 불스를 다룬 다큐멘터리 〈더 라스트 댄스The Last Dance〉를 편성해 600만 명이 넘는 시청자를 모으기도 했다.

물론 현재 성장하고 있는 새로운 브랜드들도 언젠가 위기에 직면할 수 있다. 오래된 회사들이 겪었던 재정적 문제를 똑같이 겪을 수도 있다. 그러나 새로운 기업들은 주로 기존 스포츠 미디어가 하지 못했거나 하지 않았던 영역에 집중하고 있다. 틈새에서 또 다른 기회를 찾을 수 있을지 모른다.

### 아마존 프라임 비디오, 스포츠 스트리밍 중계의 신흥 강자

IT 대기업들도 스포츠 스트리밍 시장에 합류하고 있다. 뉴욕 양키즈,

아마존 프라임 비디오 그리고 지상파 방송 네트워크인 싱클레어Singclair 그룹이 뉴욕 지역 스포츠 채널인 YES네트워크YES Network의 경영권을 인수했다. 디즈니로부터 80%의 지분은 인수하는 조건인데 가격은 34억 달러 수준이다. 이번 계약으로 YES네트워크는 뉴욕 양키즈 26%, 싱클레어 20%, 아마존 15%, 나머지 39%는 재무적 투자자들이 보유하게 됐다. 이 거래는 디즈니와 아마존 양쪽 모두에게 좋은 딜deal이라는 평가다.

폭스 인수 이후 지나치게 많은 지역 스포츠 채널을 보유하게 된 디즈니로서는 확실한 출구전략이 됐다. ESPN이라는 확실한 채널을 가진 디즈니가 다른 스포츠 채널을 추가 보유하는 건 부담이다. YES네트워크도 폭스가 수년간 지분을 보유해 왔다.

스트리밍 서비스 사업자인 아마존 프라임 비디오의 참여도 큰 의미가 있다. 아마존은 YES네트워크 인수로 다양한 스포츠 중계권을 확보할 수 있게 되었고, ESPN이나 유튜브TV와 경쟁할 수 있는 토대를 마련했다. YES네트워크는 뉴욕 양키즈의 야구 경기뿐만 아니라 뉴욕 지역 다양한 스포츠 경기의 중계권을 보유하고 있다. 아마존 프라임 비디오는 NFL 목요일 경기 중계권을 2022년까지 보유하고 있으며, 2018년 여름부터 3년 동안 잉글랜드 프리미어리그 20경기를 중계하기로 계약하기도 했다.

아마존 프라임 비디오는 새로운 방식의 중계로 차별화를 시도 중이다. IT 대기업의 명성에 걸맞게 최신 기술을 적용했다. 아마존은 '목요일 저녁 풋볼 경기TNF'를 중계하면서 추가 정보를 제공하는 'X레이 피처X-Ray feature'를 도입했다. 2019년 9월 26일 열린 그린베이 패커스Green Bay Packers와 필라델피아 이글스Philadelphia Eagles의 경기부터다. 이 서비

아마존 프라임 비디오 스포츠 섹션 홈페이지

스를 이용하면 선수나 팀에 관한 추가 정보부터 쿼터백의 평균 던지기 시간, 러닝백 평균 야드 등의 통계 정보를 스트리밍 중간에 볼 수 있다. 아마존 프라임 비디오는 NFL과 관련한 별도의 프로그램도 공급 중이다. 'NFL NEXT'라는 제목의 30분 분량 제작물인데, 경기가 있는 매주 목요일마다 방송 중이다. 이 쇼에는 NFL네트워크에서 굿모닝 풋볼Good Morning Football을 진행하는 케이 애덤스와 유명 미식축구 선수였던 크리스 롱 등이 출연한다.

아마존 프라임 비디오는 각종 중계권 구입에도 적극적이다. 특히 유럽 축구리그를 스트리밍하는 데 관심이 많은 것으로 알려졌다. 최근에는 독일 시장 개척을 위해 UEFA 챔피언스리그 중계권도 구입했다. 독일은 아마존 프라임 비디오에 매우 중요한 시장이다. 미국에 이어 두 번째로 가입자가 많다. 챔피언스리그 중계도 당연히 가입자 확보를 위해 진행한 계약이다. 이 계약에 따라 아마존은 2021~2022 시즌에 열리는 화요일 저녁 챔피언스리그 경기 중 첫 경기를 중계하게 되었다. 챔피언스리그 중계에는 다양한 회사가 참여한다. 독일의 경우, SKY와 도이치텔레콤, 스포츠 스트리밍 전문 사업자 DAZN이 중계한다.

| | |
|---|---|
| 가격 | 8.99달러, 119달러 아마존 프라임 회원 |
| 론칭 시기 | 2011년 |
| 주요 특징 | 증가하는 오리지널 콘텐트, 과거 올드 콘텐트 라인업 다수<br>18,000개 영화, 2000개 TV쇼, 스포츠 |
| 오리지널 | 〈마블러스 미시즈The Marvelous Mrs〉, 〈마이셀Maisel〉,<br>〈잭 라이언Jack Ryan〉, 〈니코Niko〉 등 |
| 클래식 작품 | 〈패밀리 타이즈Family Ties〉, 〈로잔느Roseanne〉 |
| 클래식 영화 | 〈진정한 용기True Grit〉, 〈나는 결백하다To Catch a Thief〉 |
| 장점 | 1억 5,000만 명이 넘는 아마존 프라임 가입자 |
| 단점 | 콘텐트 사업에 대한 의지 없음, 콘텐트 투자 의지 부족 |

아마존은 2017년 독일 프로축구리그인 분데스리가Bundesliga의 중계권을 확보하면서 스포츠 중계 시장에 발을 들였다. 이후 잉글랜드 프리미어리그 20경기 중계권을 구입했는데, 중계 기간은 2019~2022년까지다. 아마존이 중계권을 구입하면서 TV 채널에서 축구 중계를 볼 수 없게 된 첫 사례가 기록되었다. 이와 함께 NFL 목요일 경기와 US오픈 테니스 경기 중계권도 확보했다.

# 커지는 시장, 치열해지는 경쟁

디지털 TV 리서치Digital TV Research에 따르면 글로벌 스트리밍 비디오 시장은 오는 2024년에 1,590억 달러까지 성장할 것으로 전망된다. 지난 2018년 680억 달러 시장 규모의 두 배 이상이다. 2019년 이 시장의 총 수익은 850억 달러 정도였다. 스트리밍 방송은 광고 기반의 AVOD, 유료 가입자 기반의 SVOD로 구분할 수 있다. 이 중 가입자 기반 유료 모델인 SVOD(VOD 구매)의 성장률이 매우 높다. 요즘엔 이 시장을 간단히 스트리밍이라고도 부른다.

같은 조사에 따르면, 지난 2018년 510억 달러 정도였던 SVOD 시장 규모가 2024년에는 870억 달러 정도로 훌쩍 성장하리라 예상된다. 이 경우 전체 방송 시장의 절반가량을 SVOD가 차지하게 된다. 그야말로 스트리밍이 대세가 되는 셈이다. 새로운 경쟁자들이 시장에 뛰어들면서 경쟁이 격화되고 있지만, 여전히 성장 가능성이 있다는 이야기다.

가입자도 폭발적으로 증가하리라 예상된다. 버라이어티에 따르면 넷플릭스, 아마존 프라임 비디오, 훌루 등 스트리밍 서비스 가입자 수가 2025년에 4억2,000만 명 이상 될 것으로 전망된다. 이들 이외의 스트리밍 서비스까지 합치면 전체 시장이 8억 명까지 성장할 것으로 예측된다. 사업자별로 보면 디즈니+의 경우 1억2,600만 명까지 증가할 것으로 예측했는데, 다른 조사기관인 BMO 캐피털 마켓BMO Capital Market은 애플TV+와 HBO MAX가 2025년까지 각각 8,200만 명과 8,000만 명의 가입자를 모을 것으로 전망했다. 또 다른 메이저 스트리밍 서비스인 피콕은 같은 기간 1,600만 명의 가입자가 예측됐다. 이들 예측은 코로나 바이러스 확산 이전의 예측이고 상황은 언제든 바뀔 수 있다.

물론 광고 기반 스트리밍 시장이 금방 소멸하지는 않을 것이다. 피콕(4.99달러), 퀴비(4.99달러), 훌루(5.99달러)처럼 광고를 보는 조건으로 저렴하게 스트리밍을 보려는 시청자들이 여전히 있기 때문이다. 그리고 투비Tubi나 플루토TV처럼 광고 기반 무료 스트리밍 사이트도 여전히 성장하고 있다. 조사에 따르면 AVOD도 오는 2024년까지 560억 달러의 시장을 차지할 것으로 예상됐다. 몇몇 대형 사업자가 AVOD 시장에 뛰어들 것으로 예상되기 때문이다.

이렇듯 스트리밍 시장은 커지지만, 상위 업체로의 쏠림 현상도 계속되리라는 전망이다. 디지털 TV 리서치는 전 세계 138개국을 조사했는데, 그 결과 상위 5개 업체의 시장 점유율이 68%에 달할 것으로 예측됐다. 이용자 10명 중 7명이 넷플릭스나 디즈니+, 아마존 프라임 비디오 등 검증된 스트리밍 서비스만 이용할 것이라는 이야기다. 앞으로도 생존 경쟁은 더욱 치열해질 것으로 보인다.

이 조사에 따르면 넷플릭스는 2025년에도 여전히 전 세계 1위로 시

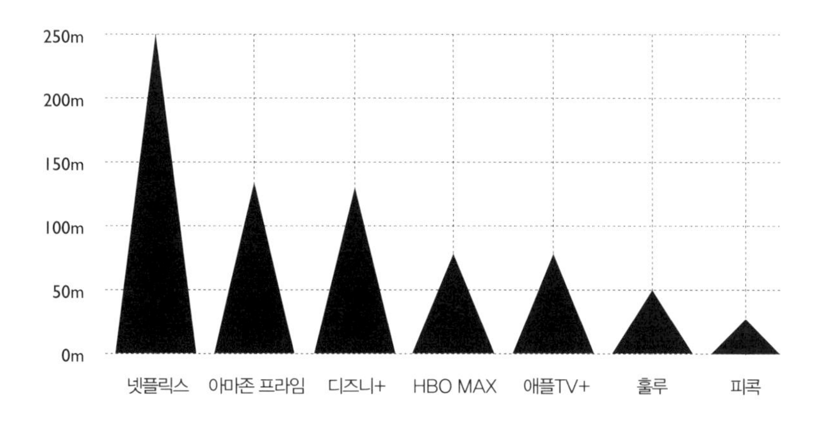


2025년 주요 스트리밍 서비스 가입자 전망 (출처: 버라이어티)

장의 23%를 장악할 것으로 보인다. 그 뒤를 아마존 프라임 비디오가 13%, 디즈니가 8%를 점유할 것으로 예측됐다. 애플은 마니아를 중심으로 8,200만 명 정도의 가입자를 확보할 것으로 예측되고 있다.

미국이 글로벌 스트리밍 시장에서 차지하는 규모는 매우 크다. 사업자들도 전체 수익의 40%가량을 미국에서 벌어들일 것으로 보인다. 금액으로 보면 2018년에서 2024년 사이에 미국 내 스트리밍 방송 수익은 2배 가까이 늘어날 것으로 예상된다. 340억 달러에서 640억 달러로의 변화다. 사업의 성공을 위해선 미국 시장에서의 포지셔닝Positioning이 어느 곳보다 중요하다.

여기서 우리가 주목해야 할 또 하나의 관점은 바로 '미국 서부'다. 최근 기세를 올리고 있는 스트리밍 사업자들 대부분이 미국 서부를 주요 거점으로 하고 있다. LA에 대형 스튜디오를 가지고 있는 디즈니, 캘리포니아 로스 게토스Los Gatos에 본사가 있는 넷플릭스, 산호세 근처 쿠퍼

티노Cupertino에 근거를 둔 애플TV+ 등 주요 사업자들이 미국 캘리포니아, 네바다 등 서부 지역에서 사업을 하고 있다. 디즈니의 또 다른 스트리밍 서비스인 훌루는 캘리포니아 산타모니카에 본사가 있다.

최근 미국 미디어 사업은 동부의 전통적인 언론사가 아닌 서부의 미디어 기술회사들이 주도하고 있다. 스트리밍 서비스도 마찬가지다. 스트리밍 서비스의 확장은 방송 주도권의 지형 변화도 동반한다.

### 미국인, 스트리밍 서비스에 평균 44달러 사용

스트리밍 서비스들이 급속도로 늘고 있지만, 모두 다 성공할 수는 없는 일이다. 미국의 경우 스트리밍 서비스만 300개가 넘는다. 주머니 사정이 빤한 시청자들은 결국 이 중 몇 개만 취사선택해 볼 수밖에 없다. 지난 2019년 11월, 월스트리트저널은 스트리밍과 관련한 흥미로운 설문 조사 결과를 발표했다.

미국 성인 2,000명을 대상으로 조사한 내용인데, 소비자들은 스트리밍 서비스를 이용하기 위해 한 달에 44달러 정도를 지출할 용의가 있는 것으로 나타났다. 현재는 평균 14달러 정도를 스트리밍 서비스 비용으로 지출하고 있는데, 더 구독할 여력이 있다는 의미다. 넷플릭스가 월 13달러, 디즈니+가 월 6.99달러 수준인 점을 고려하면 3~4개 스트리밍 서비스를 한 달에 볼 수 있는 금액이다. 애플TV+, 디즈니+가 등장하는 등 스트리밍 분야에서 전쟁이 일어나고 있는 지금, 사업자들에겐 희소식이다. 미국인들은 평균 3.6개 스트리밍 서비스를 구독할 생각을 하는 것으로 파악됐다.

사업자별로 보면 넷플릭스가 여전히 가장 중요한 위치를 차지하고 있다. 그러나 독점적 위치는 위협받고 있다. 월스트리트저널의 설문 조사에 따르면 넷플릭스 가입자 3명 중 1명은 향후 3개월 이내에 다른 서비스를 이용하기 위해 서비스를 중단할 의향이 있다고 밝혔다. 특히 어린이를 가진 부모의 경우, 약 43%가 구독 해지 의향이 있다고 응답했다. 어린이 콘텐트가 풍부한 디즈니로의 이주를 꿈꾸는 이들이다.

## 코로나 바이러스가 만든 스트리밍 서비스 전성시대

코로나 바이러스 대유행으로 인해 스트리밍 서비스에 대한 시청자 의존도가 더욱 강해졌다. 집에 있는 시간이 늘면서 스트리밍 서비스를 즐기는 시간도 늘어난 것이다. 수억 명의 미국인들이 집에 머물게 되자 스트리밍 서비스 이용 빈도와 사용 비용도 늘어나고 있다. 월스트리트저널의 조사 결과, 스트리밍 서비스 구독에 쓰는 비용이 매달 7% 이상 늘었고 아이들과 함께 있는 가정은 그보다 더 많이 지출하고 있다.

넷플릭스나 아마존 프라임 비디오는 이제 사람들이 가입을 중단할 수 없는 정도의 위치와 콘텐트를 점유하고 있다. 2020년 2분기 현재 넷플릭스 가입자 수는 1억9,300만 명에 달한다. 월스트리트저널과 해리스 폴Harris Poll의 조사에 따르면 응답자 중 30%가 코로나 바이러스가 한창 확산하여 자가격리가 늘어나던 2020년 3월 중에 넷플릭스에 가입했다.

스트리밍 서비스 시장 확대를 의심치 않는 또 다른 이유는 '아이가 있는 집'의 트렌드 변화다. 월스트리트저널의 조사에 따르면 아이가 있

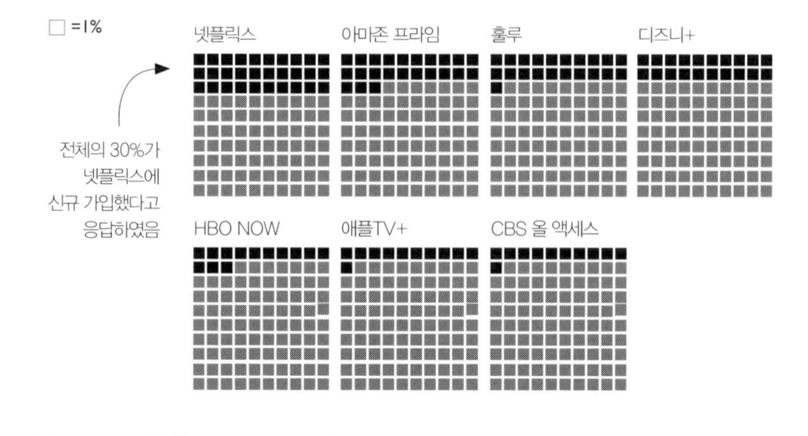


코로나 바이러스 확산 후 가입한 스트리밍 서비스(2020년 3월 이후)

는 가정은 스트리밍 서비스에 평균 60달러를 사용했다. 가입한 스트리밍 서비스도 평균 3.7개였다. 아이가 없는 가정은 평균 1.7개 서비스에 가입하고 있었다. 특히, 아이가 있는 가정 다섯 곳 중 한 곳(21%) 정도가 코로나 바이러스 확산 이후 하루 4시간 이상을 추가로 스트리밍 서비스 시청에 할애하고 있었다. 직장이 문을 닫아 집에서 일하는 성인의 2/5가 한 달에 100달러 이상을 스트리밍 서비스 구독에 투입하는 것으로 조사됐다. 더불어 몇몇 메이저 영화들이 극장 대신 스트리밍 서비스로 직행하는 것도 시청자들이 스트리밍 서비스로 모이는 주요 동인動因이 되고 있다.

# 넷플릭스,
# 스트리밍 1위를 지켜라

"넷플릭스 세상, 할리우드는 그 속에서 살고 있다It is Netflix's world. Hollywood just lives in it"

뉴욕타임스가 2020년 골든 글로브Golden Globe 수상작 후보 노미네이트 관련 기사를 쓰면서 기사 첫머리에 뽑은 문장이다. 넷플릭스는 골든 글로브 사상 처음으로 영화와 TV 부문 주요 수상작 후보 모두에 그들의 작품을 올렸다. 수상작 후보 수도 사상 최대였다. TV와 영화 부문 각각 17개씩이었다. 넷플릭스의 영화 작품 중 〈결혼이야기Marriage Story〉는 작품상The Best Picture을 포함, 6개 부문 수상작 후보에 이름을 올렸다. 마틴 스코시즈의 〈아이리시맨〉도 5개 부문 수상작 후보에 올랐다. 시상식은 2020년 1월 6일에 열렸다. 넷플릭스는 마틴 스코시즈의 〈아이리시맨〉의 수상을 간절해 바랐지만, 최종 단상에는 오르지 못했다. 하지만 이런 기세는 기존 영화 스튜디오들을 긴장시키기에 충분했다.

| | |
|---|---|
| 가격 | 12.99달러를 가장 많이 선택 |
| 론칭 시기 | 2007년 |
| 주요 특징 | 가입자 1억8,300만 명으로 시장 1위(2020년 1분기)<br>1,600개 TV 프로그램과 4,000편의 영화 |
| 오리지널 | 〈기묘한 이야기Stranger Things〉〈크라운The Crown〉, 〈타이거 킹Tiger King〉 |
| 클래식 작품 | 〈브레이킹 배드Breaking Bad〉, 〈매드맨Mad Men〉,<br>〈사인필드Seinfeld〉 |
| 클래식 영화 | 〈이유없는 반항Rebel Without A Cause〉, 〈록키Rocky〉 |
| 장점 | 1위 사업자로서 시장 선점, 과감한 콘텐트 투자 |
| 단점 | 경쟁 사업자의 낮은 가격, 프로그램 제작비 상승 |

미국 캘리포니아의 한적한 소도시 로스 게토스에 위치한 넷플릭스. 그곳에서 지난 1997년 넷플릭스의 역사가 시작됐다. 회사는 현재 CEO인 리드 헤이스팅스와 마크 랜돌프arc Randolph가 창업했다. 당초 DVD 대여 서비스로 시작했던 넷플릭스는 지난 2009년 스트리밍 서비스로 비즈니스 모델을 바꾸면서 글로벌 기업으로 초고속 성장한다. 2020년 1분기 현재, 전 세계 1억8,300만 명의 가입자를 보유하고 있으며, 미국 내 가입자만 7,000만 명에 이른다. 이제 넷플릭스가 진출한 국가보다 서비스되지 않는 국가(중국, 북한, 시리아 등)를 찾는 편이 빠를 정도로 세계 전역(190여 개국)에 진출해 있다. 2009년 첫 스트리밍 서

비스를 시작한 넷플릭스는 10년 만에 최고의 자리에 등극했다. 몰아보기, 스트리밍 등 새로운 개념으로 방송 시장을 개척한 넷플릭스는 거의 모든 지표에서 확실한 시장 1위를 차지하고 있다. 2020년 1분기 기준 가입자 수(1억8,300여 만 명), 콘텐트 투자(173억 달러, 2020년 기준), 콘텐트 제공 편 수(1,500개 오리지널) 등이 대표적이다.

넷플릭스가 대단한 이유는 'TV=방송국'이라는 등식을 바꾼 게임 체인저Game Changer라는 점에 있다. 시청자들에게 채널이 아닌 콘텐트 단위 시청을 일반화시켰다. 특히 넷플릭스가 만들어놓은 몰아보기 트렌드는 이미 새로운 문화 현상으로 자리 잡았다. 미국 한 설문 조사Morning Consult/Hollywood Reporter에 따르면 VOD를 시청하는 미국 성인 10명 중 6명이 적어도 일주일에 한 번 몰아보기로 콘텐트를 본다고 답했다. 심지어 이 중 28%는 일주일에 몇 번을 시청한다고 답했으며, 15%는 매일 본다고 답하기도 했다.

그런 넷플릭스도 2019년 말부터 긴장의 수위가 높아지고 있다. 애플TV+, 디즈니+, HBO MAX가 스트리밍 시장에 뛰어들었기 때문이다. 이전에도 아마존 프라임 비디오, 훌루 등과 경쟁했지만, 이들과의 경쟁은 '싸움의 룰'이 전혀 다르다. 디즈니는 세계 최고의 콘텐트 기업이고 애플은 아이폰을 통해 스마트폰 플랫폼 시장을 장악하고 있다. 물론 아직은 이들 신생 스트리머Streamer들이 넷플릭스의 아성을 깨지는 못했다. 콘텐트의 다양함이나 편수, 장르 등 여러 측면에서 넷플릭스에 비해 많이 부족하다는 것이 일반적인 평가다. 게다가 코로나 바이러스 대유행으로 넷플릭스의 기세가 더 올랐다. 그러나 이들 기업이 언제 체력을 회복하고 넷플릭스와 경쟁할지는 지켜볼 일이다.

## 계속되는 넷플릭스의 실적 호전

코로나 바이러스의 확산으로 인한 자가격리가 넷플릭스 가입자를 1,600만 명 이상 증가시켰다. 극장, 테마파크 등 외부 엔터테인먼트 공간이 문을 닫으면서 집에서 스트리밍 서비스를 이용하는 시청자가 늘었기 때문이다. 코로나로 인한 경기 침체는 적어도 넷플릭스에게는 다른 나라 이야기인 듯하다. 이미 구독 경제를 완성한 사업자의 플랫폼 지위는 공고하다.

2020년 4월 21일, 넷플릭스가 2020년 1분기 실적을 발표했다. 넷플릭스에 따르면 1분기 가입자는 1,580만 명이 늘었다. 이에 따라 전체 가입자는 2억 명에 가까운 1억8,300만 명으로 급증했다. 당초 넷플릭스는 700만 명 정도의 증가를 예상했는데, 코로나 바이러스 변수가 전망보다 더 끌어올렸다. 지난 2019년 1분기에는 960만 명의 가입자가 증가했었다. 2020년 가입자 증가를 지역별로 살펴보면 미국 이외의 지역이 강세를 보였다. 유럽과 중동 지역에서 700만 명 증가했고, 라틴아메리카 290만 명, 아시아에서도 360만 명으로 가입자가 꾸준히 늘었다. 다만 미국과 캐나다의 경우 큰 재미를 보지 못했는데, 230만 명 증가했다. 이는 디즈니+ 등 신규 스트리밍 사업자들의 등장으로 인한 경쟁 때문이다. 그렇더라도 지난해 190만 명보다는 늘어난 수치다.

매출도 좋았다. 넷플릭스는 2020년 1분기 57억7,000만 달러의 매출을 기록했다. 1년 전 45억2,000만 달러보다 10억 달러가 넘는 성장이다. 이익의 경우 7억910만 달러를 달성했다. 이 역시 지난해 3억 4,410만 달러에 비해 배 가까이 늘어난 수치다. 이런 수익과 매출 상승은 코로나 바이러스 확산 영향이 컸다. 극장뿐만 아니라 TV와 영화 제

넷플릭스 가입자 및 매출 현황(2020년 1분기)

| 지역 | 가입자 및 매출 |
|---|---|
| 전체 지역 가입자 | • 1억8,300만 명 |
| 미국과 캐나다 | • 가입자 증가 : 230만 명<br>• 매출 : 27억 달러<br>• 고객 월평균 단가 : 13달러 |
| 유럽, 중동, 아프리카 | • 가입자 증가 : 700만 명<br>• 매출 : 17억 달러<br>• 고객 월평균 단가 : 10.4달러 |
| 라틴 아메리카 | • 가입자 증가 : 290만 명<br>• 매출 : 7억3000만 달러<br>• 고객 월 평균 단가 : 8.05달러 |
| 아시아 태평양 | • 가입자 증가 : 360만 명<br>• 매출 : 4억8,350만 달러<br>• 고객 월평균 단가 : 8.04달러 |

작, 스포츠 중계 등이 중단됨에 따라 수백만 명의 시청자가 스트리밍 서비스로 몰렸다. 월스트리트저널의 조사에 따르면 2020년 3월 미국인들은 스트리밍 서비스 구독에 월 37달러를 사용했다. 2019년 11월에 비해 7달러가량 상승한 금액이다.

제작 중단에도 불구하고 애니메이션이나 글로벌 제작은 거의 영향을 받지 않았다. 넷플릭스는 이미 전 세계에서 작품을 수급하고 제작하는 시스템을 갖췄기 때문이다. 한 곳이 셧다운 되어도 다른 곳에서 콘텐트를 가지고 올 수 있다는 이야기다.

히트작도 증가했다. 올해 2020년 1분기 드라마 〈오자크Ozark〉 시즌 3, 다큐멘터리 〈타이거 킹 : 무법지대Tiger King: Murder, Mayhem and Madness〉도 큰 호응을 얻었다. 넷플릭스는 "〈타이거 킹〉은 6,400만 명의 가입자가 시청했다"고 언급했다. 또 데이트 예능 〈블라인드 러브Love is Blind〉 역시

3,000만 명의 시청자를 모았다. 넷플릭스의 가입자 증가로 일부 국가에서는 인터넷망 부담까지 호소하고 있다. 오스트레일리아, 인도, 멕시코 등에서는 서비스 화질을 낮춰달라는 요청까지 받은 바 있다.

넷플릭스를 지금의 위치로 견인한 건 8할이 콘텐트다. 2020년에는 〈타이거 킹〉, 2019년에는 〈기묘한 이야기Stranger Things〉의 공이 제일 컸다는 것이 전문가들의 분석이다. 2019년 7월에 공개된 〈기묘한 이야기〉 시즌 3은 미국 젊은 층에 신드롬 수준의 인기를 끈 바 있다. 〈기묘한 이야기〉 시즌 3은 전 세계에 공개된 지 한 달 만에 640만 명의 시청을 기록했다. 가입자 증가는 이익의 호전으로 이어졌다. 넷플릭스는 2019년 2분기 52억 달러의 매출에 6억6,500만 달러의 이익을 달성했다.

넷플릭스의 투자는 매우 공격적이다. 마이클 베이Michael Bay의 〈6언더그라운드6 Underground〉, 에디 머피Eddie Murphy의 〈내 이름은 돌러마이트Dolemite Is My Name〉, 마틴 스코시즈의 〈아이리시맨〉도 포함됐다. 〈아이리시맨〉은 제작비만 1억5,900만 달러에 달하는 대작이다.

클래식 콘텐트를 확보하려는 노력도 계속하고 있다. 넷플릭스는 〈사인필드〉의 미국 내 방영권을 소니 픽처스로부터 확보했다. 사실 그동안 넷플릭스는 많은 인기작을 잃었다. 〈오피스〉의 방영권을 NBC에 넘겨줬고(2021년부터), 〈프렌즈〉와 〈빅뱅이론〉의 판권은 HBO MAX에 빼앗겼다. 〈그레이 아나토미〉도 아직은 넷플릭스에서 방송되고 있지만, 저작권 소유 사업자인 ABC(디즈니)에 넘어갈 가능성이 크다.

넷플릭스는 시장 1위를 지키기 위해 다양한 마케팅을 시도 중이며, 장르 별로 다른 공급 전략도 실험하고 있다. 시청자들이 보는 패턴에 따라 콘텐트 공급 주기를 조정하는 식이다. 2019년 말 넷플릭스는 〈The Great British Baking Show〉, 〈리듬 앤 플로우Rhythm+Flow〉 등 두 편의 서바이벌 예능을 내놨는데, 지금까지 전편을 모두 한꺼번에 공개하는 전략 대신 매주 한 편씩 에피소드를 방송했다. 이 때문에 전문가들 사이에 "몰아보기라는 새로운 시장을 만든 넷플릭스가 전략을 수정하는 것이 아니냐"는 이야기도 나왔다.

2019년말 비즈니스 인사이더BI의 조사도 시청자들이 장르에 따라 시청 주기나 패턴이 다르다는 사실을 보여준다. 비즈니스 인사이더의 조사 결과에 따르면, 드라마의 경우, 몰아보기로 보는 시청자가 10명 중 3명에 달했지만, 리얼리티쇼Reality Show는 1명 정도만 몰아서 콘텐트를 시청하고 있었다.

## 넷플릭스의 글로벌 시장 공략

2019년 말, 글로벌 시장 점유율 확대에 주력하고 있는 넷플릭스가 3년간의 매출과 가입자 현황을 미국 증권거래소 자료에 공개했다. 이 자료에는 미국 내 가입자 현황은 별도로 공개되지 않았으며 대신 미국과 캐나다를 합친 숫자만 공개되어 있다. 하지만 아시아, 유럽 등 글로벌 시장 매출과 점유율은 상세히 오픈됐다.

이 자료에 따르면 넷플릭스 가입자 1억5,800만 명(2020년 1분기 말 현재 1억8,300만 명이며 2020년 말 2억 명 돌파가 확실시된다)의 절반 이상과 성장한 인원의 90%가량이 미국 밖에 거주하고 있다. 유럽과 중동, 아프리카의 경우, 최근 3년 가입자 증가율이 140%에 달했다. 2017년 1분기부터 2019년 3분기까지 매출 성장률도 196%나 돼 총 40억 달러를 벌어들였다. 아시아-태평양 지역은 아직 가입자 비중(150만 명)

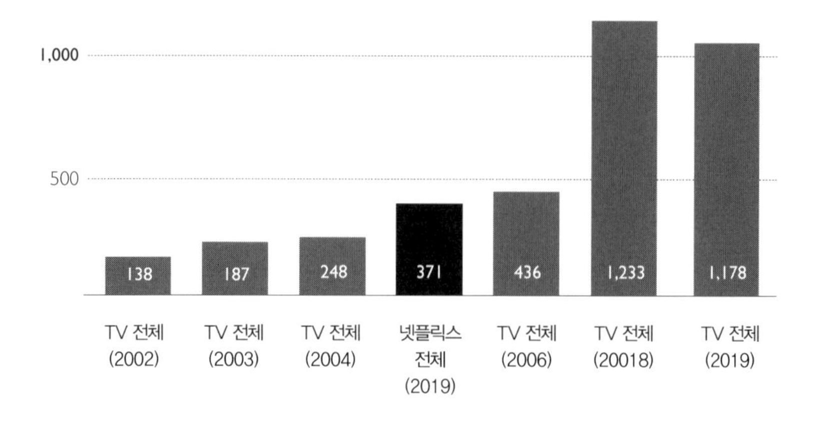


넷플릭스 오리지널 콘텐트 숫자 (출처: 버라이어티)

이 작지만 성장률은 매우 높았다. 최근 3년 동안 이 지역의 가입자 증가율은 211%였다. 같은 기간 매출은 229%나 뛰었다.

데이터로만 보면 라틴아메리카도 기회의 시장이다. 가입자 2,940만 명에 매출도 20억 달러를 넘었다. 물론 아직까지는 미국과 캐나다가 가장 큰 시장이긴 하다. 2019년 3분기 기준, 이 지역 넷플릭스 가입자는 6,710만 명이었다. 지난 2017년에 비해 1,300만 명 정도 늘어난 수치다. 미국과 캐나다 지역 매출은 2017년 67억 달러에서 2018년 83억 달러까지 급상승했다.

이렇듯 넷플릭스는 글로벌 시장을 향후 성장 동력으로 삼는 모양새다. 2016년 이후 공격적으로 글로벌 시장에 진출한 넷플릭스는 현재 130여 개국에 스트리밍 서비스를 하고 있다. 글로벌 공략을 위해 각 지역의 규제를 연구했고, 지역 사업자와 협력해 콘텐트를 만들기도 했다. 넷플릭스의 해외 진출 모델은 경쟁사와는 다른 차별성이 존재한다. 유럽, 일본 등에 진출한 디즈니+, 해외 진출을 준비 중인 HBO MAX 등은 서비스 공급에만 집중하고 있다. 그러나 넷플릭스는 현지화를 통한 로컬 콘텐트local Content 수급에도 적극적이다. 팔기도streaming, 사기도buy, 만들기도produce 한다.

다만 해외 지역 가입자 증가 속도에 비해 수익이 낮은 점은 고민이다. 미국과 캐나다 지역의 가입자당 평균 매출은 12.36달러에 달했지만, 아시아-태평양 지역은 9.58달러, 유럽·중동·아프리카 지역은 10.90달러에 불과했다. 가입자 증가를 위해 일부 지역(인도)에서는 월 4달러짜리 초저가형을 출시하기도 했기 때문이다.

글로벌 시장 점유율 확대에 노력하고 있는 넷플릭스에게 아시아 시장은 매우 중요하다. 인구가 많고 넷플릭스를 이용할 수 있는 젊은 층의 비중이 높기 때문이다. 지난 2019년 11월 한국을 방문한 넷플릭스의 리드 헤이스팅스는 "넷플릭스가 한국에 3년 전 진출했고, 그 사이에 180편의 오리지널 콘텐트에 투자했다"고 밝힌 바 있다. 방콕이나 페낭 등 동아시아에서 제작된 작품도 있다. 헤이스팅스는 "우리는 그동안 이 지역에서 8,000명의 프로듀서와 캐스트, 제작 인력과 일했다"라며 현지 사업자와 협업 모델을 강조했다.

이런 협업 모델은 순수 혈통을 유지하려고 하는 디즈니와 전혀 다른 모습이다. 디즈니+의 최고책임자인 케빈 마이어Kevin Mayer는 "이후에도 디즈니+에 다른 회사의 콘텐트를 서비스할 계획은 없다"고 밝힌 바 있다. 반면 넷플릭스는 한국 등 많은 지역에서 로컬 창작자들과 협업해 왔으며, 특히 아시아에 많은 공을 들였다. 한국의 지상파 방송사뿐만 아니라 싱가포르, 말레이시아, 태국, 필리핀 등의 지역 방송사들과도 협력 관계를 이어가고 있다.

글로벌 진출을 위해 언어 문제는 매우 중요하다. 넷플릭스는 한국어를 포함해 30여 개 언어로 자막과 더빙을 지원한다. 테드 사란도스 최고 콘텐트 책임자는 2019년 6월에 개최된 한 세미나에서 "우리는 전 세계에 셀 수 없을 만큼 많은 지역의 언어로 된 콘텐트를 만들어낸다"며 "일단 그 프로그램들은 지역성을 아주 잘 담고 있다"고 말했다. 또 "수 세기 동안 영어 기반 콘텐트가 세상을 지배해 왔다"라며 "그러나 언젠가는 바닥을 드러낼 것이며, 풍부한 스토리텔링을 위해서도 다른 언어를 기반으로 한 콘텐트가 필요하다"고 덧붙였다.

### 재무적 불안감은 큰 문제

외형이 급격히 성장하고 있지만, 넷플릭스에도 고민은 있다. 특히 재무적 문제가 넷플릭스를 괴롭히고 있다. 경쟁사를 압도하기 위해 콘텐트 투자를 늘리다 보니 부채비율이 크게 올라갔다. 2019년 9월 말 현재 넷플릭스의 총부채는 123억 달러에 달한다. 1년 전보다 20억 달러 증가한 수치다. 2019년 10월, 넷플릭스는 20억 달러의 자금을 조달하기 위해 달러와 유로 기반 고수익 채권Junk Bond을 발행하기도 했다. 채권 발행 이유는 '콘텐트 투자'다.

디즈니와 애플, HBO MAX, NBC유니버설 등이 시장에 뛰어들면서 경쟁이 더욱 치열해졌고, 넷플릭스는 경쟁에서 우위를 점하기 위해 더욱더 많은 콘텐트 제작비가 필요한 상황이다. 2020년에는 콘텐트 제작에 175억 달러를 투입하는데, 넷플릭스는 부채를 더 늘려서라도 콘텐트에 돈을 쏟아붓는다는 계획이다.

콘텐트에 투자하는 이유는 무엇보다 가입자 증가를 위해서다. 코로나 바이러스 때문에 가입자가 늘긴 했지만, 추세적인 확장인지는 자신할 수 없다. 미국 내 가입자는 정체되어 있고 해외 성장률도 예전만 못하다. 경쟁이 치열해졌기 때문이다. 그러나 헤이스팅스 CEO는 전망을 긍정적으로 보고 있다. 그는 "스트리밍 전쟁의 패자는 스트리밍 사업자가 아니라 전통적인 TV 사업자"라고 언급한 바 있다.

# 디즈니+, 최강의 콘텐트 라인업

미국 뉴욕의 심장부 타임스퀘어Time square. ABC의 아침 간판 프로그램인 〈굿모닝 아메리카〉가 매일 방송되는 곳이기도 하다. 코로나 바이러스 대유행 이후로는 인파를 보기 힘들어졌지만, 그 전에는 뉴욕에서 사람들이 가장 많이 모이는 장소였다. 방송 스튜디오 주변으로는 ABC가 설치해놓은 광고 전광판을 쉽게 볼 수 있다.

타임스퀘어에서는 각종 콘텐트 사업자들의 프로그램 홍보 전쟁이 벌어진다. 2019년까지는 전광판에 넷플릭스의 신작 프로그램 홍보가 가장 많았다. 그러나 2019년 11월 이후로는 이런 모습을 보기 힘들어졌다. 디즈니가 자사의 미디어 플랫폼에서 넷플릭스의 광고를 중단시켰기 때문이다. 넷플릭스가 2018년 미국에서만 9,920만 달러를 광고비로 쏟아부었고, 그 중 13%가 디즈니 계열사로 가지만, 별로 개의치 않는 눈치다. 이유는 바로 디즈니의 스트리밍 서비스 진출.

디즈니+

| 가격 | 월 6.99달러, 1년 69.99달러 |
|---|---|
| 론칭 시기 | 2019년 11월 12일 |
| 주요 특징 | 〈다스베이더〉부터 〈엘사〉까지 최강의 라인업<br>픽사, 마블, 스타워즈, 디즈니 클래식 영화 드라마 등<br>7,500개 TV 에피소드와 500개 영화<br>오는 2024년 6,000~9,000만 가입자 목표<br>2020년 5월 현재 가입자 5,400만 명 확보 |
| 오리지널 | 〈만달로리안〉, 〈하이스쿨 뮤지컬High School Musical〉,<br>〈레이디와 트램프Lady and the Tramp〉 등 |
| 클래식 작품 | 〈심슨The Simpsons〉 등 폭스와 ABC의 작품들,<br>올드 디즈니 작품들 |
| 클래식 영화 | 〈인어공주The Little Mermaid〉, 〈알라딘Aladdin〉,<br>〈겨울왕국Frozen〉, 〈메리 포핀스Mary Poppins〉 등 |
| 장점 | 팬 층이 두터움, 수많은 라이브러리 |
| 단점 | 오리지널 프로그램에 대한 팬들의 지나친 기대감<br>디즈니 외 다른 스튜디오 콘텐트의 부재 |

디즈니가 스트리밍 시장에 들어왔다. 2019년 11월 12일 자정(미국 동부 시간), 디즈니는 마블, 픽사, 스타워즈, 내셔널지오그래픽National Geographic이라는 막강한 콘텐트 브랜드를 앞세워 스트리밍 전쟁에 참전했다. 디즈니의 콘텐트 파워는 막강하다. 애니메이션 제작사로 출범한 디즈니는 테마파크, 캐릭터 상품, 방송, 영화까지 콘텐트가 있는 모든

곳에 진출해 있다. 그런 디즈니의 저력이 자사의 스트리밍 서비스 디즈니+에 집결되어 있다.

1923년 애니메이션 제작 스튜디오로 첫발을 내디딘 디즈니는 '디즈니 왕국'이라 불릴 만큼 세계 최대 엔터테인먼트 기업으로 성장했다. 2019년 전체 매출이 695억 달러에 달했다. 디즈니는 자사에서 제작한 방송, 영화 콘텐트에 출연한 캐릭터를 기반으로 장난감, 게임, 테마파크 등 콘텐트 수직 계열화를 완성했다. 콘텐트를 중심으로 한 2차 상품 판매(테마파크, 장난감 등)를 통해 2019년에 약 262억 달러의 매출을 기록했다.

디즈니의 매출을 견인하는 또 다른 사업은 케이블 채널이다. 디즈니 채널, ESPN, 내셔널지오그래픽 등 여러 케이블 채널을 운영하며 2019년에만 약 248억 달러의 매출을 올렸다. 2018년에 비해 13% 늘어난 수치인데, 케이블TV 부문 매출은 사실 과거만 못하다. 스트리밍 서비스로 TV를 보는 시청자가 늘어나면서 시청률 자체가 줄고 있기 때문이다. 유료방송을 떠나 스트리밍으로 TV를 보는 이른바 '코드 커팅' 흐름 때문이다. 2014년에는 디즈니 케이블 채널 매출이 전체 매출의 43.3%를 차지했지만, 2018년에는 9.2% 하락한 34.1%까지 감소했다.

디즈니가 스트리밍 사업에 진출한 이유도 여기에 있다. 스트리밍 서비스가 방송 사업의 미래가 될 것이기 때문이다. 현재까지는 순항 중이다. 2018년 34억1,400만 달러였던 디즈니의 스트리밍 부문(인터내셔널 사업 포함) 매출은 2019년 93억4,900만 달러로 급성장했다. 디즈니의 회계연도는 직전년도 9월 말부터 이듬해 9월 말까지여서 이 실적에 디즈니+는 포함되지 않았다. 하지만 디즈니+가 출범하기 전부터 서비스하고 있던 ESPN+, 훌루 등의 스트리밍 서비스로 달성한 실적이다.

2020년 1분기 이후 디즈니는 스트리밍 서비스가 급성장하게 될 것으로 보인다. 코로나 바이러스라는 암초를 만났지만, 스트리밍 서비스는 그 암초를 피해가기에 충분하다.

## 디즈니의 스트리밍 전쟁 참전

디즈니는 수년간 스트리밍 사업 진출을 차근차근 준비했다. 2016년 8월 미국 야구, 골프, 하키 등 스포츠 경기의 스트리밍 서비스를 제공, 판매하던 스트리밍 기술업체 밤테크BAMTECH의 지분 33%를 10억 달러에 인수했다. 디즈니는 밤테크를 통해 VOD 콘텐트를 스트리밍 콘텐트로 변환하는 기술을 확보했다. 디즈니는 밤테크 지분 33%를 획득한 지 1년만인 2017년 8월에 지분 보유율을 75%까지 높였다. 2019년 4월에는 밤테크의 이름을 디즈니 스트리밍 서비스Disney Streaming Services로 바꿨다.

스트리밍 서비스에 공급할 콘텐트도 계속 수급했다. 마블. 픽사, 스타워즈(루카스필름) 인수에 이어 2019년 3월에는 21세기폭스를 713억 달러에 최종 인수했다. 이를 통해 내셔널지오그래픽 채널, FX 등 폭스의 알짜 콘텐트 자산을 확보했다.

폭스의 인수는 또 다른 성과를 가져왔다. 이 인수로 스트리밍 서비스 훌루의 경영권까지 획득한 것이다. 훌루는 원래 디즈니, 폭스, NBC유니버설, 워너미디어(AT&T) 등 여러 미디어 기업이 합작 출범한 스트리밍 플랫폼이었다. 디즈니는 훌루의 지분 30%를 보유하고 있었는데, 폭스를 인수하면서 폭스가 가지고 있던 지분을 양도받았다. 이후 디즈니는 컴캐스트 등이 가진 잔여 지분을 인수하여 훌루의 지분 100%를 확보했다.

훌루 인수는 디즈니의 취약점을 보완하는 조치였다. 10대 이하의 가족 콘텐트 라인업이 강점이던 디즈니는 훌루의 경영권을 확보함으로써 성인 시청자층을 끌어들일 수 있게 됐다. 이후 디즈니는 3개의 스트리밍 플랫폼을 운영하게 된다. 가족과 어린이를 위한 디즈니+, 성인 관객층을 위한 훌루, 스포츠팬을 위한 ESPN+이다. 특히 훌루는 폭스의 FX 콘텐트가 더해지면서 'FX 온 훌루FX on Hulu'를 통해 새로운 고객층을 유혹하고 있다. 버라이어티에 따르면 2020년 3월 현재 훌루 가입자 수는 3,200만 명에 달한다.

디즈니의 스트리밍 시장 참전은 요란했다. 디즈니 계열사인 ABC의 아침 인기 뉴스 프로그램 〈굿모닝 아메리카〉를 통해 출범 한 달 전부터 매일 기사를 쏟아냈다. 온라인으로는 디즈니+에서 공급할 콘텐트를 계속 소개했는데, 출시(2019년 11월 12일) 한 달 전에는 유튜브에 무려 3시간 17분짜리 예고편을 공개해 큰 주목을 받았다. 미국에서만 먼저 공개되는 작품들이지만 압도적이라는 평가를 받았다.

'디즈니+에서 11월 공급할 모든 콘텐트Basically Everything Coming to Disney+ on November'라는 제목의 이 동영상에는 1937년 제작된 애니메이션 〈백설공주와 일곱 난장이〉를 시작으로 시대를 풍미한 디즈니의 만화와 영화, 방송들이 등장했다. 제작진들과 콘텐트를 만드는 과정도 등장하는데 디즈니의 CEO 밥 아이거의 모습도 볼 수 있었다. 마블과 픽사, 폭스를 인수할 수 있게 만든 주인공인 밥 아이거는 디즈니 100년 역사의 6번째 CEO다. 현재 그는 자리에서 물러났고, 밥 체이펙이 뒤를 이었다.

디즈니는 트위터를 통해서도 미국에서 서비스할 콘텐트를 한꺼번에 공개했다. 폭탄을 투하하듯 300개 이상의 트윗을 한 번에 날렸다. 300개 중에는 고전 중의 고전 〈스타워즈〉의 원본이나 〈세 남자와 아기바구니Three Men and a Baby〉, 〈삼총사Three Musketeers〉 등도 당연히 포함되어 있었다.

디즈니+를 앞세운 집중 마케팅도 진행됐다. 통신사업자 버라이즌은 자사의 모바일 무제한 인터넷 상품에 가입하는 고객에게 디즈니의 스트리밍 서비스인 디즈니+ 1년 무료이용권을 주기로 했다. AT&T가 자사 인터넷 고객에게 HBO MAX를 무료로 제공하고 컴캐스트의 자회사인 NBC의 스트리밍 피콕을 무제한 이용하게 해주는 것과 같은 맥락이었다. 버라이즌의 무료 마케팅 영향 때문인지 디즈니+는 공개한 지 하루 만에 1,000만 가입자를 달성하기도 했다.

### 디즈니+, 막강 콘텐트로 대대적 공세

디즈니+는 2019년 11월 12일(미국 서부시간)을 기점으로 PC, 스마트폰 애플리케이션과 사이트를 공개했다. 사전에 알려진 대로 광고가 없는 서비스이며 한 달 6.99달러, 1년 회원은 69.99달러에 이용할 수 있다. 통신사 버라이즌의 5G나 4G LTE 무제한 상품 가입 고객에게는 1년 무료 이용권이 제공됐다.

디즈니+는 서비스를 시작하기 전에 예상한 대로 스트리밍의 최강자다웠다. 디즈니+에서는 7,500개가 넘는 TV쇼(2020년 5월 현재 8,000여개)와 500여 편의 영화를 한꺼번에 서비스했다. 5년 내 TV쇼 숫자를 1만 편으로 늘리고 영화도 620편으로 증가시킨다는 목표도 함께 밝혔

디즈니+ 오리지널 프로그램 <이미지니어링 스토리>

다. 개별 콘텐트로 승부하는 여타 서비스와는 달리, 마블·스타워즈·픽사·내셔널지오그래픽 등 채널 브랜드별 섹션이 최고 상단에 배치됐다. 모든 것을 가진 디즈니의 강력한 힘을 알 수 있는 대목이었다. 각 섹션에는 〈만달로리안〉, 〈앙코르〉, 〈하이스쿨 뮤지컬High School Musical〉, 〈이미지니어링 스토리The Imagineering Story〉, 〈노엘Noelle〉 등 오리지널에서부터 고전 명작, 자연 다큐멘터리까지 디즈니의 거의 모든 카테고리 콘텐트가 제공됐다. 최초 공개 당시 아홉 개 오리지널 콘텐트만을 공개해 빈약함을 드러낸 애플TV+와는 확연히 다른 느낌이다. 디즈니는 2020년 25편의 오리지널 콘텐트와 10편의 오리지널 영화를 공개하겠다는 계획을 발표했다. 코로나 바이러스 대유행으로 인한 할리우드 제작 중단으로 계획이 다소 지연되고 있지만, 전체적인 방향성에는 아직 변화가 없다.

그도 그럴 것이 디즈니+는 디즈니가 2년을 준비해온 역작이다. 디즈니는 이 시장을 만들고 장악한 넷플릭스와의 한판 싸움을 위해 서비스 개발, 콘텐트 투자를 포함, 30억 달러를 투입했다. 그 결과 픽사에서부터 스타워즈까지 다양한 콘텐트를 제공할 수 있게 됐다. 심지어 디즈니의 1928년 애니메이션 〈증기선 윌리 Steamboat Willy〉, 1965년 작 〈사운드 오브 뮤직 The Sound of Music〉까지 수많은 클래식 콘텐트를 볼 수 있다. 코로나 바이러스로 인한 자가격리 때도 〈비 아워 셰프 Be Our Chef〉, 〈갤러리 Gallery〉 같은 오리지널 콘텐트를 쏟아냈다. 픽사의 〈온워드〉도 이 시기에 전격 공개됐다.

콘텐트에 대한 디즈니의 자존심을 담은 작품도 있다. 창업주인 월트 디즈니의 모습을 볼 수 있는 〈이미지니어링 스토리〉는 그동안 디즈니가 만든 각종 캐릭터와 그 캐릭터들이 집결된 테마파크인 디즈니랜드의 역사를 생생하게 볼 수 있다. 시리즈물인데 회사의 역사로 이 정도 분량의 콘텐트를 만들 수 있다는 것이 놀라울 따름이다. 전문가들은 디즈니+의 시작이 단순히 스트리밍 서비스 하나가 시작된 정도를 뛰어넘는다고 이야기하고 있다. 이 서비스는 장기적으로 전통적인 TV를 대체할 새로운 미디어 플랫폼이 될 것이라는 분석도 많다. 이에 대해 LA 타임스는 디즈니+ 론칭 당시 "디즈니의 스포츠 및 여타 채널들의 스트리밍 서비스를 보면서 유료방송 가입 탈퇴가 시작되고 있다"고 보도한 바 있다.

디즈니+를 시작으로 HBO, NBC 등 다른 사업자들까지 스트리밍 서비스에 가세하면서 콘텐트 시장 판도가 완전히 바뀌고 있다. 이들 사업자가 스트리밍하는 콘텐트의 질도 중요하지만, 스포츠, 다큐멘터리, 드라마, 애니메이션까지 모든 장르의 콘텐트를 한꺼번에 볼 수 있다는 의미도 아주 크다. (디즈니+, Hulu, ESPN+ 12.99달러 번들) 굳이 다른 유료방송을 보지 않아도 된다는 이야기다. 디즈니+와 번들로 제공되는 훌루 라이브까지 함께 볼 경우, 뉴스(ABC) 콘텐트도 시청할 수 있다. 물론 향후엔 디즈니+가 뉴스와 스포츠까지 영역을 확장할지도 모른다. ABC는 디즈니의 자회사다.

반면 전통적인 유료방송 사업자에게는 우울한 소식들이 많다. 이마케터의 조사에 따르면, 2019년 현재 미국 가구의 1/4분가량이 2022년까지 유료방송 가입자에서 이탈할 것으로 전망됐다. 3년에 1/4의 고객이 줄어드는 건 아주 심각한 일이다. 이런 조짐은 이미 보인다. 2019년 미국 내 케이블TV, 위성방송, IPTV 등 유료방송 가입자는 약 550만 명 줄었다.

2020년 들어서도 유료방송 가입자 수는 계속 줄어들고 있으며, 코로나 바이러스의 확산으로 이탈이 더 가속화되고 있다. 유료방송 시장의 침체는 디즈니도 예외가 아니다. 사실 디즈니가 3년 전부터 스트리밍 시장 진출을 준비한 것도 이 때문이다. 무너져가는 수익원(미디어 네트워크)을 그냥 두고 볼 수 없어서다. 디즈니의 케이블TV 채널 중 가장 인기 있었던 ESPN의 유료 가입자 감소는 절망 수준이다. 시청률 조사 기관 닐슨에 따르면 지난 2014년 9월 9,500만 명이던 ESPN의 유료 가입자는 2019년 9월 8,300만 명으로 1,000만 명 이상 줄었다. 코로나 바이러스 확산으로 라이브 스포츠 경기가 모두 중단되면서 ESPN 가입자의 이탈 속도가 더 빨라지고 있다. 이와 비슷하게 디즈니 채널, 디즈니 주니어, 디즈니XD 등 어린이 시장 공략을 위해 만든 채널들도 일제히 경쟁력이 떨어지고 있다.

반면에 미국 내 스트리밍 서비스 가입자는 급격히 늘고 있다. 이마케터eMarketer의 조사에 따르면 오는 2023년에는 2억560만 명까지 가입자가 증가할 것으로 예측된다. 2019년 가입자가 1억8,200만 명 수준인 사실을 생각하면 가파른 성장이다. 이를 고려하면 앞으로의 미디어 전쟁은 전통 TV 사업자 간 싸움이 아니라, '스트리밍 방송들끼리의 싸움'이 될 가능성이 크다.

디즈니+는 현재 순항하고 있다. 그러나 앞으로도 1년에 175억 달러를 콘텐트 투자비로 사용하는 넷플릭스나 막강한 콘텐트를 자랑하는 HBO MAX와 경쟁해야 한다. 넷플릭스의 가입자는 약 1억8,300만 명(2020년 1분기 기준)이다. 하지만 디즈니는 자신 있다는 입장이다. 디즈니의 전 CEO 밥 아이거는 디즈니+ 론칭에 앞서 애널리스트들과의 간담회에서 "디즈니+의 론칭은 미디어의 새로운 시대를 열기 위한 투자"라고 말하기도 했다.

## 디즈니+ 가입자 5,000만 명 돌파

요란하게 시작한 디즈니의 스트리밍 서비스 디즈니+는 서비스 시작 5개월 만에 가입자 5,000만 명을 돌파하는 새로운 기록을 세웠다. 디즈니의 DTC 부문 CEO 케빈 마이어Kevin Mayer(현재는 틱톡으로 이직)는 2020년 4월 8일에 디즈니+ 유료 가입자가 5,000만 명을 넘어섰다고 밝혔다. 당초 계획했던 2024년 6,000만~9,000만 명 달성을 앞당길 수 있게 됐다는 설명과 함께다. 이후 가입자가 더욱 늘어 2020년 5월 현재 디즈니+의 가입자는 5,450만 명 정도다. 5,000만 명 돌파 소식은 우울한 전망만 이어지던 디즈니에게 가뭄의 단비다. 여러 사업 부문이 코로나 바이러스의 직격탄을 맞고 직원들의 무급휴직과 임원들의 임금 삭감(30~50%) 등을 단행한 상황이기 때문이다.

디즈니+의 가입자 증가 속도는 엄청나다. 2020년 2월 3일 2,860만 명을 돌파했다고 밝힌 바 있는데, 2개월 만에 2,100만 명 이상 늘었다. 가입자 증가는 유럽 등 진출 국가를 확대한 공이 가장 크다. 디즈니는 서부 유럽 8개 국가에 진출했다. 영국, 아일랜드, 독일, 이탈리아, 스페인, 오스트리아, 프랑스, 스위스 등이다. 또 2020년 4월 3일부터 스트리밍 사업자 핫스타Hotstar와 합작하여 인도에서도 서비스를 시작했다. 현재까지 알려진 바에 따르면 인도의 가입자도 800만 명에 달하는 것으로 파악되고 있다. 디즈니는 2020년 하반기에 서부 유럽 진출 국가를 확대하고, 라틴아메리카와 아시아에서는 2020년 6월 일본에서 가장 먼저 서비스를 시작한다. 일본의 경우, 오랜 파트너인 NTT도코모를 통해 시장에 진입한다.

이 같은 글로벌 론칭이 순조롭게 이뤄질 경우, 1억 명 가입자 달성도 머지않아 보인다. 2020년 1월에 웰스파고Wells Fargo가 "디즈니+의 가입자는 2024년에 8,500만 명을 돌파할 것"이라고 전망했고, 다른 조사기관인 디지털 TV 리서치도 같은 해 2월에 "2025년에는 1억2,600만을 넘어설 것"이라고 전망했다. 케빈 마이어 대표는 "우리는 글로벌 시장으로 계속 확장할 것"이라며 "디즈니+를 성공시킬 수 있는 매우 유리한 포지션(위대한 엔터테인먼트 자산)을 가지고 있다"고 말했다.

코로나 바이러스 확산도 디즈니+의 5,000만 돌파에 한몫했다. 시청률 조사 기관 닐슨에 따르면 2020년 3월 16일 한 주의 스트리밍 시청률이 1년 전보다 50% 늘었다. 특히 자가격리로 인해 집에서 보내는 시간이 많아진 시청자들에게 디즈니의 막강한 콘텐트 라인업이 큰 영향을 미쳤다. 현재 디즈니+에서는 디즈니의 거의 모든 콘텐트가 서비스된다. 500개 영화, 350개의 TV 시리즈와 함께다. 디즈니, 픽사, 마블, 스타워즈 등의 브랜드 콘텐트도 제공된다. 〈만달로리안〉 같은 오리지널도 있다.

사실 디즈니는 이전 분기 실적 자료 등을 제외하고는 디즈니+의 가입자 현황을 밝히지 않겠다고 한 바 있다. 그러나 유럽 시장의 뜨거운 반응과 코로나 바이러스 확산 등의 영향으로 성과를 홍보할 필요가 있었던 것으로 보인다. 이 뉴스가 전해진 뒤, 당시 디즈니의 주가도 6%가량 상승했다. 그러나 이런 가입자 증가 추세가 2020년 말을 기점으로 주춤하리라는 전망도 있다. 버라이즌 가입자에게 주는 디즈니+ 1년 무료 이용 기간이 대거 끝나기 때문이다. 밥 아이거는 지난 2월 전체 가입자 중 20%가 버라이즌을 통해 무료로 서비스를 이용하는 사람들이라고 밝힌 바 있다. 5,000만 명 중 상당수가 지난해 11월 론칭과 함께 디즈니+에 가입했던 고객들이다. 만약 이들이 한꺼번에 회원에서 탈퇴한다면 디즈니로선 큰 타격이 아닐 수 없다.

2020년 현재까지 디즈니+는 투자 기간이다. 디즈니+, ESPN+, 훌루 등이 포함된 디즈니 고객 직접 부문direct-to-consumer segment은 2019년 18억 달러의 적자를 기록했다. 디즈니+에 대한 집중적인 투자 때문이다. 그러나 분석가들은 디즈니+의 콘텐트 수준과 확산 속도로 볼 때 향후 4년 이내 수익을 낼 수 있을 것으로 보고 있다. 전문가들은 디즈니+ 등 스트리밍 서비스들이 유료방송을 중단하는 이른바 '코드 커팅'을 가속할 수 있다고 우려하고 있다. 한 달에 12.99달러만 내면 스포츠부터 뉴스까지 모든 서비스를 볼 수 있는데 굳이 비싼 유료방송에 가입하지 않을 것이라는 이야기다. 그러나 스포츠가 유료방송 가입을 결정하는 매우 중요한 요소인 만큼, 강력한 라이브 중계권을 가지지 않을 경우, 스트리밍의 확산 속도 역시 예상보다 더딜 수 있다.

### 강점 : 96년을 이어온 콘텐트의 파워

디즈니의 강점은 역시 '콘텐트'다. 무엇보다 질적으로 우수하다. 그래서 디즈니+도 콘텐트로 승부한다. 지난 2018년, 당시 디즈니 CEO였던 밥 아이거는 2분기 실적 발표 컨퍼런스콜을 통해 "우리는 콘텐트의 양보다는 질에 집중한다"며 "가족들이 모두 함께 볼 수 있는 콘셉 아래에 TV와 영화 콘텐트를 공급할 것"이라고 말하기도 했다. 이렇듯 디즈니는 질적으로 높은 콘텐트를 시장에 공급하기 위해 최선을 다한다. 디즈니+에서도 이런 디즈니의 철학을 볼 수 있다.

디즈니는 역사상 가장 큰 인수합병M&A을 완료했다. 2019년 루퍼트 머독으로부터 21세기폭스를 인수했다. 인수 금액만 713억 달러다. 콘텐트의 경쟁력은 고객들을 디즈니 플랫폼에서 벗어나지 못하게 하는 강력한 유인책이 될 것이다. 폭스 인수로 디즈니가 얻은 건 케이블 채널만이 아니다. 다양한 콘텐트가 디즈니에게 함께 왔다. 〈심슨〉, 〈내셔널지오그래픽〉 등 주요 콘텐트와 함께 또 다른 스트리밍 플랫폼인 훌루의 경영권도 인수했다. 디즈니 입장에선 일거양득 상황이다. 폭스를 가지면서 디즈니는 콘텐트 플랫폼(생태계)을 단독으로 구성할 수 있게 됐다. 결국 폭스 M&A가 스트리밍 시장으로의 진출을 결심하게 한 것이다.

스타워즈의 첫 실사 TV시리즈 〈만달로리안〉, 〈하이스쿨 뮤지컬〉 등 디즈니의 핵심 콘텐트를 제외하고도 디즈니+에는 볼 것들이 참 많다. 이런 자신감 때문인지 디즈니+에 서비스되는 모든 콘텐트는 '디즈니'와 '폭스'가 만든 작품들이며, 모두 하위로 확장 가능한 콘텐트들이다. 픽사, 마블, 스타워즈, 내셔널지오그래픽 등 하위 브랜드 안에 엄청난

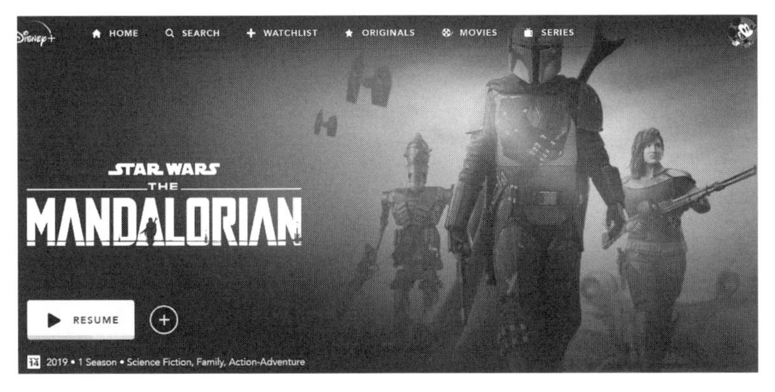


디즈니+의 최고 인기 프로그램 <만달로리안>

양의 콘텐트들이 있다.

디즈니+가 여타 스트리밍 서비스들과 가장 크게 차이 나는 부분은 '수직적 콘텐트 서비스Vertical Content'라는 점이다. 디즈니+에 서비스되는 콘텐트들은 마블, 픽사 등 브랜드 우산 속에서 더 아래로 깊숙이 소비자에게 침투한다. 물론 마블과 픽사, 픽사와 디즈니 클래식 같은 수평 결합도 기대할 수 있지만, 현재까지는 '브랜드 속 정체성'을 만들고 있다. 앞으로도 디즈니는 자사 이외의 콘텐트를 추가할 생각이 없다.

디즈니는 서비스 첫해, 25편의 오리지널 콘텐트와 10편의 오리지널 영화, 총 7,500편의 TV 에피소드, 500여 편의 기존 디즈니 영화를 공급한다. 특히 영화 〈스타워즈〉의 세계관을 확장시킨 〈만달로리안〉은 미국에서 선풍적인 인기를 끌었다. 이 작품은 제작비만 1억 달러(편당 1,500만 달러)에 가까운 SF TV 시리즈다. 〈만달로리안〉에 나온 베이비 요다Baby Yoda와 현금 사냥꾼 보바펫의 장난감이 품절되어 구하기 어려운 상황도 벌어졌다. 이런 인기로 디즈니는 2020년 하반기에 〈만달로리안〉 시즌2를 방송한다는 계획을 세웠다.

디즈니 브랜드에 대한 높은 인지도와 충성도도 강점이다. 특히, 어린 아이가 있는 젊은 가정에선 디즈니에 대한 호감이 절대적이다. 2019년 8월, 해리스X HarrisX의 조사에 따르면 25~36세 성인 응답자 중 37%가 디즈니+에 가입할 것이라고 답했다. 29%였던 HBO MAX보다 월등히 높은 수치다. 디즈니도 디즈니+를 어린이를 중심으로 가족들이 함께 보는 채널로 키우고 싶어 한다. 이 같은 브랜드 충성도는 강력한 콘텐트 생산 능력에서 나온다. 〈라이언킹〉, 〈겨울왕국〉 등 어린이들에게 소구력 있는 다양한 콘텐트를 만들 수 있는 곳은 디즈니밖에 없다. 디즈니는 2019년에만 콘텐트 제작에 290억 달러를 투입했다.

저렴한 가격도 가입자 확대엔 긍정적이다. 디즈니+의 한 달 서비스 가격인 6.99달러는 넷플릭스(12.99달러)나 HBO MAX(14.99달러)의 절반 수준이다. 그러나 상대적으로 만족도는 높은 편이다. 그야말로 가격 대비 성능이 좋은 것이다. 전문가들도 7달러 미만의 가격은 아주 현명한 결정이라는 평가였다. 미디어 전문가인 마이클 네탄슨 Michael Nathanson은 "디즈니는 너무 높지 않은 가격대로 자신들의 미디어 플랫폼을 빠르게 구축할 것"이라며 "특히, 디즈니+의 가격은 넷플릭스가 가격 인상을 추진하는 데 아주 큰 걸림돌이 될 것"이라고 설명했다. 이와 함께 콘텐트 제작사 별로 구성된 심플한 사용자 인터페이스 UI도 가입자들에게 긍정적인 요소로 다가가고 있다.

### 약점 : 디즈니+ 성공에 대한 우려도 존재

우려의 시선도 있다. 과거 디즈니가 디지털 플랫폼에서 큰 재미를 보지 못했다는 점을 들어 계획대로 되긴 쉽지 않을 것이라는 예측도 나온다. 실제로 유튜브 콘텐트를 만들기 위해 인수했던 '마커 스튜디오'는 큰 실적 없이 고전한 바 있다. 디즈니의 콘텐트와 채널을 함께 제공하기 위해 만들었던 'GO.com'도 결국 지난 2001년 문을 닫았다.

디즈니 콘텐트의 한계를 지적하는 이들도 있다. 디즈니가 어린 자녀와 그들의 부모들에겐 더할 나위 없이 훌륭한 콘텐트지만 성인mature audiences에는 큰 매력이 없다는 이야기다. 하지만 디즈니는 4개 계층의 오디언스(남자, 여자, 어린이, 노인)가 모두 만족할 만한 콘텐트를 공급해 이런 비판을 넘어설 계획이다. 케빈 마이어 전 디즈니 DTC 대표는 "아이들만을 위한 서비스가 아니라는 것을 디즈니+를 통해 증명해야 할 것"이라고 말했다. 디즈니는 이 같은 디즈니+의 한계를 보완하기 위해 ESPN+, 훌루 등과의 번들 상품을 내놨다. 가격은 한 달에 12.99달러다. ESPN과 훌루는 디즈니의 좁은 고객층을 상쇄해줄 것으로 보인다.

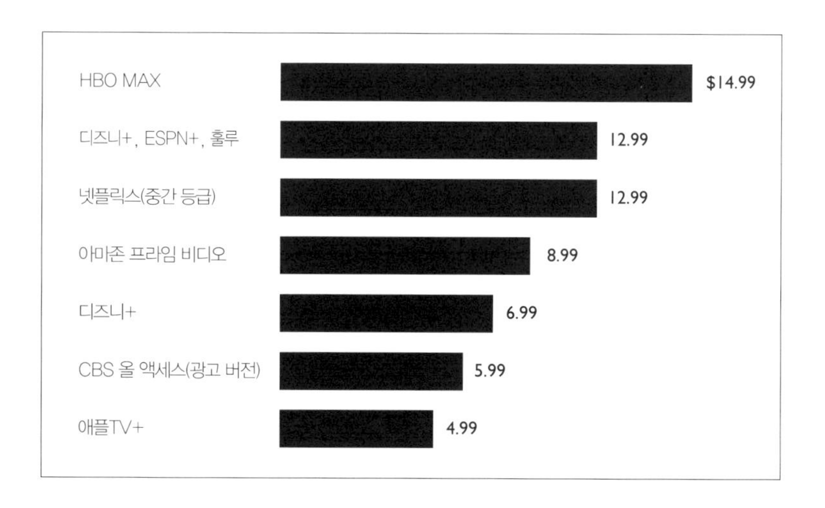


미국 주요 스트리밍 사업자 가격 비교 (출처: AXIOS)

이들 3개 서비스를 합한 총 가입자는 1억1,000만 명 정도 된다. (디즈니+ 5,450만 명, 훌루 3,210만 명, ESPN+ 790만 명) 이런 디즈니의 승부수가 통할지는 본격적인 경쟁이 예상되는 2021년 이후에 확인할 수 있을 전망이다.

명확하지 않은 POD Premium On Demand 콘텐트 전략도 약점이 될 수 있다. 넷플릭스 등 IT 기반 스트리밍 서비스 사업자는 물론이고 NBC유니버설의 피콕과 같은 사업자들은 콘텐트 공개의 무게 중심을 스트리밍에 두고 있다. 당장은 극장과의 관계가 불편하지만 스트리밍 서비스에 독점 공개하는 콘텐트가 많아지고 있다는 뜻이다. 그러나 영화 배급 시장 1위인 디즈니는 다르다. 극장과의 관계 설정이 매우 중요하다. 그래서 극장을 배제하거나 90일 상영 원칙을 어기고 디즈니+로 콘텐트를 직행시키는 상황은 발생하지 않을 것으로 보인다. (코로나 바이러스와 관련한 예외는 있었다)

하지만 이는 경쟁이 치열한 스트리밍 시장에서 큰 약점으로 작용할 수밖에 없다. 이 원칙을 고수할 경우, 극장 개봉 신작 영화를 디즈니+에 상영하기 위해선 최소 8개월(극장 개봉 3개월, DVD 등 유통 6개월)이 걸릴 전망이다. 경쟁사보다 속도가 너무 느리다.

# 애플TV+, 아이폰과의 시너지를 노린다

애플의 스트리밍 서비스인 애플TV+는 디즈니+에 10여 일 앞선 2019년 11월 1일에 서비스를 시작했다. 예상했던 대로 〈모닝쇼The Morning show〉, 〈씨See〉 등 오리지널 콘텐트 9개와 함께다. 서비스 국가도 100여 개 국이나 된다. 시작 당시 미국, 캐나다 등 일부 국가만 서비스한 디즈니+와는 다른 전략이다. 애플TV+를 지원하는 기기는 아이폰iPhone, 아이패드iPad, 애플Apple TV, 삼성 스마트TV 등이다. 안드로이드 기반 디바이스는 지원 기기에서 빠졌다.

애플TV+의 사용자 인터페이스UI는 매우 단순하다. 검색을 기본으로 하는 여타 서비스와 달리 콘텐트 소개를 위주로 시원하고 보기 편하게 구성되어 있다. 디자인을 매우 중요하게 생각하는 애플의 철학이 그대로 드러난다. 〈모닝쇼〉, 〈씨〉, 〈포 올 맨카인드〉, 〈헬프스터스Helpsters〉, 〈스누피 인 스페이스Snoopy in Space〉 등 애플이 공개한 오리지널 콘텐트,

애플 TV+

| 가격 | 월 4.99달러, 1년 49.99달러 |
|---|---|
| 론칭 시기 | 2019년 11월 1일 |
| 주요 특징 | 가장 저렴한 가격 오리지널 콘텐트 공급,<br>HBO, 〈쇼타임Showtime〉 등 타사 콘텐트 소비 가능<br>애플 다바이스 구매 시 1년 무료 |
| 오리지널 | 9개 오리지널 콘텐트 〈씨SEE〉, 〈모닝쇼The Morning Show〉,<br>〈포 올 맨카인드For All Mankind〉 등을 시작으로 확대 |
| 클래식 작품 | 없음 |
| 클래식 영화 | 없음 |
| 장점 | 9억 명의 잠재적인 고객(애플 디바이스 사용자) |
| 단점 | 콘텐트 라이브러리의 빈약함<br>안드로이드 계열 스마트폰 이용자 사용 불편(모바일 애플리케이션 없음) |

는 드라마, 다큐 등 영역별로 포진해있다. 특히 다큐멘터리가 많은 주목을 받았다. 그중에서도 〈엘리펀트 퀸The Elephant Queen〉, 〈오프라의 북클럽Oprah's Book Club〉이 먼저 공개됐다. 오프라 윈프리가 진행하는 〈오프라의 북클럽〉은 화제의 책 저자가 직접 출연해 대담하는 프로그램이다. 드라마나 예능 프로그램은 특이하게도 첫 오픈 때 3편을 공개했는데, 애플은 매주 금요일 새로운 에피소드를 내놓는다. 사실 애플TV+는 다른 스트리밍 서비스처럼 많은 작품을 공개하진 않는다. 하지만 모두 오

리지널 콘텐트다. 그래서 의미 있는 작품들이 많다. 코로나 바이러스가 한창 유행이던 2020년 4월엔 오프라 윈프리가 진행하는 명사들의 자가격리 생활을 그린 〈Oprah talks COVID-19〉를 방영하기도 했다. 이 프로그램에서는 오프라 윈프리가 자신의 집에서 원격으로 출연자와 연결해 대담한다.

### 2년을 준비한 애플TV+

지난 2017년 8월, 애플은 오리지널 콘텐트 제작에 10억 달러를 투자한다고 밝혔다. 그러나 이때만 해도 애플이 이 콘텐트들을 어떻게 편성하고 어디에서 서비스할 지는 알려지지 않았다. 애플은 이후 스티븐 스필버그, 리즈 위더스푼, 오프라 윈프리 등 할리우드 거물들과 콘텐트 제작에 합의했다는 뉴스를 내면서 스트리밍 시장 진출에 대한 야망을 드러냈다.

애플이 더 구체적으로 자사의 스트리밍 서비스 계획을 밝힌 건 2019년 3월이다. 이때 애플은 애플TV+라는 이름의 스트리밍 서비스를 내놓을 것이라고 공표했다. 애플TV의 새로운 버전인데 2019년 가을에 새로워질 것이라고 말이다. 이후 애플은 스트리밍 시장에 들어왔다. 애플은 처음부터 신비주의 마케팅을 펼쳤다. 2019년 3월 25일, 애플은 할리우드에서 크리스 에반스, 아론 폴, 제이슨 모모아Jason Momoa 등을 초청해 행사를 개최했는데 그때까지도 편성되는 콘텐트의 이름을 정확히 공개하지 않았다. 물론 애플TV+의 가격도 말이다.

결국 애플은 2019년 가을이 되어서야 정확한 서비스 이름과 콘텐

◐ 애플TV+의 주요 오리지널 프로그램

| TV | 영화 |
|---|---|
| 〈모닝쇼 The Morning Show〉 | 〈엘리펀트 퀸 The Elephant Queen〉 |
| 〈디킨슨 Dickinson〉 | 〈하라 Hala〉 |
| 〈트루스 비 톨드 Truth Be Told〉 | 〈더 뱅커 The Banker〉 |
| 〈신화탐구 Mythic Quest: Raven's Banquet〉 | 〈온더락스 On the Rocks〉 |

츠 라인업을 공개했다. 실제 서비스 출시를 3개월 앞두고서다. 시청자들의 관심을 끄는 데는 성공했다. 그러나 정작 공개된 이후로는 인상적인 모습을 보여주지 못했다. 물론 아직 실패라고 이야기하기에는 이르지만 말이다. 애플은 자사의 디바이스를 구입하는 이들에게 애플TV+의 1년 무료 이용권을 주고 있다. 그러나 번스테인 리서치Bernstein Research의 2020년 2월 조사에 따르면 이 자격을 갖춘 소비자 중 애플TV+를 실제 구독하는 사람은 10% 미만인 것으로 알려졌다. 게다가 아직까지는 수익에도 도움이 되지 않고 있다.

2019년 말 현재 애플TV+ 가입자는 3,400만 명 정도인데, 그 중 유료 구독은 거의 없는 것으로 조사되었다. 인상적이지 못한 콘텐트도 문제다. 〈모닝쇼〉 등 유명 작품이 있긴 있지만, 디즈니의 〈만달로리안〉과 같은 화제를 만들어내지는 못하고 있다. 오리지널 콘텐트를 만들어보지 않은 하드웨어 기업과 100년의 콘텐트 기업인 디즈니를 비교한다는 자체가 무리일 수 있지만, 비슷한 시기에 스트리밍 시장에 뛰어든 만큼 같이 언급되지 않을 수 없다.

생각 외의 부진 때문인지 애플TV+의 정확한 현주소도 밝히지 않고 있다. 지난 2020년 1분기 실적 발표에서 애플TV+에 대한 질문을 받은 팀 쿡Tim Cook CEO는 "애플TV+는 순항하고 있다"며 확답을 피했다.

이에 2020년 6월, 콘텐트 수급도 자사 오리지널 중심에서 라이선스 콘텐트로 확대하겠다고 내부 방침을 세운 것으로 전해진다. 또 아마존 프라임 비디오에서 스포츠 콘텐트를 담당하던 임원인 짐 드로렌조Jim DeLorenzo을 영입했는데, 미국 미디어 업계에선 애플TV+가 라이브 스포츠 프로그램을 편성하는 것 아니냐는 이야기도 나오고 있다.

### 강점 : 다양한 애플 기기와의 시너지

애플의 시장 참여로 스트리밍 경쟁은 본격적인 궤도에 올랐다. 미국 미디어 업계에선 애플을 기점으로 두 번째 물결Second Wave이 시작됐다고 분석하고 있다. 넷플릭스, 아마존 프라임 비디오 등이 시장을 개척한 첫 번째 물결이라면, 애플과 디즈니+의 시장 진입은 틈새를 넘어 대세를 위한 두 번째 물결이다. 두 번째 물결은 TV를 밀어내고 스트리밍을 콘텐트 유통의 중심에 등장하게 만들었다. 애플을 시작으로 디즈니+(2019년 11월 12일), 퀴비(2020년 4월 7일), HBO MAX(2020년 5월 27일), NBC의 피콕(2020년 7월) 등이 줄줄이 스트리밍 시장에 입장했다.

애플TV+의 가장 큰 장점은 저렴한 비용이다. 월 4.99달러는 광고 기반 스트리밍 서비스를 제외하면 가장 싼 수준이다.(물론 이 때문인지 애플TV+ 프로그램엔 애플 제품이 지나치게 많이 나온다) 아이폰 등 애플 기기를 사면 1년 무료 이용권을 주는 점도 매력적이다. 이와 함께 전 세계 10억 대 이상 배포된 아이폰도 애플TV+로서는 강력한 무기다. 5G의 경우 애플은 최소 8,000만 대 이상의 스마트폰을 판매할 것으로 보이는데 이들 스마트폰에는 애플TV+가 기본적으로 설치된다. 2019년 10월 모건스탠리의 분석에 따르면 오는 2025년까지 애플TV+ 가입자는 1억3,600만 명에 달할 것으로 전망된다. 다소 보수적인 분석도 있지만, 전반적으로는 아이폰 보급에 따라 애플TV+ 가입자 수도 늘어날 것으로 예상된다.

애플TV+의 가장 큰 장점 중 하나는 젊은 가입자들의 넓은 분포다. 아이폰 구매자들에게 일괄적으로 애플TV+를 무료로 제공하다 보니, 신용카드가 없는 청소년들도 콘텐트에 접근할 수 있다. 이들 젊은 층은 향후 애플TV+의 중요 가입자가 될 수 있다.

아이폰과 애플TV+는 서로 강력한 시너지를 내고 있다. 애플TV+의 대표 오리지널 콘텐트 〈모닝쇼〉에서는 아이폰, 맥북 등 애플 기기들이 끊임없이 등장하면서 간접 광고 효과를 톡톡히 누리고 있다. 미국은 한국과 달리 방송 콘텐트 내 간접 광고PPL에 대한 규제가 강하지 않다. 월스트리트저널에 따르면 〈모닝쇼〉 4회까지 320개 샷에서 애플 제품이 등장했다. 사실상 조연 수준의 출연 분량이다. 〈모닝쇼〉는 제니퍼 애니스톤. 리즈 위더스푼, 스티브 캐럴이 등장하는 방송국을 배경으로 한 작품이다. 2019년 11월 1일 애플TV+가 시작되자마자 공개됐는데, 시청자들의 평가는 다소 엇갈린다. 월스트리트저널에 따르면 애플 제품들은 각 에피소드마다 평균 32회의 카메라 샷을 받는다고 보도했다. 애플 제품은 첫 회 첫 신의 맥컴퓨터Mac Computer부터 아이폰으로 걸려오는 전화를 받는 장면까지 이어진다. 애플의 마케팅은 여기서 그치지 않는다. 1회에는 애플 제품이 31회 등장하는데, 이 중 8회는 애플 로고와 함께 나타난다.

아이폰은 이 작품에서 마치 소품처럼 등장한다. 리즈 위더스푼, 브래

들리 잭슨 등 출연자들은 등장하는 내내 아이폰을 손에서 내려놓지 않는다. 이런 애플의 간접 광고는 다분히 의도적이다. 애플이 공개한 다른 오리지널 콘텐트의 경우에는 애플 제품이 거의 등장하지 않는다. 특히, 어린이들을 대상으로 한 콘텐트에서는 애플 제품을 찾아볼 수 없다. 〈모닝쇼〉에 애플 제품만 등장하는 건 아니다. 애플이 생산하지 않는 TV 등과 함께 다른 전화기도 나온다. 위더스푼의 아버지가 쓰는 전화기인데, 놀랍게도 플립 전화Flip Phone다. 역시 삼성 제품은 아니다.

애플은 현재 스트리밍 시장에 뛰어든 주요 사업자 중 거의 유일하게 하드웨어 제품을 생산하는 기업이다. 방송 콘텐트를 만들어 자사 제품(아이폰, 맥북, 에어팟 등)을 PPL로 배치할 수 있는 유일한 사업자다. 콘텐트 제작 효과를 톡톡히 누릴 수 있는 셈이다. 만약 이 정도 분량을 기존 방송국에 광고했다면 수천만 달러의 비용을 투입해야 했을 것이다. 그러나 애플은 PPL에 돈을 한 푼도 쓰지 않는다. 할리우드에선 이런 이유만으로도 애플의 콘텐트 사업 참여가 아주 현명한 결정이라는 분석도 나온다. 할리우드의 한 제작자는 현지 언론과의 인터뷰에서 "시청자들이 애플 워치를 광고로 보는 것보다 드라마에서 보는 게 낫지 않겠느냐"고 말했다.

### 약점 : 아이폰을 위한 부가 서비스라는 의문

애플TV+에 대한 평가는 아직까지 그리 후하지 않다. '아이폰 판매를 위한 매우 비싼 콘텐트 마케팅' 정도라는 인식이다. 그나마 긍정적인 평가는 5달러 미만의 월 이용료로 '가격 대비 성능'이 뛰어나다는 의견

애플TV+ 오리지널 콘텐트 <하라>

정도다. 이유는 애플TV+가 공개한 콘텐트 때문이다. 양의 빈약함을 거론하기 전에 흥미로운 내용이나 혁신적인 포맷이 없다. 간판 프로그램이었던 〈모닝쇼〉의 경우, 2개 시즌 제작비가 3억 달러 정도 되는 고품질 콘텐트인데, 내용은 일반적인 코미디 드라마다. 다큐멘터리 〈포 올 맨카인드〉가 약간 두각을 나타냈지만, HBO나 디즈니의 콘텐트와 크게 다르지 않다. 물론 애플이 만든 프로그램답게 화질이나 화면 구성은 매우 뛰어나다.

2019년 11월 1일 출시 당시 오리지널 콘텐트가 10편 밖에 없었는데, 경쟁사에 비해 볼거리가 너무 부족하다. 향후 40편까지 늘린다는 계획이지만 이 정도로 넷플릭스 등과 제대로 된 경쟁을 할 수 있을지 미지수다. 이는 넷플릭스, 디즈니+와 가격 대비 콘텐트 시간을 단순히 비교해도 알 수 있다. 버라이어티에 따르면 애플TV+ 론칭 당시 10편의 오리지널 콘텐트로 총 45시간을 서비스했는데, 한 달 이용 가격이 4.99달러이니 달러당 9시간의 콘텐트를 제공하는 셈이었다. 그러나 경쟁사인 넷플릭스의 경우 달러당 2,831시간의 콘텐트가 제공된다. 애플과 비슷한 시기에 스트리밍 시장에 뛰어든 디즈니+도 달러당 오리지널 콘텐트 제공 시간이 476시간 달한다.

프로모션도 썩 인상적이지 않았다. 애플의 콘텐트 비즈니스에 대한 의지를 반영하듯 말이다. 2019년 10월 말, 애플은 서비스 출시를 일주일 앞두고 다양한 프로모션을 진행했다. 그러나 서비스가 아닌 〈포 올 맨카인드〉, 〈모닝쇼〉, 〈씨〉, 〈디킨슨〉 등 각각의 콘텐트에 집중하는 모습이었다. 심지어 뉴욕 5번가에 있는 애플의 플래그십 매장에서조차 애플TV+와 관련한 어떤 홍보 간판도 없었다. 온라인에서도 조용하기는 마찬가지였다. LA와 뉴욕에서 공식 출시 전 〈모닝쇼〉의 시사회를 열고 제니퍼 애니스톤과 리즈 위더스푼 등 주연 배우와 제작자의 인터뷰를 진행했는데, 정작 애플의 소셜 미디어는 잠잠했다.

미국 미디어 업계에서는 애플이 하드웨어 판매를 위해 콘텐트를 번들로 제공하는 것이 아니냐는 의심도 나오고 있다. 이런 의구심은 애플 디바이스 구입자에게 애플TV+ 1년 구독권을 제공하기로 결정하면서 더욱 짙어지고 있다. 아마존이 아마존 프라임 비디오 회원들에게 콘텐트를 무료로 제공하는 것과 같은 콘셉트다. 하지만 애플은 1년 구독권 제공에 대해 "고객을 위한 선물"이라며 "우리는 애플의 콘텐트를 더 많은 사람이 보기를 원한다"고 언급했다.

미국의 기업분석 전문가들은 1년에 60달러 정도의 가입비로 수익성을 유지할 수 있는지에 대해서도 의문을 표시하고 있다. 콘텐트 사업에 대한 손해를 하드웨어 부문 수익으로 메우려 한다는 지적도 나오고 있다. 그러나 애플에 이 같은 음모론을 들이대지 않아도 사업 모델에 변화가 오고 있음은 사실인 듯하다. 이른바 '애플 프라임 서비스Apple Prime Service'다. 애플이 콘텐트 사업에 뛰어들면서 아이폰 판매와 같은 일회성 소비가 아닌 구독 모델로 전환을 시도한다는 이야기다. 콘텐트 구독을 하는 조건으로 아이폰을 무료로 제공하거나 애플워치를 줄 수도 있고, 일정 수준의 월 구독료를 받고 애플이 제공하는 유무형의 서비스(아이클라우드, 애플뮤직, 아이폰 등)를 모두 제공하는 모델도 나올 수 있다. 게다가 애플뮤직이나 잡지, 신문 등을 서비스하는 뉴스+News+와의 번들 상품도 가능하다.

이 모든 것은 전 세계 10억 대 이상 배포된 아이폰이라는 플랫폼이 있기에 가능한 상상이다. 배와 배꼽이 바뀌는 상황은 단순히 생각 속에만 있는 게 아니다. 콘텐트 투자가 관건이 될 것이다. 애플 CEO 팀 쿡은 애플TV+의 프로그램 제작을 위해 6억 달러를 쓰겠다고 영국 파이낸셜타임스와의 인터뷰에서 밝혔다. 사실 좀 실망스러운 수치다. 넷플릭스는 2019년 콘텐트 제작에 최소 17억 달러 이상을 투자했다.

## 애플TV+의 글로벌 진출 전략

애플은 글로벌 시장에도 신경을 쓰고 있다. 출시와 함께 100여 국가에 진출한 애플TV+는 아이폰이 공급되는 시장이면 어디든 서비스할 준비가 되어 있다.

모건스탠리는 애플TV+가 2025년까지 1억3,600만 명가량의 가입자를 확보할 것으로 전망했다. 여러 분석(Barclay, Wedbush 등)에 따르면 최단기간 가입자 1억 명 돌파가 거의 확실시 된다. 애플 디바이스와 함께 주어지는 1년 무료 이용권 때문이다. 그러나 이 가입자 증가가 수익과 직결되는 것은 아니다. 애플TV+는 인도 시장 진출을 위해 파격적인 정책을 펼치기도 했다. 한 달 이용 가격을 99루피(1.4달러)로 정한 것이다. 이 정도면 인도 시장에 진출한 넷플릭스와 아마존 프라임 비디오보다 한참 저렴한 수준이다. 애플의 초저가 전략은 인도 스트리밍 방송 시장의 성장 가능성 때문이다. 애플의 움직임 중 가장 두드러진 사건은 바로 핵심 인재들의 영입과 협력이다. 2020년 6월, 디즈니가 소유한 인도 최대 스트리밍 사업자 핫스타의 전략 담당 임원을 인도 애플 서비스 담당 책임자로 영입했다. 그는 애플TV+와 애플뮤직의 인도 사업을 맡는다.

인도는 스트리밍의 기본이 되는 인터넷 사용 인구만 5억 명이 넘는 초 거대 시장이다. 중국에 이어 세계 2위 규모다. 이들 중 절반 이상은 경제에 참여하는 젊은 층이다. 그런 이유로 넷플릭스 등 거의 모든 글로벌 스트리밍 서비스 회사들이 앞다퉈 인도 시장에 진출했다. 인도의 가계 소득 수준을 감안해 아주 저렴한 가격으로 말이다. 싼 가격이라도 모이면 큰 수익이 된다. 넷플릭스도 한 달 이용 가격을 199루피(2.80달러)로 낮췄다. 모바일 기기에서만 볼 수 있는 상품이지만 파격적인 가격이다. 아마존 프라임 비디오도 한 달 129루피(1.80달러)에 방송 서비스를 제공하고 있다. 디즈니+도 인도 시장에 진출했다. 디즈니는 자회사인 '스타 인디아'를 통해 인도에서 가장 큰 스트리밍 회사인 핫스타의 지분 100%를 보유하고 있다. 시장 공략을 위해서는 디즈니가 가장 유리한 상황일 수 있다.

애플의 초저가 전략은 다분히 넷플릭스 등 경쟁 서비스들을 신경을 쓴 포석으로 보인다. 중국, 베트남 등 다른 성장 국가에서도 이런 전략을 사용할 가능성이 있다. 그러나 스트리밍 방송 서비스의 경쟁력이 가격에만 있는 것은 아니다. 결국 콘텐트의 질이 승부를 좌우할 것으로 보인다. 중요한 점은 애플에게 아이폰이라는 하드웨어와 방송 서비스가 연계되어 있다는 점이다. 어쩌면 글로벌 시장의 최종 승자가 '다른 게임의 룰'의 의해 결정될지도 모른다.

## HBO MAX,<br>넷플릭스를 부수러 왔다

미국 유명 미디어 전문가인 매튜 볼Matthew Ball은 스트리밍 서비스 HBO MAX에 대해 트위터를 통해 이렇게 말했다. "사람들이 HBO MAX를 원하느냐라는 질문은 사람들이 TV를 원하느냐라는 질문과 같다. 유료방송이 사라지는 지금, 새로운 TV를 찾아야 한다면 그 첫 번째는 HBO MAX다."

2020년 5월 27일, 새로운 스트리밍 서비스 HBO MAX가 드디어 출시됐다. 타임워너Time Warner를 854억 달러에 인수한 뒤 2년 만이다. HBO MAX가 스트리밍 시장에 등장하면서 넷플릭스는 창사 이후 가장 강한 적을 만났다. 할리우드 최고의 스튜디오를 경쟁자로 맞이했다. HBO MAX에서는 영화 〈전함 포템킨〉, 〈조커〉, 시트콤 〈프렌즈〉, 드라마 〈웨스트월드〉, 〈왕좌의 게임〉, CNN의 〈무비〉까지 모두 볼 수 있다.

HBO MAX가 가진 콘텐트의 다양성과 깊이는 다른 스트리밍 서비

HBO MAX

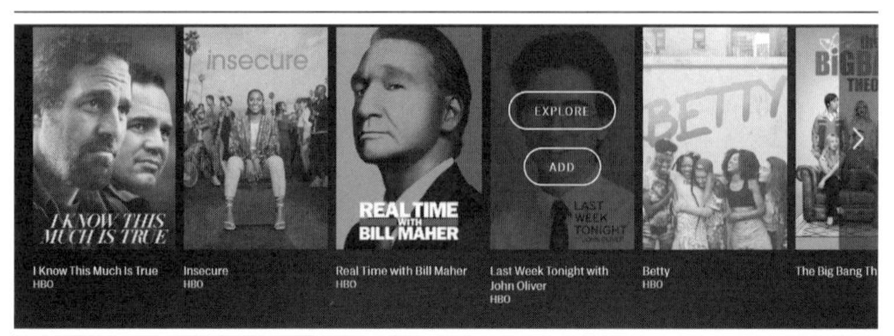


| 가격 | 월 14.99달러 |
|---|---|
| 론칭 시기 | 2020년 5월 27일 |
| 주요 특징 | 모든 HBO 콘텐트, 워너의 작품들,<br>TNT, TBS, CNN 등 1만 시간의 콘텐트<br>2025년 7,500~9,000만 명 구독 예상 |
| 오리지널 | 〈칼리지 걸스College Girls〉, 〈스트레인지 어드벤처Strange Adventures〉,<br>〈러브 라이프Love Life〉 등 |
| 클래식 작품 | 〈빅뱅이론〉, 〈프렌즈〉, 〈사우스파크〉 |
| 클래식 영화 | 〈해리가 샐리를 만났을 때When Harry Met Sally〉,<br>〈카사블랑카Casablanca〉 |
| 장점 | HBO 콘텐트에 대한 시청자 충성도<br>컴캐스트 등 플랫폼 사업자와의 번들 |
| 단점 | 비싼 가격, HBO 콘텐트의 통일성 부족<br>코로나 바이러스로 인한 작품 공급 차질 |

스들을 압도한다. 특히 〈소프라노스Sopranos〉, 〈왕좌의 게임〉, 〈빅뱅이론〉, 〈카사블랑카Casablanca〉는 물론 〈해리 포터Harry Potter〉의 모든 시리즈를 볼 수 있다. 한 달 이용 가격 14.99달러로 출시된 스트리밍 서비스 중 가장 비싼데, 그 가치가 충분하다. 워너미디어 엔터테인먼트 및 고객 부문 대표는 HBO를 한 마디로 이렇게 정리했다. "같은 가격에 2배가 넘는 콘텐트"

HBO MAX를 기술적으로 설명하는 건 큰 의미가 없다. 할리우드의 프리미엄 제작사인 HBO와 워너미디어는 다양하고 막강한 콘텐트로 승부한다. HBO MAX의 강점은 앞서 언급했듯이 가장 강력한 '오리지널 콘텐트Original Content'다. HBO MAX의 오리지널은 〈러브 라이프〉와 같은 드라마에서부터 어린이들에게 인기가 높은 〈루니 툰Looney tunes Cartoons〉 등 애니메이션, 〈온 더 레코드On the record〉와 같은 음악 다큐멘터리 등 분야와 종류가 매우 다양하다. 원래는 〈프렌즈〉의 리부트 버전 등 더 많은 드라마가 론칭돼야 하지만, 코로나 바이러스 대유행으로 계획에 차질이 생겼다.

〈워치맨Watchman〉, 〈배트맨〉 등 DC 콘텐트, 일본 지브리스튜디오의 〈우편배달부 키키〉 등 인기 애니메이션, 〈세서미스트리트〉와 같이 인기 높은 캐릭터 콘텐트 등이 이 포진해있으며, 다양한 분야와 콘텐트를 자랑하듯, HBO의 사용자 환경UI은 시리즈, 영화, 오리지널, 액션, 코미디, 다큐멘터리(CNN 포함), 드라마, 판타지&SF, 호러, 인터내셔널, 키즈, 뉴스(토크쇼), 로맨스, 단편, 스포츠, 서스펜스 등 주제별로 자세하게 정리되어 있다. HBO MAX는 스마트TV와 스마트폰 모두에서 사용할 수 있다. 기존 HBO 고객이나 HBO NOW(HBO의 스트리밍 서비스) 가입자들은 그대로 업데이트해서 사용할 수 있다.

### 넷플릭스를 꺾기 위한 철저한 준비

HBO MAX의 시작은 2018년 10월 10일로 올라간다. 당시 워너미디어의 CEO였던(현 AT&T CEO) 존 스탠키는 직원들에게 보낸 메모에서 "HBO를 중심으로 하는 스트리밍 서비스를 내놓겠다"고 밝혔다. 그

때만 해도 HBO MAX라는 이름조차 없었다. 사실 이 당시만 해도 워너미디어는 자신들의 차기 스트리밍 서비스를 3개 층위로 생각하고 있었다. 영화 중심 스트리밍, 프리미엄 콘텐트 스트리밍, 오리지널 콘텐트 스트리밍 등이 그것이다. 그 때문에 업계에서도 워너미디어가 3개의 스트리밍 서비스를 내놓는다고 소문이 났었다.

하지만 이후에 계획을 좀 더 수정하고 구체화한다. 2019년 5월, AT&T(워너미디어의 모회사)의 전 CEO 랜달 스티븐슨Randall L. Stephenson은 HBO MAX라는 스트리밍 브랜드명을 처음 공개하며 론칭 시기를 2020년 1분기로 조정했다. MAX라는 이름에서 알 수 있듯 이때부터 3개 층위의 스트리밍 서비스를 하나의 서비스로 통합해 제공하겠다는 의지를 나타냈다. 이를 통해 HBO MAX의 정체성도 일부 드러났다.

두 달 뒤인 2019년 7월 9일, 워너미디어는 HBO MAX를 공식 소개하면서 대량의 콘텐트 라인업을 공개했다. 이 중 가장 놀라운 사실은 드라마 〈프렌즈〉의 판권을 넷플릭스로부터 가져왔다고 밝힌 점이다. 콘텐트 투자에 대한 HBO의 의지를 엿볼 수 있는 대목이었다. 이후에는 또 다른 할리우드 클래식 콘텐트인 〈빅뱅이론〉의 방영권도 확보했다.

2019년 10월, 워너미디어는 HBO의 공식 론칭 날짜를 2020년 5월 27일로 밝혔다. 가격은 14.99달러, 콘텐트 라인업도 '모든 것을 서비스하는' 개념으로 바뀌었다. 또 HBO의 스트리밍 서비스인 HBO NOW 가입 고객의 경우, 자동으로 HBO MAX 고객으로 전환된다고 밝혔다. AT&T의 통신 서비스와 인터넷 고객들은 상품 수준에 따라 HBO MAX를 무료로 볼 수 있다. AT&T의 자산들을 중심으로 묶음 상품을 내놓겠다는 전략을 밝힌 것이다.

## 강점1 : 콘텐트의 질과 양

HBO의 콘텐트 수급 방향성은 2019년 10월, 정식 출시 1년 전에 발표됐다. 다양한 계층이 만족할 만한 콘텐트와 HBO MAX 오리지널 콘텐트가 그것이다. 이 서비스가 HBO의 주된 시청 층인 30대만을 위한 서비스가 아니라는 점을 분명히 하면서 워너브러더스나 카툰네트웍스의 콘텐트도 대거 편성하겠다고 발표했다. 〈프렌즈〉나 〈빅뱅이론〉, 〈사우스파크〉 같은 이른바 메가 히트 프로그램을 대거 수급하겠다는 의지도 나타냈다. 이를 위해 AT&T가 쏟아부은 돈도 막대하다. 〈프렌즈〉가 4억2,500만 달러, 〈빅뱅이론〉이 6억 달러 정도다. 닐슨의 조사에 따르면, 〈프렌즈〉는 지난 2018년 미국에서 2번째로 많이 본 TV 프로그램이었으며, 〈사우스파크〉는 스트리밍 사이트에서 방영된 적이 없다.

2020년 5월 27일 공개된 HBO MAX는 그야말로 막강하다. HBO의 프리미엄 콘텐트부터 워너브러더스, DC엔터테인먼트, 뉴라인시네마, 캐슬락Castle Rock, CW, CNN, 터너 스포츠, TNT, TBS 등이 서비스된다. DC의 〈조커〉, 〈수어사이드 스쿼드Suicide Squad〉, 〈원더우먼Wonder Woman〉, 〈오즈의 마법사The Wizard of Oz〉, 〈매트릭스The Matrix〉 등도 HBO MAX에서 볼 수 있다. 게다가 HBO MAX에는 워너미디어의 다른 채널 콘텐트들도 찾을 수 있다. CNN 다큐멘터리를 물론이고 TNT, TBS, 터너 클래식 영화Turner Classic Movies, 카툰네트웍스의 콘텐트도 한 곳에서 시청할 수 있다. 워너미디어는 1만 시간의 콘텐트가 HBO MAX를 기다린다고 밝혔다. AT&T의 랜달 스티븐슨 회장은 오는 2021년에 뉴스CNN, 스포츠 콘텐트NCAA, NCAA도 서비스될 것이라고 설명한 바 있다. 이 이야기는 라이브 콘텐트까지도 제공한다는 뜻이다.

그러나 뭐니 해도 새로운 서비스엔 새로운 콘텐트다. HBO MAX에는 2019~2020년에 방송되는 워너의 콘텐트가 집중적으로 배치되어 있다. 계열사인 CNN의 다큐멘터리 콘텐트와 CW의 드라마 등도 포함된다. 오리지널 콘텐트도 대거 소개되는데, 현재 리즈 위더스푼의 〈헬로 선샤인Hello Sunshine〉 등이 방송을 기다리고 있다. BBC의 〈닥터 후Doctor Who revival〉, 〈탑 기어Top Gear〉, 영국판 〈오피스〉도 방송된다. 또 NBC유니버설 피콕, 디즈니 훌루와의 경쟁을 뚫고 〈사우스파크〉 방영 권리도 확보했다.

가장 기대되는 콘텐트는 HBO MAX 오리지널이다. 코미디 드라마 〈러브 라이프〉, 힙합 거물 러셀 시몬스Russell Simmons의 성희롱과 강간 의혹을 다룬 다큐멘터리 필름 〈온 더 레코드On the Record〉, 언더그라운드 볼룸 댄스 경연대회 시리즈 〈레전더리Legendary〉, 유튜브 스타 LaurDIY가 진행하는 〈크래프토피아Craftopia〉, 워너브러더스의 〈루니 툰〉, 세서미워크숍의 〈엘모의 너무 늦지 않은 쇼The Not Too Late Show with Elmo〉 등이 대표적이다. MAX 오리지널 영화도 제공되는 데 워너맥스Waner MAX라는 이름으로 중급 예산 영화를 매년 공급하기로 했다. 메가 히트 고전 드라마의 재제작 작품도 눈에 띈다. 〈왕좌의 게임〉의 10부작 프리퀄, 〈프렌즈〉 멤버들의 재결합을 그린 〈프렌즈 리유니언Fridens Reunion〉, 〈가십걸Gossip Girl〉의 리부트 10부작 시리즈 등이 출시를 기다리고 있다.

### 강점2 : 색깔 있는 콘텐트

HBO의 색깔 있는 콘텐트 수급 전략은 사람들의 눈길을 끌었다. 이 중 일본 애니메이션 스튜디오 지브리와의 협력은 큰 화제를 불러왔다. 협약에 따라 지브리는 총 21편의 애니메이션을 HBO MAX에 공급한다. 이 중에는 미야자키 하야오 감독의 2014년 아카데미 영화상 수상작인 〈센과 치히로의 행방불명〉도 포함되어 있다. 이 애니메이션은 넷플릭스 등 미국의 어떤 스트리밍 서비스에서도 방송된 적이 없다.

〈센과 치히로의 행방불명〉과 함께 지브리의 대표작들 다수가 HBO MAX에 선보인다. 〈이웃집 토토로〉, 〈모노노케 히메〉, 〈바람이 분다〉 등 이름만 들어도 알만한 명작이다. 다른 스트리밍 서비스와의 차별화가 확실할 것으로 보인다. 이와 함께 지브리는 〈세서미스트리트〉도 HBO와 공동 제작에 나선다. HBO는 가성비 높은 가족 단위 가입자를 최대한 확보하기 위해 지브리를 선택했다. 어린이들이 좋아하는 콘텐트의 확보는 사업의 성패를 위해 선택이 아니라 필수다. 어린이 콘텐트를 주로 보는 가족 단위 가입자는 서비스 충성도도 높고 이탈도 거의 없다. 이런 점에선 디즈니가 매우 유리하다. 디즈니+는 완벽한 어린이 애니메이션 콘텐트 라인업을 갖추고 있다. 이런 디즈니의 애니메이션

HBO MAX의 일본 애니메이션<코쿠리코 언덕에서>

라인업을 두고 업계에서는 '금고 전략vault strategy'이라고 표현한다.

넷플릭스도 어린이 콘텐트 강화에 혈안이다. 기존 라인업에 이어 마니아층에 인기가 높은 〈나니아 연대기The Chronicles of Narnia〉의 방영권을 확보했다. 〈베이비시터 클럽The Baby-Sitters Club〉의 판권도 샀다. 〈제임스와 거대한 복숭아James and the Giant Peach〉, 〈찰리와 초콜릿 공장Charlie and the Chocolate Factory〉 등 고전 명작에 대한 제작 권리 확보를 위해서도 노력하고 있다.

HBO와 지브리의 협력이 어떤 효과를 낳을지는 아직 알 수 없다. 하야오의 작품이 아시아에서는 대중적이지만 미국에서는 마니아 층에서 소비되는 콘텐트이기 때문이다. 그러나 HBO의 전략은 높이 살 만하다. 다른 스트리밍 서비스와의 차별성만큼은 확실해 보인다. 하야오의 애니메이션에 익숙한 미국 부모들이 어린 자녀들에게 시청을 추천할 가능성도 있고, 미국 어린이들에게 새로운 자극이 될 것이 분명하다.

특히, HBO MAX는 디즈니나 애플과 달리 콘텐트를 독점할 생각이 없다. 다른 회사에도 자사의 콘텐트를 공급할 예정이다. 반대로 다른 미디어 기업의 좋은 드라마나 영화도 HBO MAX에 편성하기를 원한다. 워너미디어는 HBO MAX를 위한 서비스 개발에만 40억 달러를 투입할 예정이라고 밝힌 바 있다.

## 2025년까지 가입자 5,000만 명 목표

HBO MAX가 출시된 첫날(2020년 5월 27일), 90만 명의 소비자들이 앱을 다운로드한 것으로 조사됐다. 모바일 애플리케이션 다운로드 측정 전문 업체 센서타워SensorTower의 조사 결과다. 그러나 이 수치는 디즈니+가 출시 첫날 기록한 400만 다운로드에 비하면 실망스러운 수준이다. 2020년 4월 7일 론칭한 숏폼 스트리밍 서비스 퀴비의 첫날 다운로드 기록이 30만 명 정도였다. 하지만 퀴비가 한 달 이용료 5달러 수준에 90일간의 무료 이용 기간을 제공했고, 디즈니+는 1,900만 명의 버라이즌 고객에게 1년 무료 사용권을 주었다는 점을 고려하면 HBO MAX의 성적이 그리 나쁜 것만은 아닐 수 있다.

AT&T의 CEO 존 스탠키는 2025년까지 5,000만 명의 가입자 확보를 목표하고 있다. 2020년말까지 3,600만 명을 돌파하고, 2024년엔 4,400만 명을 넘어선다는 계획이다. 현재 HBO의 가입자 3,500만 명을 HBO MAX로 전환한 뒤, 추가로 1,500만 명을 모으면 가능한 수치다. 2020년 5월 기준 3,500만 명의 HBO 고객 중 1,000만 명 정도는 추가 비용 없이 HBO MAX로 이전이 가능한 것으로 알려졌다.

45억 달러를 투자한 HBO MAX는 가입자 수 5,000만 명을 넘어 넷플릭스와의 경쟁을 의식하고 있다. 뉴욕타임스와의 인터뷰에서 존 스탠키는 "넷플릭스는 강력한 적"이라며 "우리는 그들을 격파할 것"이라고 선언했다. 그러나 가입자 목표를 채우기 위해서는 해외 진출과 다양한 세대의 소비가 있어야 한다. 워너미디어는 HBO MAX 개발 초기부터 해외 진출을 준비했다. 라틴아메리카의 경우 2020년 서비스 출시와 동시에 서비스할 예정이고, 유럽은 2021년부터 본격적인 스트리밍 방송을 한다. 당분간 해외는 HBO 방송 라이선스를 가진 사업자와 협력해 진출할 계획이다. 실제로 HBO의 캐나다 파트너인 벨 미디어Bell Media는 워너브러더스와 HBO MAX 방송까지 확장된 계약을 했다. 영국, 독일, 이탈리아도 HBO 유통 라이선스를 가진 SKY와 협력해 현지에 진출한다.

다양한 연령대의 고객을 가입자로 확보하는 일은 매우 중요하다. 사실상 기본 TV 서비스로 인식되는 넷플릭스를 넘어서기 위해서는 더더욱 그렇다. 현재 HBO의 주된 시청자는 30대 성인이다. 10대 이하 청소년과 50~60대 중장년의 지지가 필요하다. HBO MAX는 워너미디어의 영화와 카툰네트웍스의 애니메이션 등을 확보함으로써 다양한 연령층의 지지를 받을 수 있을 것으로 기대하고 있다. 다만 코로나 바이러스 대유행 시기에 서비스를 시작한 만큼 당초 계획과는 조금 차이가 있다. 오리지널 콘텐트 제작이 조금 늦어지고 있는데, 워너미디어는 속도에만 차이가 있을 뿐 수급에는 문제가 없다는 입장이다. 전문가들도 대부분 비슷하게 예측한다. CNN의 TV콘텐트 전문기자 브라이언 라우리Brian Lowry는 "HBO MAX가 첫 론칭에서는 상대적으로 빈약한 오리지널 라인업을 가지고 나왔다"라며 "그러나 향후 다양하게 편성이 될 것"이라고 지적했다. 물론 디즈니+의 〈만달로리안〉 같은 대작이 없다는 평가도 있다.

AT&T 입장에선 HBO MAX의 성공을 바라야 하는 또 다른 이유가 있다. 현재 속절없이 떨어지고 있는 AT&T의 유료방송 서비스 플랫폼 가입자를 보전하기 위해서다. AT&T의 IPTV(U Verse), 위성방송(디렉TV)의 가입자 수는 매년 감소하고 있다. 지난 2019년 4분기 1,950만 명이었던 AT&T 유료방송 가입자는 2020년 1분기 말에만 71만 명이나 줄었다. 이를 만회하기 위해 2020년 4월 'AT&T TV'라는 라이브 스트리밍 서비스VMVPD를 내놨지만, 별다른 효과를 보지 못하고 있다. 특히, 전체 방송 시장이 스트리밍 서비스로 옮겨가고 있는 만큼 AT&T에게 HBO MAX의 성공은 무엇보다 중요하다. 유료방송 가입자를 안정적으로 HBO MAX로 옮겨가는 것이 AT&T의 목표다.

### 약점 : 비싼 가격과 세대별 호불호

스트리밍 시장 경쟁이 치열한 만큼 가격은 매우 중요하다. HBO MAX의 월 이용 가격은 14.99달러부터 시작한다. 광고는 없다. 기본요금제Basic Plan의 가격인데, 현재 HBO NOW의 가격과 같다. 콘텐트를 많이 제공하고도 HBO NOW와 같은 가격에 서비스를 제공하는 이유는 기존 고객들을 흡수하기 위해서다. HBO MAX의 가세로 스트리밍 서비스 시장 경쟁은 더욱 치열하게 전개될 것으로 보인다.

넷플릭스에 이어 디즈니+, 애플TV+, 컴캐스트의 피콕, 퀴비 등은 미래 방송 시장의 주도권을 두고 스트리밍 시장에서 경쟁한다. 이 지점에서 가장 비싼 15달러의 이용료를 받는 HBO MAX는 가격 측면에서 다소 불리한 것이 사실이다. 코로나 바이러스로 인해 불경기가 닥치면서 고가 스트리밍 가입에 더 큰 걸림돌이 생겼다. 경기 침체로 유료방송 플랫폼에서 HBO를 해지하는 고객이 증가하고 있는 것으로 나타났다. 뉴욕타임스가 칸타미디어에 의뢰한 조사 결과에 따르면 HBO NOW를 이용하는 고객 5명 중 1명은 해지를 검토하고 있다고 대답했다. 같은 조사에서 넷플릭스 고객은 7.4%, 디즈니+ 고객은 8.6%가 서비스 취소를 고려 중이었다.

지난 50년간 HBO는 콘텐트 혁신의 대명사였다. 새로운 플롯의 드라마를 선보였고, 프리미엄 채널로 시장을 주도했다. HBO라는 이름도 'Home Box Office'에서 유래했을 만큼 가정에 재미있는 콘텐트를 공

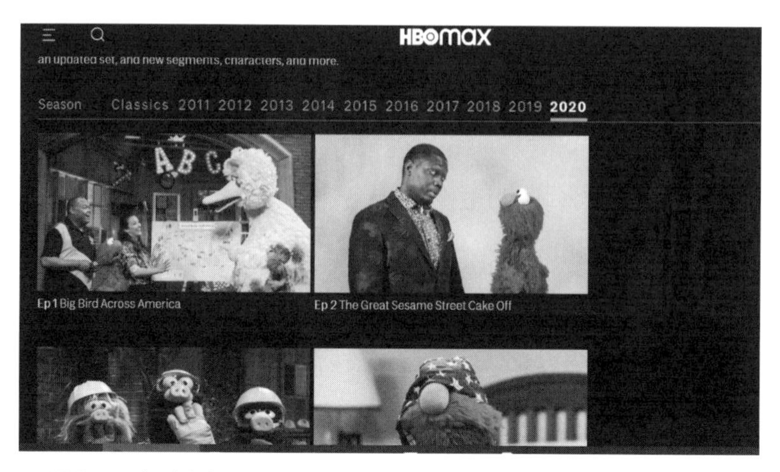


HBO Max의 <세서미스트리트>

급한다는 자부심이 컸다. 1990년대에는 다양한 오리지널 콘텐트를 앞세워 TV 채널로서는 처음으로 프리미엄 채널 시장을 열었다. 스트리밍 서비스 HBO MAX도 HBO의 자부심을 이어받는다. AT&T는 회사의 미래를 HBO MAX에 걸고 있다.

이런 HBO의 자존심이 오히려 시장에서의 성공에 악영향을 줄 수도 있다. HBO의 고객들은 HBO의 수준 높은 콘텐트를 선호한다. 그러나 지금의 HBO는 다르다. AT&T가 인수하면서 과거의 영광을 함께 했던 많은 이들이 떠나고 없다. HBO와 함께 워너미디어 콘텐트가 있지만, 충성파들에게는 "HBO의 브랜드를 깎아 먹었다"라는 비난을 받을 수 있다. 결국, 전 세계 1억8,300만 명(2020년 1분기)의 가입자를 가진 넷플릭스를 넘어서기 위해서는 HBO를 중심으로 MAX로 확장할 콘텐트가 필요하다. 넷플릭스와 달리 AT&T의 지원 사격을 받을 수 있다는 건 그야말로 큰 이점이다.

넷플릭스와 HBO MAX가 시장을 양분할 것으로 보는 시각도 있다.

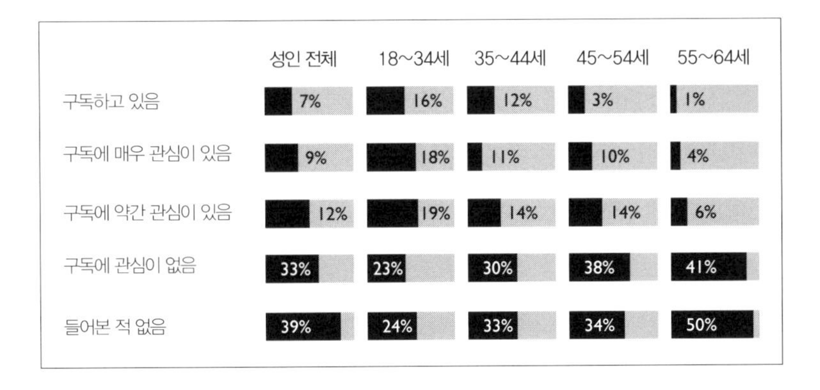


HBO MAX에 대한 세대별 관심 (출처: 버라이어티)

이런 관점에선 오히려 이들 두 서비스를 묶어서 파는 번들도 가능할 수 있다. 물론 현실성보단 가능성이다. 월스트리트 리서치 회사 모펫내탄슨의 공동 창업자인 크레이그 모펫Craig Moffett은 뉴욕타임스와의 인터뷰에서 "결국 이들은 가입자들의 사용 패턴에 맞춰 합종연횡하는 등 시장에 적응해야 할 것"이라고 말했다. 과거 케이블TV 시장에서 HBO가 경쟁 유료 채널인 쇼타임이나 스타즈Starz 등과 번들 상품을 내기도 했고, 더 나아가 HBO NOW와 넷플릭스의 번들 상품도 검토했던 것으로 전해진다.

젊은 층의 무관심도 문제다. HBO MAX와 관련, 10대인 밀레니얼 세대의 관심도가 매우 낮다는 조사 결과가 나왔다. HBO MAX가 20~40대 성인층을 위한 스트리밍 서비스라는 사실이 확인된 셈이다. 버라이어티가 조사한 결과에 따르면 18세에서 34세 연령층이 HBO MAX에 가장 관심이 높았다. 이 계층의 응답자 중 18%가 HBO MAX에 '매우 관심이 있다'고 답했다. 이에 비해 10대 청소년(7%)이나 55세에서 64

세의 노년층(6%)의 관심도는 다소 낮았다.

워너미디어 등 AT&T의 미디어와 엔터테인먼트 사업부가 코로나 바이러스 확산으로 인해 큰 영향을 받은 것도 단기간 악재로 작용할 것이다. 2020년 4월 22일에 발표된 AT&T의 1분기 실적에 따르면 워너미디어 매출은 전년 동기 대비 12% 하락해 74억 달러를 기록했고 영업이익도 줄었다. 미국 대학농구 토너먼트(NCAA) 취소로 인한 광고 급락의 영향이 가장 컸다. 코로나 바이러스 대유행으로 NCAA가 열리지 않음으로 인해 본 손해는 4억 달러에 달한다. 영화 개봉 매출의 경우 27% 감소했다.

# 피콕,
# 드라마 왕국의 부활을 꿈꾼다

미국판 드라마 왕국을 건설했던 NBC유니버설이 드디어 스트리밍 시장에 뛰어들었다. 애플과 디즈니에 이은 3번째다. NBC의 로고 그림에서 차용한 '피콕'이라는 이름의 이 스트리밍 서비스는 2020년 4월 15일 시장에 출시됐다. HBO MAX에 비해 한 달 정도 빨랐다. NBC는 총 1만5,000시간 분량의 콘텐트를 제공한다. HBO가 1만 시간을 제공한다고 밝힌 바 있는 만큼, 콘텐트 양에서는 최고 수준이다.

2020년 4월 15일 출시는 컴캐스트 디지털 케이블TV(Xfinity X1, Flex) 가입자들을 대상으로 한 조기 오픈이다. 광고 기반 스트리밍 서비스인데, 컴캐스트 가입자들에게 무료로 제공됐다. NBC유니버설의 모회사인 컴캐스트는 공식 성명에서 "회사 역사상 가장 중요한 이정표"라며 큰 기대를 드러냈다. 피콕이 서비스를 시작했지만, 아직 정상적인 상태는 아니다. 코로나 바이러스 사태로 대다수 콘텐트의 제작이

피콕에서 서비스하는 드라마 <슈츠 Suits>

| | |
|---|---|
| 가격 | -무료와 유료 버전 등 3개 상품<br>-무료: 피콕 프리 Peacock Free<br>7,500여 콘텐트, 광고 버전<br>-유료: 피콕 프리미엄 Peacock Premium<br>1만5,000여 콘텐트<br>광고 기반 상품-컴캐스트, 콕스 가입자 무료, 일반 가입자 4.99달러<br>가입자 기반 상품-컴캐스트, 콕스 가입자 4.99달러, 일반 가입자 9.99달러 |
| 론칭 시기 | 2020년 4월 15일, 7월 15일 |
| 주요 특징 | NBC 오리지널 작품 및 클래식 명작 |
| 오리지널 | 〈배틀스타 갈락티카〉 재제작<br>〈멋진 신세계 Brave New World〉 데미 무어 출연<br>〈투나잇쇼 The Tonight Show〉 지미 팔론 Jimmy Fallon 진행 |
| 클래식 작품 | 〈오피스〉, 〈파크 앤 레크리에이션 Parks and Recreation〉,<br>〈치어스 Cheers〉, 〈내 사랑 레이몬드 Everybody Loves Raymond〉,<br>〈브루클린 나인나인 Brooklyn Nine-Nine〉 |
| 클래식 영화 | 〈E. T.〉, 〈죠스 Jaws〉, 〈백투더퓨처 Back to the Future〉 |
| 장점 | 풍부한 영화, 드라마 클래식 라이브러리 |
| 단점 | 너무 늦은 시장 진입, 컴캐스트 가입자와의 관계 설정<br>3개 층위의 복잡한 상품 구성<br>올림픽 연기 등 콘텐트 수급 난항 |

미뤄진 상황에서 프로그램 라인업이 예상과는 달라졌기 때문이다. 피콕은 2021년은 돼야 대부분의 스트리밍 서비스 콘텐트가 제공될 것으

로 판단한다.

피콕은 광고와 콘텐트의 양에 따라 3가지 가격대로 서비스를 제공한다. 피콕 프리미엄은 광고를 볼 경우 한 달에 4.99달러로 제공되고, 광고 없는 버전은 한 달에 9.99달러를 내면 된다. 콘텐트 양이 제한된 무료 서비스인 피콕 프리도 있다. 피콕의 프리미엄 상품의 경우, 1만 5,000시간의 콘텐트가 제공된다.

컴캐스트와 콕스COX 케이블TV 고객에게는 광고 버전의 피콕 프리미엄이 무료로 공급된다. 광고를 보는 조건이지만 파격적인 수준이다. 이 서비스의 혜택을 보는 고객만 2,400만 명에 달할 것으로 전망된다. 이 고객들도 한 달에 5달러만 내면 광고가 없는 방송을 볼 수 있다. 사실 광고 버전도 한 시간에 5분 미만이어서 시청 방해는 크게 걱정하지 않아도 된다.

뒤늦게 시장에 뛰어든 컴캐스트는 시작하자마자 치열한 경쟁에 돌입할 수밖에 없다. 일단 디즈니+와 애플TV+ 등은 가격 측면에서 아주 강력한 경쟁자다. 디즈니+는 6.99달러, 애플TV+는 4.99달러다. 여기에 이미 스트리밍 시장을 장악하고 있는 넷플릭스, 아마존 프라임 비디오 훌루, AT&T의 HBO MAX도 콘텐트 완성도 측면의 강력한 적이다.

### 1만5,000시간에 달하는 스트리밍 콘텐트

앞서 언급했지만 피콕 프리미엄은 1만5,000시간의 영화와 쇼가 제공된다. 제공 콘텐트 중에는〈파크 앤 레크리에이션〉, 〈로앤오더Law & Order: SVU〉, 〈두 남자와 1/2 Two and a Half Men〉 등 인기 TV드라마와 〈E. T.〉

〈쥬라기공원Jurassic Park〉, 〈슈렉Shrek〉 등 인기 영화도 포함돼 있다. 매트 스트라우스Matt Strauss 피콕 대표는 "대부분의 피콕 오리지널 제작이 중단됐다"며 "언제 정상으로 돌아올지 모르지만, 상당수가 2021년에 공개될 것"이라고 말했다.

일단 NBC는 콘텐트 제공 경쟁에 대해 자신감을 나타내고 있다. 그만큼 영화, 드라마를 통틀어 쌓아둔 프로그램들이 많기 때문이다. 대부분의 콘텐트가 다른 스트리밍 서비스에선 볼 수 없는 오리지널들이다. 예전 콘텐트들도 과감한 투자로 방영권을 회수해왔다. 피콕에서 제공하는 NBC의 작품들은 셀 수 없이 많다. 인기 시트콤 〈오피스〉도 넷플릭스로부터 5억 달러에 되찾았다. 이 프로그램은 지난 2018년 넷플릭스에서 가장 많이 본 프로그램으로 기록된 만큼 NBC의 기대가 크다.

피콕을 위해 새 작품도 계획하고 있다. 〈닥터 데스Dr. Death〉, 〈루더포드 폴스Rutherford Falls〉 등이며, 〈SNL〉과 지미 팔론의 〈투나잇쇼〉도 예정돼 있다. 피콕에 제공되는 영화도 무궁무진하다. 아쉬운 점이 있다면 스포츠 콘텐트의 부재다. 코로나 바이러스 확산으로 라이브 스포츠가 거의 중계되지 못했다. NBC의 강점이 전혀 드러나지 못한 것이다. 그러나 이 부분은 내년에 코로나 바이러스 확산세가 멈춘다면 다시 회복될 것으로 보인다. 2021년에는 도쿄올림픽도 예정돼 있다.

피콕 오리지널 작품들에는 〈월리를 찾아라Where's Waldo?〉, 〈클레오파트라 인 스페이스Cleopatra in Space〉 등 드림웍스Dreamworks의 신작이 포함돼 있다. 또 올리히 헉슬리의 소설을 원작으로 한 〈멋진 신세계Brave New World〉와 영화 〈사이코〉의 스핀오프 시리즈 〈사이크2 : 래시 컴 홈Psych 2 : Lassie Come Home〉, 〈내 이름은 펑키Punky Brewster〉, 〈베이사이드 얄개들Saved by the Bell〉, 〈배틀스타 갈락티카〉 등 과거 인기 작품들의 재제작 콘텐트도 있다. 영화의 경우, 유니버설의 작품들뿐만 아니라 소니픽쳐스, 워너브러더스, 파라마운트, 스타즈Starz 등이 보유한 작품들도 방송된다.

NBC유니버설은 피콕을 위해 자신들의 라이선스 프로그램(유니버설 스튜디오가 만든 작품들) 중 몇몇 작품들을 더 이상 다른 스트리밍 사업자에 제공하지 않기로 했다. 이로 인한 라이선스 수입 감소도 감수하겠다는 생각이다. CNBC에 따르면 유니버설 스튜디오는 2019년에 훌루와의 파트너십으로 5억 달러 정도를 벌어들였는데, 이 수익도 포기해야 한다.

코로나 바이러스 확산이 심각해지자 NBC유니버설이 피콕의 론칭을 미루는 것이 아니냐는 관측도 나왔지만, NBC의 판단은 달랐다. 매트 스트라우스 피콕 대표는 "스트리밍 수요 증가에 많은 자극을 받았다"며 "우리는 피콕이 사람들에게 또 다른 즐거움을 줄 것으로 판단한다"라고 언급했다. 피콕의 진정한 공개일은 일반인들 모두에게 오픈된 2020년 7월 15일이다. 이때부터 TV 버전과 모바일, 인터넷 등 디지털 접근이 가능한 모든 서비스가 제공되기 시작했다.

피콕이 7월에 오픈하기로 결정한 이유는 올림픽 때문이었다. 7월 말 열리는 '2020 도쿄올림픽'을 2주 앞두고 독점 중계권을 가진 NBC의 이점을 최대한 피콕 오픈 홍보에 활용하겠다는 전략이었다. 그러나 이 계획은 올림픽 연기로 완전히 틀어졌다. 올림픽 광고 매출도 당연히 포기해야 했다.

그러나 NBC유니버설은 코로나 바이러스 확산으로 집에 있는 시간이 늘어난 고객들을 타겟으로 피콕 출시를 강행했다. NBC의 CEO 제프 쉘Jeff Shell과 매트 스트라우스는 2020년 4월 14일에 직원들에게 보낸 메모에서 "2021년 도쿄올림픽 때 피콕이 정상 궤도에 오를 것"이라며 "〈오피스〉도 2020년 연말에 넷플릭스에서 방영권이 회수되고 피콕에서 단독 공개될 것"이라고 언급했다. 그들은 또 "우리는 이제 시작이고 이 게임은 단거리가 아니라 마라톤"이라며 "우리에게는 드라마, 예능 콘텐트와 함께 뉴스가 서비스되며, 오리지널 콘텐트도 있다"고 덧붙였다.

### 컴캐스트, 피콕에 2년간 10억 달러 투자

컴캐스트가 처음 스트리밍 계획을 밝힌 것은 2019년 1월이었다. NBC유니버설은 이르면 2020년에 유니버설 작품을 스트리밍하는 서비스를 내놓겠다고 밝혔다. 그때는 이름도 없었지만, 광고 모델과 가입자 모델을 모두 서비스하겠는 기본 원칙은 이미 완성했었다. 이후 컴캐스트는 2020년 1월 자사의 스트리밍 서비스 피콕의 구체적인 시장 전략을 공개했다. 향후 2년간 20억 달러를 피콕 콘텐트와 마케팅에 투자하고 5년 안에 수익을 올리겠다는 내용이 골자다. 2020년 1월 16일 뉴욕 록펠러 센터에서 열린 NBC유니버설의 스트리밍 전략 발표 현장은 투자자, 기자, 관광객 등 수많은 사람으로 가득 찼다. 당시 NBC유니버설 CEO이던 스티븐 버크Stephen B. Burke는 피콕의 넷플릭스, 디즈니+와의 차별성을 강조했다. 피콕은 광고 기반 서비스이며 동시에 스포츠와 뉴스가 함께 방송된다는 점을 두드러진 차이점으로 꼽았다.

2020년 7월부터는 컴캐스트나 콕스 고객이 아닌 일반 가입자들도 컴캐스트를 이용할 수 있게 되었다. 다만, 무료가 아닌 월 5달러~9.99달러를 내야 한다. NBC와 컴캐스트는 코로나 바이러스로 미래가 불확실한 상황에서도 피콕을 위한 자금 투입은 줄이지 않겠다는 입장이다. NBC유니버설 CEO 제프 쉘은 2020~2021년 사이에 피콕을 위해 20억 달러를 투입하겠다고 밝힌 바 있다. 이를 통해 2024년에는 25억 달러의 매출을 올리고 흑자 전환과 함께 이용자 규모를 3,000~3,500만 명까지 늘리겠다는 계산이다.

컨설팅회사 바클레이즈Barclays는 2020년부터 5년 내에 피콕이 5,000만~9,000만 명의 활동 사용자active users를 보유할 것으로 전망했다. 유료 가입자는 1,000만 명에서 3,000만 명에 이를 거라는 분석이다. 광고 기반 피콕 프리미엄의 경우 2,400만 명 정도를 확보할 수 있을 것으로 보인다. 이 정도 숫자면 광고주들에게 매우 매력적인 플랫폼으로 다가갈 것으로 예측된다. 이 정도 콘텐트에 이 정도 가입자를 가진 스트리밍 플랫폼은 흔치 않다. 피콕의 가세로 스트리밍 전쟁은 두 가지 양상으로 진행될 것으로 보인다. 디즈니, NBC유니버설, HBO MAX 등 기존 클래식 콘텐트가 충분한 사업자와 넷플릭스, 애플, 아마존 프라임 비디오 등 오리지널 콘텐트를 기반으로 한 신규 사업자. 누가 승리할지는 아직 모른다.

### 컴캐스트의 광고 기반 전략

스트리밍 전쟁은 소비자들에겐 긍정적으로 작용한다. 플랫폼과 콘텐트에 대한 선택권이 확대되기 때문이다. 그러나 비용 때문에 모든 스트리밍 서비스를 이용할 수는 없다. 월스트리트저널에 따르면 미국인들은 현재 월 44달러 정도를 스트리밍 서비스에 사용할 준비가 되어 있다. 이런 점은 컴캐스트에 위기 요인으로 작용할 가능성이 크다. 따라서 NBC의 피콕 사업 전략이 시장 모든 사업자의 관심을 집중시키고 있다. 미국 1위 케이블TV 사업자인 컴캐스트의 시장 전략은 전통적인 TV 비즈니스와의 공존 속 성장이다. TV 사업모델(광고)의 급격한 변화 없이 새로운 서비스인 피콕을 성공시키고 싶어 한다. 이 부분은 다른 스트리밍 사업자와 차별화된 지점이다.

NBC유니버설의 컴캐스트는 스트리밍 서비스에 광고 모델을 접목하는 대신, 유료방송 이용자들에게 무료로 콘텐트를 공급한다. 여기까지는 기존 광고 기반 서비스와 다를 바 없지만, 가장 중요한 차이점은 콘텐트다. NBC 피콕의 콘텐트 경쟁력은 디즈니+ 등 여타 서비스에 뒤지지 않는다. 게다가 NBC는 피콕을 띄우기 위해 다른 플랫폼 사업자에게 콘텐트를 제한적으로 공급할 예정이어서 NBC 콘텐트를 보고 싶다면 피콕에 가입해야 한다. 스티브 버케Steve Burke NBC유니버설 대표는 최근 피콕 투자설명회에서 "광고 기반 비즈니스는 수십 년 동안 입증된 사업이었다"고 말했다. 그는 이 회사에 자체 스트리밍 서비스가 있어야 하는 이유를 "시청자들이 스트리밍으로 옮겨가고 있기 때문"이라고 언급했다.

피콕의 성공은 모회사인 컴캐스트에게 매우 중요하다. 컴캐스트는 2019년 4분기까지 11분기 연속 유료방송 가입자 수가 감소했다. 컴캐스트는 피콕이 이런 이탈 흐름을 막아줄 수 있다고 기대하고 있다. 유료방송 대신, 유료 스트리밍 서비스가 컴캐스트를 살려줄 것이라는 판단이다. 피콕은 광고 기반 모델을 채택하고 있기 때문에 가입자 확대에 다소 불리하지만, 또 이미 광고 모델에 기반을 두고 있는 유료방송 플랫폼(케이블TV, IPTV 등)과 비교하면 그렇지만도 않다. 유료방송 플랫폼의 값비싼 월 이용료를 내는 대신 저렴한 스트리밍 서비스로 옮겨올 고객들은 많다. 피콕도 광고에 대한 피로감을 의식, 하나의 작품 및 영화에 5분 이상의 광고를 허용하지 않기로 했다. 프로그램 시작 전에는 오직 하나의 광고만을 방송한다. 물론 몇몇 광고는 시청자들의 광고 상품 구매를 유도하기 위해 방송 중간에 인터랙티브Interactive 기술이 적용된다.

## 강점 : 라이브를 중심으로 한 신구 콘텐트의 조화

뭐니 해도 피콕의 가장 큰 강점은 콘텐트다. 라이브 스포츠와 라이브 뉴스는 다른 서비스와의 가장 큰 차이점이다. NBC는 향후 10년의 올림픽 중계권도 보유하고 있다. 또 프리미어리그Premier League 축구, 라이더컵Ryder Cup 골프 등도 NBC가 보유한 중계권 중 하나다. 피콕은 600편이 넘는 영화와 400편에 가까운 TV 시리즈를 보유하고 있으며 새로운 오리지널과 유명 콘텐트로 가입자들을 모을 생각이다. 오리지널 프로그램의 경우 다양한 장르가 서비스된다. 〈배틀스타 갈락티카〉, 〈닥터 데스〉, 〈멋진 신세계〉 등이 방송을 앞두고 있다. 90년대 유명했던 걸그룹이 다시 팀을 결성하는 내용의 코미디 〈Girls5Eva〉도 제작 중이고, 80, 90년대 인기를 끌었던 〈내 이름은 펑키〉, 〈베이사이드 얄개들〉 등의 작품도 재제작되고 있다. 그밖에 스페인어 채널인 텔레문도Telemundo도 3,000시간에 가까운 오리지널 프로그램을 피콕에서 방송한다. 또 〈존 윅John Wick〉으로 유명한 라이언스게이트Lionsgate의 영화 판권도 다수 인수해 스트리밍 서비스하려고 한다.

코미디쇼Comedy Show도 준비하고 있다. 코미디언 케빈 하트Kevin Hart와 함께 〈Hart to Heart〉라는 코미디쇼를 찍고 있으며, 〈투나잇쇼〉의 지미 팰론은 어린이를 위한 쇼를 제작하고 있다. 피콕은 다른 스튜디오의 콘텐트도 수급해 서비스할 예정이다. 워너브러더스의 유명 시트콤 〈두 남자와 1/2〉, 케빈 코스트너의 드라마 〈옐로스톤Yellowstone〉도 방송된다. 그러나 NBC유니버설의 가장 유명한 콘텐트는 시트콤 〈오피스〉다. 넷플릭스로부터 판권을 되찾아와 2021년 방영을 준비 중이다.

NBC가 연계한 새로운 편성 전략도 눈에 띈다. 몇몇 프로그램은 NBC에 방송되기 전 피콕에 먼저 공개된다. 지미 팰론의 〈투나잇쇼〉, 시스 메이어Seth Meyer의 〈레이트나잇Late Night〉이 그 첫 번째 대상이다. 컴캐스트는 첫 2년간 20억 달러를 피콕에 투입한다. 이런 투자 때문에 피콕이 수익을 내기 위해선 최소 5년이 필요하다고 보고 있다.

이와 함께 유니버설 스튜디오의 영화 라인업도 스트리밍에 큰 도움이 될 전망이다. 일부를 피콕을 위한 오리지널 영화로 스트리밍에 직행시킬 경우, 가입자들의 많은 관심을 끌 수 있을 것으로 예상된다. 실제 극장 개봉을 건너뛰고 스트리밍 서비스로 직행한 유니버설 스튜디오의 〈트롤2〉는 최단기간 100만 시청자를 확보하기도 했다.

피콕은 늦은 스트리밍 시장 참여를 극복할 전략으로 늦은 밤과 새벽을 공략할 방침이다. NBC네트워크들로부터 생산되는 인기 콘텐트들을 피콕에서 뒤이어 방송하는 방식인데, 이른바 늦은 밤 이른 시간late-night early 전략이다. 〈디스 이즈 어스This is Us〉, 〈블랙리스트The Blacklist〉, 〈월드 오브 댄스World of Dance〉 등의 인기 작품을 방송한 이후 피콕에서 바로 뒤이어 방송한다. 컴캐스트는 피콕 프리미엄에서 매일 동부시간 오후 9시 30분에 지미 팰론이 진행하는 〈투나잇쇼〉와 〈레이트나잇〉 등을 독점 제공한다. 광고 모델 서비스인 만큼, 광고주들과의 계약 상황이 매우 중요한데, NBC유니버설은 론칭 시점에 10개의 광고주와 장기 계약을 마쳤다고 밝혔다.

피콕을 살리기 위해 시스템 사용자 환경UI도 업그레이드했다. NBC유니버설은 컴캐스트의 케이블TV 셋톱박스 플렉스Flex를 통해 피콕을 보는 시청자들을 위해 이번 주 신작New This Week, 무료콘텐트Free to Me, 피콕 인기 콘텐트Trending Now on Peacock 등의 배너를 화면에서 삽입했다.

### 단점 : 너무 복잡한 상품군

피콕은 무료버전 1종류와 유료 버전 2종류로 구성되어 있는데 유료 버전도 모회사인 컴캐스트 고객인지 아닌지에 따라 가격이 달라진다. 여기에 광고가 있느냐 없느냐에 따라서도 가격 차이가 있다. 월 가격으로 단순히 하면 4.99~9.99달러 사이인데, 복잡한 상품군 때문에 소비자들뿐만 아니라 언론들도 헷갈려 하고 있다. 무료 버전과 유료 버전의 콘텐트 차이가 있다고는 하지만, 가입자들이 무료 버전에서 유료 버전으로 전환할 만한 매력적인 콘텐트가 있을지 의문이다.

피콕이 이렇게 이중적인 서비스를 내놓은 이유는 광고 기반 시장과 가입자 기반 시장을 모두 잡기 위해서다. 현재 미국 내 스트리밍 시장 사업자는 광고를 기반으로 무료로 서비스하는 사업자와 유료 기반으로 광고가 없거나 최소화하는 사업자로 나뉜다. 보통은 이 두 시장 중 하나를 택해서 포지셔닝을 하지만 피콕은 이 두 시장에 어정쩡하게 발을 담그고 있다. 사업자 입장에서는 두 시장을 모두 잡고 싶겠지만, 소비자 입장에서 보면 그리 매력적인 사업자는 아니다.

애매한 출시 시기도 단점이다. 컴캐스트 고객에게는 2020년 4월 15일, 일반 고객에게는 2020년 7월 15일에 오픈했는데, 굳이 이렇게 두 버전으로 나눠서 내놔야 했는지 의문이다. 디즈니+, 넷플릭스, HBO MAX 등 경쟁 서비스들이 모두 출시된 상황에서 이 같은 소극적인 마케팅은 별로 효과를 보지 못할 것으로 보인다.

# 퀴비,
# 모바일에 승부를 건다

매해 1월 초마다 미국 라스베이거스에서 개최되는 CES Consumer Electronics Show. 그 해를 지배할 IT 기술과 기기들이 등장한다. 참석자들만 해도 매해 20만 명에 달한다. 2020년 1월 7일부터 20일까지 13일 동안 개최된 CES2020의 주제는 5G와 사물 인터넷, 인공지능AI 등이었다. 매해의 주제를 가장 잘 보여주는 행사는 키노트keynote 스피치인데, 2020년 키노트 스피치의 주인공은 바로 스몰 미디어 콘텐트 사업자인 퀴비Quibi였다.

CES를 주관하는 CTA는 CES2020의 키노트 스피치 연사 중 한 명으로 퀴비의 CEO 메그 휘트먼Meg Whitman을 선정해 화제를 모았다. 퀴비는 지난 2018년에 메그 휘트먼과 전 디즈니 CEO 제프리 카젠버그Jeffrey Katzenberg가 설립한 스트리밍 콘텐트 전문 기업이다. 모바일 트렌드에 맞게 짧은 시간에 소비하는 콘텐트인 숏폼 콘텐트만을 스트리

CES2020 행사에서 발표하는 제프리 카젠버그 퀴비 CEO

밍한다. 퀴비는 퀵quick과 바이츠Bites의 합성어다.

퀴비의 CEO인 휘트먼과 카젠버그는 2020년 1월 8일 오전 10시 미국 라스베이거스 MGM호텔 파크 극장Park Theater에서 키노트 스피치를 진행했다. 휘트먼은 HP와 이베이의 CEO 출신으로 유명하다. 드림웍스의 창업주이기도 한 카젠버그는 파라마운트, 디즈니 등에서 CEO로 일하며 콘텐트 비즈니스에 대한 해박한 경험과 지식을 가지고 있다. 이 둘은 CES에서 콘텐트의 미래와 기술과 만나 변하게 될 콘텐트 포맷에 대해 전했다.

"기술이 먼저 나오고 거기에 맞는 콘텐트가 개발됐다."

CES2020 키노트 스피치에서 제프리 카젠버그가 한 말이다.

2020년 4월, 숏폼 스트리밍 서비스의 정체가 공개됐다. 코로나 바이러스의 확산으로 모든 경제 활동이 중단된 미국에선 이례적인 시작이다. 퀴비는 첫날 50편이 넘는 콘텐트를 공개했다. 뉴스부터 자연 다큐멘터리, 드라마까지 장르도 다양했다.

퀴비의 기본적인 운영 형태나 방식은 넷플릭스 등 일반 스트리밍 서비스와 유사하다. 회원 가입을 통해 월 정액제로 콘텐트를 무제한 이용할 수 있다. 상품은 4.99달러(광고 버전)와 7.99달러(광고 없는 버전) 두 가지 버전이 있다. 시작 초기 파격적으로 90일 무료 이용 기간을 제공해 화제를 모았다. 그러나 여타 스트리밍 서비스와 달리 TV나 PC로는 사용할 수 없다. 무조건 스마트폰 전용이다. TV를 통한 스크린 미러링도 기술적으로 막혀 있다. 당초 코로나 바이러스 때문에 론칭 연기도 고민했었다. 그러나 카젠버그와 휘트먼은 출시를 강행했다. 자가격리로 인해 오히려 이용 시간이 늘어날 수도 있다는 판단에서다. 공개된 이후, 퀴비는 혁신적인 부분도 있지만 아쉬운 점도 많다는 평을 듣고 있다. 그러나 숏폼이라는 새로운 영역을 개척했다는 점만큼은 매우 높게 살 만하다.

## 기술적으로 완성된 숏폼 콘텐트

퀴비는 모바일 디바이스에 최적화된 콘텐트를 만들기 위해 기술을 사용한다. 이른바 턴 스타일Turn-Style이다. 턴 스타일은 한 장면에 2개의 비디오를 제공하는 방식을 말한다. 스마트폰을 가로로 돌리면 3인칭 시점의 랜드스케이프landscape lens를 보여주고 세로로 돌리면 1인칭 시점의 포트레이트portrait lens가 나타난다.

쉽게 말해 기존 영상들이 하드웨어적으로 화면 전환을 지원했다면, 퀴비는 완벽한 소프트웨어적 화면 전환을 제공한다. 실제 스마트폰 속 주인공이 된 듯한 느낌이 들게 해준다. 이용자로선 몰입감이 한층 더

할 수밖에 없다. 퀴비의 최고 제품 책임자Chief Product Office 톰 콘래드Tom Conrad는 언론과의 인터뷰에서 "이 포맷은 특허까지 출원한 것"이라며 "많은 제작자가 다양한 앵글의 영상을 찍지만, 기존에는 그 영상들을 충분히 활용할 수 없었다. 하지만 턴 스타일은 가능하다"고 말했다. 두 가지 버전의 영상을 제공하지만 같은 오디오 트랙을 사용하기 때문에 몰입을 방해하지도 않는다. 처음 공개된 턴 스타일 서비스는 출시 초반 큰 화제를 모았다.

퀴비는 기본적으로 가입자 기반 모바일 스트리밍 서비스다. 그래서 가입자들에게 최적의 콘텐트를 제공하는 것이 그들의 목표가 될 수밖에 없다. 그런 점이 퀴비가 다른 사업자와 차별화할 수 있는 요인이다. 퀴비의 사용자들은 하나의 장면에서 다른 시선들을 경험할 수 있다.

콘래드는 이를 위해 퀴비 제작팀과 함께 여러 번의 실험을 거쳤고 진화를 일구었다고 말했다. 콘래드는 "수직Vertical, 즉 1인칭 장면에서는 친밀감을 느낄 수 있고 더욱 가깝게 다가간 느낌일 것"이라며 "반면 전경landscape 화면은 배우들을 둘러싼 다양한 외부 환경을 느낄 수 있다"고 설명했다. 물론 배우들이 이를 위해 별도의 작업을 할 필요는 없다. 제프리 카젠버그는 다른 렌즈에서 같은 영상을 포착하는 것이 중요하기 때문에 "TV용 퀴비 애플리케이션을 공급하지는 않겠다"는 입장이다. 아직은 그렇다. 콘텐트의 길이는 모두 10분 미만의 숏폼이다. 매주 한 편씩 공개하는 것이 원칙이다. 콘텐트 길이와 함께 콘텐트의 화질, 연출 등 구성은 매우 뛰어나다. 그도 그럴 것이 카젠버그의 퀴비는 기본적으로 제작에 아주 큰 무게 중심을 둔다. 그래서 대다수 콘텐트의 제작비가 분당 10만 달러가 넘는다.

## 드라마에서 뉴스까지 서비스

애플리케이션 분석 업체 앱 애니App Annie에 따르면, 퀴비는 론칭 첫날(2020년 4월 6일) 70만 다운로드를 기록했다. 애플 앱스토어와 구글 플레이스토어 다운로드를 합친 숫자다. TV에서 스트리밍하지 않는 퀴비로서는 나쁘지 않은 수치였다. 물론 현재(2020년 7월)는 초기 관심이 급격하게 식어 새로운 모멘텀이 필요한 시기지만 말이다.

디즈니와 비교하면 퀴비는 아직 걸음마 단계다. 디즈니+ 애플리케이션은 단숨에 미국과 캐나다에서 400만 다운로드를 기록했다. 퀴비의 다운로드 건수는 디즈니의 17.5%에 불과했다. 물론 스타워즈, 픽사 등 막강 콘텐트 라인업을 자랑하는 디즈니와 퀴비를 수평 비교하는 건 무리다. 퀴비는 주요 타겟층인 18~44세의 사람들이 좋아하고 찾을 만한 콘텐트를 선별해 매일 공급한다.

퀴비가 가진 성공 공식은 단순하다. 고품질의 콘텐트를 만들어서 승부하겠다는 것이다. 카젠버그의 전략은 '짧지만 최고 품질Short Form but ultra premium'이다. 할리우드 10개 스튜디오에서 투자받은 17억5,000만 달러를 고품질 콘텐트를 위해 쏟아붓는다. 퀴비는 첫해에만 175편, 8,500개 에피소드의 오리지널 프로그램을 내놓는다는 계획이다. 퀴비의 작품들 중에 인상적인 블록버스터는 없지만, 전반적인 품질은 평균을 훨씬 넘는다. 휘트먼은 "우리는 콘텐트의 힘을 모두 합쳐서 디즈니의 〈만달로리안〉과 싸운다"고 말했다.

퀴비의 프로그램은 크게 3개 장르로 제공된다. 영화, 드라마, 데일리 에센셜(다큐멘터리, 정보 프로그램, 뉴스) 등이 그것이다. 영화나 드라마의 경우, 에피소드 당 6~10분 길이로 공급된다. 첫해에는 35개 영화를 공급한다는 계획을 세웠다. 현재 코로나 바이러스 때문에 수급에 어려움을 겪고 있지만, 공급이 늦춰질 뿐 큰 문제는 없어 보인다. 영화 제작은 스티븐 스필버그, 기예르모 델 토로 등 쟁쟁한 감독들이 책임지고 있다. 재미있는 점은 작가들이 퀴비 각본을 쓸 때 지켜야 하는 '카젠버그의 법칙'이 있다는 것이다. 각 에피소드의 마지막은 눈을 뗄 수 없게 만드는 절정 혹은 위기로 끝나야 한다. 이에 대해 퀴비의 인기 스릴러 드라마인 〈가장 위험한 게임Most Dangerous Game〉의 작가인 닉 산토라Nick Santora는 카젠버그와의 작업을 "어렵지만 흥미진진했다"고 말했다. 닉은 당초 NBC 드라마를 위해 이 작품을 썼지만, 퀴비에 편성되면서 각본을 고쳐야 했다. 일반 드라마의 경우 12~13페이지 정도의 극본에서 장면이 끝나지만, 퀴비는 10장에 완성해야 했다.

고품질 작품을 만들기 위해 콘텐트 제작사와의 협업도 강화한다. 2년 뒤에는 퀴비 외 다른 플랫폼과의 재제작을 허용하고 7년이 지나면 콘텐트 저작권을 돌려준다. 이 같은 협업 방식 덕분에 파라마운트 등 유명 제작사들과의 작업이 많다. 퀴비의 콘텐트는 이른바 TV의 저녁 프라임 타임에는 업데이트되지 않는다. 철저히 모바일 기기를 주로 이용하는 밤이나 아침용이다.

퀴비는 ESPN과 함께 숏폼 콘텐트를 공동으로 만들기로 합의했다. NBC네트워크와 뉴스 콘텐트를 함께 제작하기로 한 데 이어 전문 채널과의 두 번째 협력이다. 코미디 시트콤도 편성했다. 〈RENO911!〉이라는 모큐멘터리(가짜 다큐멘터리)의 7번째 시즌이다. 이 시리즈는 당초 CBS 계열 코미디 채널인 코미디 센트럴Comedy Central에서 2003년부터 2009년까지 6개 시즌으로 방송됐다. 퀴비가 제작할 예정인 시즌7은 기존 오리지널 작품에 출연했던 배우들과 감독이 거의 모두 출연한다.

퀴비의 콘텐트 라인업

퀴비는 차별화를 위해 다양한 시도를 하고 있다. 스트리밍 플랫폼의 성공을 위해 인터넷 인플루언서Influencer에게도 구애를 보내고 있다. 34살의 성교육 강사 션 부드램Shan Boodram은 50만6,000명의 유튜브 구독자와 26만 명의 인스타그램 팔로워를 가지고 있다. 그녀는 퀴비와 손잡고 〈Sexology〉라는 프로그램을 일주일에 다섯 번씩 방송한다.

퀴비 콘텐트의 또 다른 강점은 '일일 필수 콘텐트Daily Essentials'의 보유다. NBC와 BBC의 뉴스와 〈Sexology〉, 〈The Daily Chill〉, 〈All The Feel〉 등 라이프스타일 콘텐트다. 그밖에 퀴비의 예능이나 다큐멘터리 프로그램도 케이블TV와 지상파 프로그램에 뒤지지 않는다. 모델 겸 배우 크리시 타이겐의 〈Chrissy's Court〉가 대표적이다. 그들은 그야말로 '새로운 상품'을 만든다.

매일 업데이트되는 데일리 뉴스daily news는 다른 스트리밍 서비스에는 없는 콘텐트다. 퀴비의 뉴스는 10분 이하에 숏폼이다. NBC뉴스는 스트리밍 서비스를 위한 숏폼 뉴스 콘텐트를 만드는 별도 팀을 꾸렸다.

뉴스 관련 데일리 에션셀은 〈Reports NBC뉴스〉, 〈Around The World BBC 뉴스〉, 〈Pulso News 텔레문도〉, 〈Weather show 웨더채널〉, 〈CTV News 캐나다뉴스〉 〈The Replay ESPN〉 등 뉴스 콘텐트와 다양한 다큐멘터리로 구성되어 있다. 발 빠른 편성도 눈에 띈다. 뉴미디어 뉴스 VOX가 만드는 〈앤써 Answer〉는 2020년 6월 벌어진 흑인 사망 사건과 관련한 미국 내 격렬한 시위를 담았다.

퀴비의 뉴스는 매일 정확한 시간을 정해 제공된다. 오전 6시 30분, 낮 12시, 오후 5시(동부시간) 등이다. 모두 시청자들의 동선을 고려한 편성이다. 출근, 점심, 퇴근 시간이다. 숏폼 콘텐트이다 보니 이동 중에 보는 경우가 많기 때문이다. 향후 퀴비는 아시아, 유럽 등으로 뉴스 콘텐트를 확장할 생각이다.

### 강점 : 80년 업력의 리더들

가장 큰 장점은 업계의 전설로 불리는 제프리 카젠버그와 맷 휘트먼의 존재다. 카젠버그는 퀴비 서비스 시작에 맞춰 론칭 파티를 준비했다. 1,500명의 게스트가 초대되는 행사다. 코로나 바이러스 확산으로 인해 파티는 취소됐지만, 퀴비는 시작됐다.

당초 퀴비는 커피를 주문하고 기다리거나 지하철을 타고 출퇴근할 때 적합한 길이(10분)라고 했지만 코로나 바이러스가 확산되는 상황에서는 큰 도박이었다. 그러나 카젠버그는 승부수를 띄웠다. 자가격리시대, 퀴비는 넷플릭스, 아마존 프라임 비디오 등과 경쟁해야 했다. 퀴비는 오직 휴대전화에서만 작동한다. 휘트먼은 뉴욕타임스와의 인터뷰에서 "집에만 있다고 불리한 건 아니라고 생각한다. 한 번에 휴대전화를 얼마나 길게 보는가? 집에서 아이들과 시간을 보내다 보면 진짜 10분 정도밖에 시간이 없다"고 말했다.

도전을 이끄는 카젠버그와 휘트먼은 각각 69세와 63세다. 새로 도전하기에는 늦은 나이라고 생각하는 사람들도 있겠지만, 밀레니얼 세대들을 겨냥한 숏폼 콘텐트로 새 도전을 시작했다. 그들의 업계 이력을 합하면 80년이나 된다. 카젠버그는 45년을 할리우드와 일했고 휘트먼은 IT 등 업계에서 35년을 근무했다.

1984년부터 1994년까지 디즈니 스튜디오Disney Studio의 CEO였던 제프리 카젠버그는 디즈니를 그만두자마자, 디즈니와 맞설만한 새로운 회사를 설립한다. 바로 드림웍스DreamWorks SKG다. 스티븐 스필버그, 데이빗 게펜David Geffen과 함께다. 퀴비에는 또 한 명의 파워 우먼이 있다. 30명의 이베이를 매출 80억 달러, 1,500명의 글로벌 기업으로 키운 메그 휘트먼이다. 그녀는 2008년 이베이를 떠나 휴렛팩커드, 디즈니, 해즈브로Hazboro의 임원으로 일했다. 카젠버그와는 드림웍스의 이사회 멤버로 함께 활동했었다.

확실한 차별성은 또 다른 강점이다. 퀴비의 애초 목표는 시작 첫해인 2020년에 가입자 7,500만 명을 모으는 것이었다. 그중 1/3 이상이 통신사(버라이즌)와의 제휴를 통한 가입자 유도이긴 하지만, 새로운 개념의 콘텐트 개발과 확장이 이런 기대를 만들어냈다. 아직은 목표에 미치지 못하고 있지만, 가능성은 충분하다. 기술과 콘텐트의 결합이라는 새로운 시도는 다른 스트리밍 사업자에게 없는 요소다. 이를 통해 시청자들에게 새로운 경험을 줄 수 있다는 잠재력이 있다. 일례로 스티븐 스필버그의 호러 영화의 경우, 저녁이나 심야에만 볼 수 있다. 시청 몰입감을 극대화하기 위해서다. 턴 스타일과 숏폼 스토리텔링이 제대로 만날 경우, 큰일이 벌어질 수도 있다.

마지막으로 유명 제작자 및 스튜디오들의 참여다. 퀴비의 초기 펀딩에 참여한 디즈니, 워너미디어, 폭스, MGM 등은 할리우드 콘텐트 제작의 모든 것이다. 이들이 펀딩한 퀴비가 최고의 콘텐트 완성도를 보이는 것은 당연하다.

### 약점 : 차별성 없는 숏폼 콘텐트

기대와 달리 사업 초반의 퀴비는 어려움을 겪고 있다. 생각보다 이용자 수가 늘지 않았고(출시 한 달 350만 다운로드) 90일간의 무료 이용 기간이라는 초강수도 신통치 않았다. 현지 평가도 그리 후하지 않다. 그 때문에 광고주들도 불만을 터뜨리고 있다. 약속했던 광고 효율이 발생하지 않기 때문이다. 현지 언론의 전체적인 평가는 "기술적으로는 뛰어나지만 콘텐트에는 큰 차이가 없다"에 가깝다. 카젠버그의 고집으로 인한 한계를 지적하는 시선도 있다. 기술 전문지 버지The Verge의 크리스 웰치는 "TV에 연결해서 볼 수 없다는 건 아주 큰 약점"이라며 "이는 넷플릭스나 아마존 프라임 비디오를 이길 수 없다는 것"이라고 말했다. 때문에 퀴비의 적은 스트리밍 서비스가 아닌 유튜브나 틱톡 같은 동영상 공유 플랫폼이라는 분석도 있다.

빈약한 콘텐트 라인업도 가입자 모집의 약점이다. 악시오스의 사라 피셔Sara Fischer는 "비디오 콘텐트의 질은 좋고 일관성이 있지만, 50개의 콘텐트 라인업은 너무 빈약하다"고 언급했다. 유튜브나 IGTV, 페이스북 워치에 비하면 상당히 적다는 것. 쿼츠Quartz의 아담 엡스테인Adam Epstein은 "코미디 콘텐트 시장에서 틈새를 창출할 수 있을 것 같다"며 "그러나 TV를 흉내 내려는 시도는 성공하지 못할 것 같다"고 언급했다.

10분 미만 콘텐트들이 순서 없이 모여 있다 보니 검색에도 다소 어려움이 있다. 결과적으로 퀴비는 상당히 힘든 시간을 보낼 것으로 보인다. 콘텐트의 질은 높지만, 4.99달러 혹은 7.99달러를 매달 주고 볼만한 가치가 있느냐는 의문을 해결하는 것이 급선무다. 10분 이하의 콘텐트가 대세라고 하지만 아직은 다른 스트리밍과 비교하자면 너무 짧다는 생각이 많다. 오히려 숏폼 콘텐트 경쟁자 유튜브와의 점유율 싸움을 벌여야 할지도 모른다.

물론 미래 성공 가능성은 아직 알 수 없다. 숏폼 콘텐트는 사실 퀴비가 첫 시도는 아니다. 이전 유사한 서비스를 했던 스타트업들은 크게 재미를 보지 못했다. 짧은 길이(5~10분)를 제외하면 큰 차별성을 보여주지 못했기 때문이다. 버라이즌이 운영했던 'go90'이 대표적이다. 지난 2015년 모바일 전용 콘텐트를 만들겠다는 목표로 시작한 이 회사의 타깃도 밀레니얼 세대였다. 오리지널 콘텐트를 다수 만들고 텀블러를 통해 글로벌 공급도 했다. 그러나 밀레니얼 세대에게 선택받지 못했다. 앞선 서비스들이 실패한 이유는 콘텐트다. 숏폼이라고 하지만 흥미를 끌 만한 콘텐트의 질이 나오지 않았기 때문이다. 결국 버라이즌은 2018년 7월 말 이 서비스를 중단했다. 그러나 이미 12억 달러를 투자한 이후였다. 물론 퀴비의 미래가 go90과 다를 가능성도 있다. 당시에 비해 스트리밍 방송이 확산됐고, 디즈니와 애플 등 막강한 사업자들도 뛰어들고 있다. 게다가 퀴비는 고품질이다. 하지만 결국 콘텐트 사업의 핵심은 스토리텔링이다. 차별화된 스토리텔링을 보여주지 못하면

go90의 미래와 퀴비의 미래가 같을 수 있다.

월스트리트저널이 우버를 타는 정도의 시간에 모든 드라마가 끝난다고 묘사한 이 '모바일 전용 짧은 콘텐트'에 다양한 디지털 플랫폼들이 관심을 보이고 있다. 유튜브의 브이로그vlogs, 인스타그램의 스토리stories, 틱톡 등도 모두 숏폼 프로그래밍 콘텐트로 볼 수 있다.

넷플릭스도 몇몇 오리지널 작품을 15분 내외의 숏 포맷 프로그래밍 형식으로 만든 바 있다. 뇌성마비 환자가 게이들의 현장을 누비는 〈스페셜Special〉이나 뉴욕을 배경으로 벌어지는 일을 그린 〈잇츠 브루노It's Bruno〉 등이 대표적이다. 숏폼을 앞세운 새로운 서비스도 등장하고 있다. 스타트업 픽토Ficto는 2019년 11월 100개의 스낵 사이즈 쇼Snack Size Show를 공개한 바 있다. 청춘 연애 소설young adult novel만을 소재로 하는 이 콘텐트 역시 10분짜리 드라마다. 그러나 TV 판권보다 저렴하게 영상 제작 권리를 확보할 수 있어 콘텐트가 다양하다는 점이 강점이다.

결국 퀴비가 현재 어려움을 극복하고 성장하기 위해선 '콘텐트의 가치' 즉 돈을 주고 볼 만한 가치를 소비자들에게 확인시켜주는 일이 절실하다. 볼만한 가치에는 콘텐트의 양도 포함된다. 지금처럼 빈약한 라인업으로는 소비자들을 설득하기 힘들다.

# CBS 올 액세스, 규모의 경제를 구축하다

지난 2018년 타임워너가 AT&T에 매각되고 루퍼트 머독이 자신의 폭스 채널들을 디즈니에 71억 달러에 넘긴 이후 또 하나의 큰 합병이 성사됐다. 지난 2019년 12월 4일 바이어컴과 CBS가 공식적으로 합병하고 미국 증시에서 거래됐다. 8월부터 이어진 합병 절차가 마무리된 것이다. 두 회사는 원래 같은 회사였지만 내부 문제로 분리된 뒤 시대의 흐름에 따라 다시 합쳐지게 됐다. 바이어컴은 영화사 파라마운트와 케이블TV 채널인 MTV, 니클로디언Nickelodeon, 코미디 센트럴Comedy Central을 보유하고 있다. 두 회사가 합치면서 매출액 280억 달러(바이어컴 129억 달러, CBS 153억 달러) 회사가 탄생했다. 합병 회사 가치는 100억 달러 수준이다. 그러나 합병 이후 많은 비난에 시달리고 있다. 회사의 가치가 합병 전에는 300억 달러였기 때문이다.

이번 합병은 사실 '스트리밍'으로 흐르는 시대상 때문에 실시하게 되

CBS 올 액세스

| 가격 | 5.99달러 광고 버전, 9.99달러 광고 없는 버전 |
|---|---|
| 론칭 시기 | 2014년 10월 |
| 주요 특징 | 올드 클래식 드라마, 영화의 풍부한 라이브러리<br>3만여 개 TV 에피소드, 1,000여 편의 영화<br>가입자 1,350만 명(CBS/쇼타임 포함) |
| 오리지널 | 〈굿 파이트The Good Fight〉, 〈스타트랙: 보이저Star Trek: Voyager〉,<br>〈환상특급 The Twilight Zone〉, 〈대부The Godfather〉 |
| 클래식 작품 | 〈브래디 번치 The Brady Bunch〉, 〈치얼스Cheers〉,<br>〈프레이저Frasier〉, 〈아이 러브 루시I Love Lucy〉 |
| 클래식 영화 | 〈사관과 신사An Officer and A Gentleman〉, 〈졸업 The Graduate〉<br>〈문스트럭Moonstruck〉 |
| 장점 | 콘텐트 업계의 업력, 수십 년간 쌓여온 라이브러리<br>플루토TV 등 자사 무료 스트리밍 서비스와의 시너지 |
| 단점 | 넷플릭스와 디즈니 사이에서 비즈니스 전략 고민 중<br>낮은 브랜드 인지도,<br>〈스타트렉〉을 제외한 스트리밍 오리지널 콘텐트 부재 |

었다. 디즈니-폭스, 넷플릭스, 워너미디어 등 거대 스트리밍 콘텐트 기업과의 경쟁에서 버티기 위해서는 합병을 통한 몸집 불리기가 필수였다. 두 회사는 동일한 대주주 산하의 자회사들이었지만, 합병으로 인해 콘텐트 투자의 폭이 더욱 넓어질 것으로 보인다. 이 두 회사는 미국 미디어 기업의 전설적인 존재인 섬너 M. 레드스톤Sumner M. Redstone에 의해 시작되었다.

현재 미국 콘텐트 시장은 '규모의 경제'가 작동하고 있다. 특히, 디즈니, 넷플릭스, 아마존 등은 인수와 합병으로 덩치를 키우면서 미래의 방송 플랫폼인 스트리밍 시장에서 양보 없는 싸움을 펼치고 있다. 2018년, 스트리밍 방송 서비스 가입자 수는 케이블TV 가입자 수를 이미 넘었다. 바이어컴CBS도 이번 합병으로 TV 채널과 영화(파라마운트) 등의 무기가 합쳐지면서 전쟁에 나설 준비가 된 것으로 보인다. 물론 아직 디즈니나 넷플릭스 정도의 콘텐트 라이브러리가 갖춰지지는 않았지만, 과거 스튜디오 전성시대를 지나온 파라마운트의 저력을 무시하긴 어렵다. 미국 3대 지상파 네트워크 중 하나인 CBS도 만만치 않은 힘을 가지고 있다.

### CBS 올 액세스·쇼타임·플루토TV를 동시에 육성

2020년 상반기 예기치 않은 코로나 바이러스가 미디어 업계를 강타한 가운데 CBS와 MTV, 니켈로디언, 파라마운트 스튜디오 등을 보유한 바이어컴CBS도 영향권에서 벗어날 수 없었다. 바이어컴CBS의 1분기 매출은 코로나 바이러스로 인한 광고 하락으로 소폭 감소했다. 바이어컴CBS는 1분기 66억700만 달러의 매출을 기록했는데, 지난해 같은 기간과 비교해 6% 줄어든 수치다. 광고 매출은 전년 대비 19% 급감했다. 미국 대학농구 챔피언십 토너먼트가 취소된 타격이 컸다.

그러나 그날 바이어컴CBS의 주가는 올랐다. 스트리밍 사업 부문의 좋은 실적이 있었기 때문이다. 바이어컴CBS에 따르면 바이어컴CBS의 2020년 1분기 스트리밍 서비스 부문 매출은 4억7,100만 달러로 지난

플루토TV에서 방송되는 영화들

해 같은 기간 대비 51% 이상 성장했다. 미국 내 바이어컴CBS의 유료 스트리밍 서비스 가입자는 2020년 5월 현재 1,350만 명을 돌파해 지난 2019년 같은 기간에 비해 50% 늘었다.

바이어컴CBS의 스트리밍 서비스는 CBS 올 액세스CBS All Access와 쇼타임Showtime이 있다. 2020년 1분기 스트리밍 사업 부문의 성장은 〈스타트랙: 피카드Star Trek: Picard〉, 〈홈랜드Homeland〉 등 인기 오리지널 콘텐트의 성과가 컸다. 무료 스트리밍 서비스인 플루토TV도 월간 활동 사용자가 1년 사이 55% 늘어 2,400만 명에 달했다. 이들 유·무료 서비스를 합치면 가입자가 3,600만 명을 넘는다. 플루토TV는 최근 라틴아메리카 17개국에 진출하는 등 해외 시장에도 공을 들이고 있다. 무료 스트리밍 서비스인 플루토TV는 바이어컴이 2020년 1월 3억4,000만 달러에 인수해 보유 중이다. CBS와 합병 이후 경영권은 바이어컴CBS로 넘어왔다. CBS 지역 채널들을 포함해 200개 실시간 방송 채널과 영화, 드라마 등 수천 개의 VOD 콘텐트를 방송하고 있다. 예전 영화도 무료로 볼 수 있는데, 신작은 거의 없지만 〈007〉 등 MGM의 클래식 영화는 매우 많다. 플루토TV의 가입자는 지난 2019년 말 이후 급격히 늘어나 2020년 5월 현재 2,400만 명에 달한다.

바이어컴CBS도 조직의 미래를 스트리밍 서비스에 걸고 있다. 바이어컴CBS의 스트리밍 전략은 이렇다. 'CBS 올 액세스' '쇼타임' '플루토 TV' 등 자사의 여러 스트리밍 플랫폼을 동시에 육성하는 것이다. 이런 전략으로 디즈니와 넷플릭스에 비해 작은 규모지만 스트리밍 방송 시장에서 선전하고 있다. 2020년 말에는 CBS와 쇼타임을 합쳐서 1,600만 명의 가입자를 기대하고 있다.

### 강점 : 충성도 높은 오리지널 콘텐트

CBS 올 액세스는 CBS 채널의 다양한 콘텐트를 한 번에 서비스하는데, 최근 〈와이 우먼 킬〉 등의 오리지널 작품들이 많은 인기를 끌고 있다. CBS 올 액세스는 CBS가 운영하는 채널들의 콘텐트를 모아 스트리밍하는 방송 플랫폼으로 바이어컴CBS의 자회사인 CBS인터랙티브CBS Interactive가 운영하고 있다. 첫 시작은 지난 2014년 10월 28일이다. 월 서비스 가격은 5.99달러(9.99달러의 경우 광고 없는 프로그램 제공)인데 미국과 캐나다 등에서만 이용할 수 있다. CBS 올 액세스는 풍부한 영화 라이브러리와 CW, CBS 등이 보유한 다양한 TV 시리즈를 동시에 공급한다. 190개가 넘는 지역 채널 콘텐트도 제공하고 있다.

CBS 올 액세스는 스포츠 중계를 강화하고 있다. 대표적인 콘텐트는 400경기가 넘는 유러피언 챔피언스리그 축구 경기인데, CBS는 다년 계약을 통해 두터운 축구 팬 층을 확보한다는 전략이다. 이와 함께 지난 2016년 12월부터 2022년까지 일요일 NFL 중계권도 확보해 서비스하고 있다.

스트리밍 전용 오리지널 콘텐트도 제공하고 있다. 대표적인 콘텐트가 〈스타트렉〉이다. 지난 2020년 1월 22일 CBS 올 액세스에서는 CBS가 미래를 걸고 제작한 콘텐트 하나가 소개됐다. 바로 〈스타트렉: 피카드〉다. 패트릭 스튜어트Patrick Stewart의 캡틴을 재조명하는 내용인 이 시리즈는 스트리밍에서만 독점 서비스한다. 지난 2017년부터 스타트렉 시리즈는 CBS 올 액세스 전용으로 방영되고 있다.

CBS 올 액세스의 경우 〈스타트렉〉만을 보기 위해 가입하는 이들이 많다. 심지어 일부 팬들은 〈스타트렉〉이 서비스되는 기간에 가입했다가 끝나면 가입을 해지하기도 한다. 이에 바이어컴CBS는 팬들이 떠나지 않도록 오랫동안 스타트렉 시리즈를 공급하는 것이 목표다. 〈스타트렉〉의 프로듀서 알렉스 커츠만Alex Kurtzman은 〈스타트렉〉의 새로운 시즌을 앞두고 언론과 나눈 인터뷰에서 "고객에게 CBS 가입을 유지해야 하는 이유를 주는 것이 중요하다"며 "스타트렉은 항상 고객들을 CBS 올 액세스에 유입되게 한다."고 말한 바 있다.

바이어컴CBS는 회사의 미래를 스트리밍 부문 강화에 걸었다. 2020년 1분기 투자자와의 콘퍼런스콜에서 CEO 바키쉬는 파라마운트 무비 스튜디오Paramount movie studio의 영화 100편 이상을 CBS 올 액세스에 선보이겠다고 밝혔다. 바이어컴CBS의 자산을 이용해 스트리밍 이용자들을 끌어모으겠다는 전략이다. 이 중에는 〈대부The Godfather〉와 같은 전략 작품도 있다.

이와 함께 어린이들에게 인기가 높은 케이블TV 채널 니켈로디언, 밀레니얼 세대가 좋아하는 MTV, 코미디 센트럴, 성인들이 즐겨보는 스미소니언Smithsonian 등 14개 채널 계열 콘텐트도 스트리밍에 투입하기로 했다. 니클로디언은 미국에서 2019년 평균 시청자 72만800명에 달하는 최고의 어린이 채널이다. 관련한 오리지널도 만든다. 200여 개 CBS 지역 채널들의 콘텐트도 서비스된다. 이럴 경우, CBS 올 액세스는 보다 높은 경쟁력을 확보할 것으로 보인다. 어린이, 밀레니얼, 성인층을 모두 만족시키는 라인업이 완성되는 것이다.

뉴미디어 플랫폼에도 적극 진출한다. 실시간 스트리밍 TV 플랫폼인 유튜브TV에 자사 케이블TV 채널들을 공급하기로 합의했다. 유튜브TV는 일반 케이블TV처럼 PP들의 채널을 받아 송출하는 인터넷 TV다. 이번에 바이어컴CBS가 유튜브TV와 공급 계약을 맺은 채널은 그들이 소유한 거의 모든 채널이다. 유튜브TV 가입자가 200만 명 이상이어서 바이어컴CBS 입장에서 보면 그만큼의 새로운 시청자를 확보하게 되는 셈이다.

### 전망 및 약점 : 차별화된 전략의 부재

지난 2014년에 스트리밍 시장에 진출한 CBS. 시장의 초기 개척자지만 아직 큰 성과가 없다. 스트리밍 시장에 들어온 지 10년 가까이 됐지만, 넷플릭스나 아마존과 같은 인상을 남기지는 못했다. 오리지널 콘텐트나 전략의 부재 때문인데, 합병을 통해 바이어컴CBS가 된 이후로도 아직 차별화된 움직임을 보여주지 못하고 있다. 2020년 2월 바퀴쉬 CEO가 스트리밍 시장 진출을 선언하면서 기존 CBS 중심 콘텐트 라인업을 계열 채널까지 확대하겠다고 밝혔지만, 결국 중요한 건 '스트리밍 오리지널 콘텐트'다. 할리우드 스튜디오와 유명 케이블TV 채널을 보

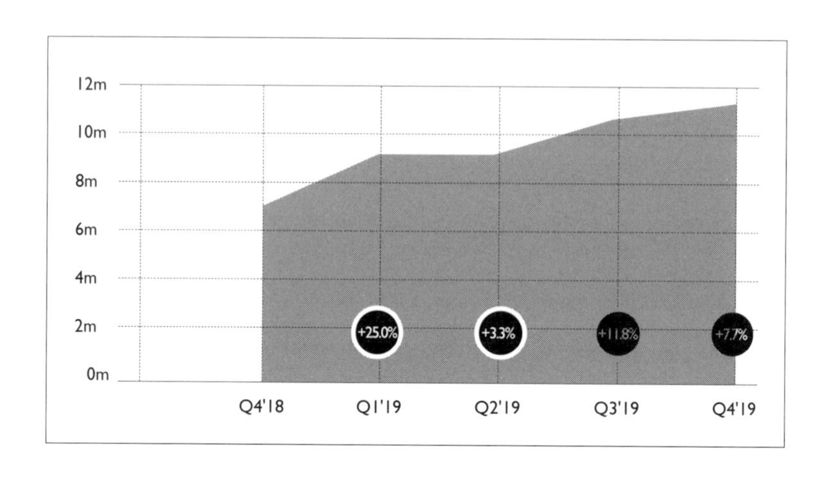


CBS 올 액세스 가입자 증가 추이 (출처 : 버라이어티)

유한 바이어컴CBS지만 라이선스 콘텐트에 대한 정확한 유통 전략을 세우지 못하면 미래를 보장할 수 없다. 합병을 당하거나 합병을 해야만 할 것이다. 바이어컴CBS는 자사의 〈사우스파크〉의 방영권을 HBO MAX에 5억 달러에 팔았고, 경쟁사인 NBC 피콕에는 〈옐로스톤〉을 넘겼다. 모두 미국인이 사랑하는 클래식 콘텐트들이다.

만약 이들 콘텐트를 CBS에 편성했다면 스트리밍에 큰 도움이 됐을 것으로 보인다. 그러나 유통 수익을 포기할 수 없는 바이어컴CBS 입장에서는 이에 대한 정확한 전략이 없다. 스트리밍을 위해서는 과감한 결단이 필요하지만, 현재는 조용하다. 지난 2019년 바이어컴CBS는 콘텐트 라이선스로만 65억 달러를 벌어들였다.

# 무료 스트리밍 서비스의 부상

기존 TV를 떠나 넷플릭스 등 스트리밍 서비스를 이용하는 시청자들이 급격히 늘고 있는 가운데 무료 스트리밍 서비스를 이용하는 이들도 증가하고 있다. 조사기관인 인테그랄 AD 사이언스Integral AD Science가 2020년 1,072명의 미국 시민을 대상으로 설문 조사한 바에 따르면 대상자의 85%가 스트리밍 서비스를 이용하고 있었다. 단연 1위는 넷플릭스. 그러나 동시에 응답자의 10명 중 5명에 가까운 44%가 무료 스트리밍 서비스를 이용하고 있다고 응답했다. 무료 스트리밍은 18~29세, 30~44세의 젊은 층이 더 많이 사용하고 있었다. 더불어 응답자의 47%가 앞으로 12개월 내 무료 스트리밍 서비스를 이용할 생각이 있다고 응답했다. 광고와 관련해선 스트리밍 서비스를 무료로 볼 수 있다면 광고를 기꺼이 볼 수 있다는 응답도 73%에 달했다.

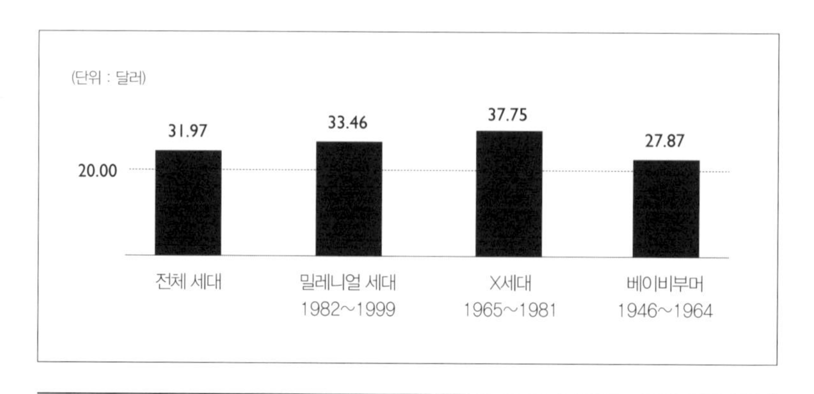


세대별 스트리밍 서비스 지출 비용 현황 (출처 : 버라이어티)

지난 2014년 광고 기반 무료 스트리밍 서비스 플루토TV가 등장했을 때 사람들이 가장 많이 본 프로그램은 24시간 고양이 쇼를 보여주는 일본 유튜브 채널이었다. 프리미엄 콘텐트를 편성할 자금이 부족했기 때문이다. 시작 초기이다 보니 광고 모델이라고 해도 콘텐트를 구매할 만큼 충분한 매출이 일어나지 않았다. 심지어 1960년대 시트콤도 그들에게는 너무 비싸서 구입해 방송할 수가 없었다. 플루토TV의 창업주이자 CEO인 톰 라이언Tom Ryan은 블룸버그와의 인터뷰에서 "그래서 1960년대 시트콤인 〈길리건스 아일랜드Gilligan's Island〉를 계속 편성할 수밖에 없었다."라고 말했다. 플루토TV는 지난해 바이어컴CBS에 인수됐다.

하지만 6년이 지난 지금, 사정이 완전히 달라졌다. 2020년 5월 1일 무료 스트리밍 서비스 플루토TV는 인기 TV시리즈인 〈워킹데드The Walking Dead〉의 첫 5개 시즌을 편성했다. 〈워킹데드〉는 AMC의 최고 히트작으로 전 세계에 수출된 작품이다. 지금도 여전히 마니아가 많다. 이와 함께 제임스 본드 영화 시리즈와 CBS의 초기 히트작인 리얼리티

쇼 〈캅스Cops〉도 2020년 3월부터 방송하고 있다.

무료 스트리밍 서비스의 약진은 플루토TV에서만 볼 수 있는 현상은 아니다. 자가격리 명령으로 집에 있는 시간이 길어지면서 시청자들의 스트리밍 서비스 이용 시간이 급격히 증가했다. 그러나 무급휴직, 실직 등 경제적 고통 때문에 유료 서비스를 마냥 이용할 수가 없다. 이런 상황이 무료 스트리밍 서비스의 점유율을 확대할 수 있는 토대를 만들고 있다. 현재 무료로 스트리밍 서비스를 하는 곳은 미국에서만 20여 개가 넘는다.

### 무료 스트리밍 서비스의 약진

볼 것 없던 무료 스트리밍 서비스가 볼만한 무료 서비스로 자리 잡으면서 이용 빈도도 점점 높아지고 있다. 일부 전문가들은 광고 모델로 빠르게 성장하던 과거 TV 시장 초기와 유사하다고 분석하고 있다. 가입자 모델 유료 스트리밍 서비스가 '프리미엄 채널'로 인식된다면, 광고 기반 무료 스트리밍 서비스는 NBC 등 지상파 네트워크 채널, 뉴스 채널, 영화 채널 등의 '일반 채널'로 자리 잡고 있다.

무료 스트리밍 서비스가 늘고 이용자도 증가하다 보니 '어떤 스트리밍 서비스가 어떤 콘텐트를 제공하고 있는지' 한눈에 알 수 있는 스트리밍 콘텐트 검색 서비스도 인기를 끌고 있다. 이른바 스트리밍 집합 서비스Streaming aggregation service인데 릴굿Reelgood이 대표적이다. 이 사이트의 경우 본인이 보고 싶은 콘텐트를 검색하면 어떤 플랫폼이 이를 공짜로 제공하는지 알 수 있다. 무료뿐만 아니라 유료 스트리밍 플랫폼도 모두 검색된다. 릴굿의 마케팅 부문 대표 캐서린 바헤네Catharine Burhenne는 미국 현지 언론과의 인터뷰에서 "무료 사이트에도 최근 볼만한 콘텐트가 매우 많다"며 "사람들은 무료로 콘텐트를 즐기는 대신 광고를 볼 준비가 되어 있다"고 말했다.

무료 스트리밍 서비스의 확장 가능성은 과거 미국 TV 시장에서 CBS의 성장 패턴에 비춰보면 예측할 수 있다. 1920년대 소규모 라디오 채널이 전부였던 CBS는 소유주 윌리엄 페일리William Paley의 혁신적 수익모델(광고)로 단숨에 전국 TV 방송 네트워크로 부상했다. 페일리는 방송에 광고를 편성하는 대신, 지방 협력 방송국affiliate이 내야 하는 중계료를 낮춰줬다. 이로 인해 CBS는 전국 네트워크를 갖추게 되고 광고주들은 본인들의 제품 광고 효과가 극대화됐다. CBS의 성공을 본 다른 방송사들도 빠르게 광고 모델을 채택하면서 방송 플랫폼의 광고 모델이 이후 방송사의 주요 수익 모델로 자리 잡았다. 지금은 어려움을 겪고 있지만 시청자들에게 부담을 전가하지 않는다는 점에서 사라질 수 없는 수익 모델이다.

CBS가 그랬듯, 코로나 바이러스 대유행 시대, 무료 서비스 플루토 TV도 광고 모델을 적극적으로 차용하여 가입자를 급속도로 늘리고 있다. 2020년 3월 월간 활성 이용자는 1년 전 같은 기간에 비해 55%나 증가한 2,400만 명에 달한다. 아마도 케이블TV 가입자 이탈이 계속될수록 무료 스트리밍 서비스 가입자는 계속 증가할 것으로 보인다. 지속해서 콘텐트를 시청하는 활성 이용자가 중요하지만, 가입자 증가는 활성으로 가는 중요한 토대가 된다.

### 유료+무료 스트리밍 모델

무료 스트리밍 서비스의 확장세가 만만치 않자, 이들을 대상으로 한 미디어 기업들의 인수합병이 활발히 진행되고 있다. 특히, 이미 가입자 기반 유료 스트리밍 서비스를 보유하고 있는 사업자들도 이 대열에 합류하고 있다. 다양한 수익 기반 확보를 위해서다. 미국 방송사업자가 미디어 기업으로 발전했던 1980년대 초기 상황과도 매우 흡사하다. 당시 터너미디어, 바이어컴, 디즈니 등 미디어 기업들은 유료 채널(HBO, Showbiz)과 무료 채널(CNN, TNT)을 적절히 섞어 안정적 수익을 올리며 몸집을 키워왔다.

폭스 그룹은 2020년 4월 무료 스트리밍 서비스 투비Tubi를 4억4,000만 달러에 인수하고 자사의 가장 인기 있는 TV 프로그램인 〈더 마스크드 싱어The Masked Singer〉를 편성하기 시작했다. 케이블TV 시장 1위 업체인 컴캐스트도 자회사인 영화 티켓 사이트 판당고Fandango를 통해 월마트의 무료 스트리밍 서비스 부두Vudu를 인수했다. 컴캐스트는 NBC유니버설을 통해 가입자 기반 스트리밍 서비스 피콕을 2020년 7월부터 시작했다. 이에 앞서 아마존은 이미 IMDB라는 무료 스트리밍 사이트를 인수한 바 있다.

무료 스트리밍 시장 경쟁이 치열해지고 있지만 아직은 성장 가능성이 있다. 케이블TV, 위성방송 등 유료방송에서 이탈한 시청자들이 모이고 있기 때문이다. 모바일 애플리케이션 조사기관 센서타워Sensor Tower에 따르면 플루토TV 애플리케이션의 다운로드 숫자는 2020년 1월 90만 다운로드에서 같은 해 4월 300만 다운로드로 세 배 이상 급증했다. 같은 기간 폭스의 투비도 30% 증가한 400만 다운로드로 늘었고,

부두의 가입자도 55% 급증한 67만 3,000명이었다. 가입자 확대는 광고의 증가로 이어진다. 코로나 바이러스로 인한 비상 상황이지만 온라인 스트리밍 서비스를 통한 마케팅은 상대적으로 호황이다.

### 무료 스트리밍 서비스 광고 매출의 증가

마그나 글로벌Magna Global에 따르면 글로벌 스트리밍 서비스의 광고 매출은 2019년에 20% 이상 성장했다. 2020년에는 두 자릿수 성장률을 기대하고 있다. 코로나 바이러스 대유행 상황에선 이례적인 현상이다. 유료 서비스는 거의 광고를 하지 않기 때문에 이 중 대부분이 무료 스트리밍 서비스 광고 매출이다. 셋톱박스를 통해 각종 스트리밍 서비스를 제공하는 로쿠Roku는 코로나 바이러스 대유행에도 불구하고 2020년에 전년 대비 상승한 광고 매출을 예상한다.

다만 무료 스트리밍 서비스가 TV 채널들을 넘어 광고 플랫폼으로 성장하기까지 걸림돌도 있다. 가장 큰 문제는 수직 계열화에 따른 프로그램 다양성 부족이다. 무료 스트리밍 서비스들이 폭스, 컴캐스트, 바이어컴CBS 등 미디어 기업으로 활발히 인수합병 되면서, 이들 서비스에 모기업의 콘텐트가 집중적으로 배치되고 있다. 라이선스 콘텐트가 별로 없는 것이다. 다른 사업자의 콘텐트도 제공하기는 하겠지만 자기 플랫폼이 우선일 수밖에 없다. 또 콘텐트의 수직 계열화는 모기업의 콘텐트를 다른 사업자에게 제공해 얻는 라이선스 매출의 감소를 불러오기 때문에 이래저래 고민이 있을 수밖에 없다. 물론 이런 고민은 자사의 무료 스트리밍 서비스가 확실한 경쟁력을 확보할 경우 사라지게 된다. 뿐만 아니라 다른 스트리밍 사업자에게 모회사의 인기 콘텐트를 제공하지 않을 경우, 경쟁에서 상대적인 우위에 설 수도 있다. 디즈니도 더는 넷플릭스에 프로그램을 팔지 않는다.

## 무료 스트리밍, 콘텐트 소비의 폭 넓혀

새로운 스트리밍 서비스의 확산이 오래된 TV 프로그램과 영화에 새로운 생명을 불어넣고 있다. 소셜 미디어를 이용해 소비자들의 시청 습관을 추적하는 패럿Parrot에 따르면 새로운 서비스의 등장으로 시청자들이 예전에 접하지 못했던(안 했던) 작품들도 보는 것으로 조사됐다. 패럿은 최근 시청이 급증한 일본 애니메이션 〈나루토Naruto〉와 〈조조의 기묘한 모험JoJo's Bizarre Adventure〉을 예로 들었다. 이들 콘텐트는 현재 플루토TV와 부두에서 서비스하고 있다.

투비는 2020년 4월에 2억 시간이 넘는 시청 시간을 기록한 것으로 조사됐다. 팬들은 1960년대 뱀파이어 드라마 등 옛날 프로그램에서부터 〈댄스 맘스Dance Moms〉 같은 최근 리얼리티쇼까지 다양하게 소비하고 있다. 콘텐트 소비의 폭이 넓어진 것이다. 늘어나는 콘텐트 시청 시간을 감당하기 위해 투비도 2019년에 콘텐트 구입 예산을 1억 달러로 인상했다. 미국 내 성공을 앞세워 해외 진출도 이뤄지고 있다. 투비는 현재 미국과 캐나다에서만 사용이 가능한데, 2020년 안에 멕시코와 영국 서비스도 준비하고 있다.

바이어컴CBS의 플루토TV도 최근 남미 17개국 서비스에 이어 독일과 오스트리아, 스위스 등에도 진출한다. 현재 75개 채널을 서비스하고 있는데 24개 채널이 더 추가된다.

## 로캐스트, 법적 분쟁을 이겨낼 수 있을까

스트리밍이 방송 시장의 대세로 자리 잡다 보니 무료로 지상파 라이브 채널 방송을 스트리밍해주는 곳도 생겨나고 있다. 일종의 방송 집합 서비스인데 서비스 모델은 크게 두 가지다. 하나는 스펙트럼, AT&T 등 기존 미디어 플랫폼 회사들이 제공하는 스트리밍 방송이고, 다른 하나는 여러 지역 지상파 방송 채널을 묶어 제공하는 곳이다. 전자는 대부분 유료고 후자는 무료 서비스가 많다. 유튜브TV 등도 유사한 무료 서비스였지만 지금은 가입자 기반 유료 서비스로 전환했다. 이런 무료 서비스는 방송(주로 지역 방송)을 무료로 제공하기 때문에 저작권을 주장하는 기존 네트워크 방송국들과 갈등이 벌어지기도 한다.

라이브 방송이나 지역 채널을 무료로 스트리밍하는 대표적인 서비스는 로캐스트Locast다. 로캐스트는 시청자들이 ABC, NBC, FOX, CBS 등 주요 방송사의 실시간 방송 및 스포츠 프로그램을 안테나 없이 스마트폰 앱을 통해 볼 수 있게 만든 일종의 스트리밍 방송 서비스다. 방송을 공중 수신한 뒤 스마트폰에 중계하는 방식이다. 실시간 채널들을 중계한다는 측면에서 슬링TVSling TV나 훌루라이브Hulu live와도 유사한 서비스다. 대신 시청자들은 거주하는 지역의 지역 협력 채널을 보게 된다. 네바다 리노의 경우, ABC방송의 지역 채널인 Kolo8을 시청하는 식이다.

로캐스트는 현재 워싱턴, 샌프란시스코, 시카고, 볼티모어, 시카고,

덴버, LA, 뉴욕, 필라델피아, 휴스턴, 댈러스, 래피드시티, 샌프란시스코, 수폴스, 워싱턴 등 미국 13개 권역에서 방송되고 있다. 미국 전체 방송권의 38%에 달한다. 지난 2018년 뉴욕에서 설립되었고, 이후 서비스 지역을 확장했다. 무료 서비스 특성상 사업 초기부터 인기를 끌어 100만 명 이상의 가입자를 확보하고 있다.

가입도 이메일만 입력하면 가능해 매우 간편하다. 로캐스트는 현재 별도 이용료를 받지 않고 기부금으로 운영되는 상황이다. 얼마 전에는 AT&T로부터 50만 달러를 기부받았다. AT&T는 재전송료 협상 문제로 CBS가 방송을 일시 중단하는 등 방송사와 갈등을 빚어왔기 때문에 전략적으로 로캐스트를 이용하는 측면이 크다. 일부 플랫폼 사업자들도 로캐스트의 무료 저작권 주장을 지지하고 있다.

지난 2019년 7월 ABC, NBC, CBS, FOX, NBC유니버설 등 주요 방송사들이 로캐스트를 저작권 침해 혐의로 고소했다. 소송에서 CBS, ABC, FOX 등은 "AT&T 등 플랫폼 사업자들이 해마다 저작권료에 해당하는 프로그램 사용료로 100억 달러 이상을 지불하고 있으며 이 콘텐트를 로캐스트가 무료로 사용할 수 없다"고 주장했다.

스트리밍 방송 서비스가 방송사와 저작권 분쟁을 벌이는 건 이번이 처음은 아니다. 방송사에 저작권료를 지불하지 않고 TV콘텐트를 제공한 에어레오Aereo의 경우, 2014년에 대법원이 이 서비스를 불법이라고 판결한 바 있다. 그런데도 이 같은 무료 서비스가 계속 나올 수 있는 이유는 '방송의 무료 보편적 서비스'를 필수로 하는 미국의 연방법에 근거한다.

미국 연방법에 따르면 방송국은 반드시 대중에게 TV 안테나를 이용해 무료 보편적 서비스를 통한 방송 접근(재전송)을 허용해야 한다. 그러나 1990년대에 방송국들이 소송을 통해 유료 TV 플랫폼들이 방송사의 방송을 재전송할 때 저작권료에 해당하는 재전송 동의료retransmission-consent fees를 내야 한다는 판결을 받아냈다.

로캐스트도 2019년 9월에 법원에 맞고소했다. 로캐스트의 대표인 데이빗 굿프렌드David Goodtriend는 맨해튼 연방 지방법원에 제출한 소장에서 "지난 2018년 1월 출범한 로캐스트는 비영리 단체로 방송사들이 주장한 저작권 침해 혐의를 부인하며, 오히려 방송사들의 반독점 금지 조항을 위배하고 시장 지배력을 강화하기 위해 로캐스트를 대상으로 공모했다"고 주장했다.

로캐스트는 이 소송이 방송사들이 자사의 이익을 극대화하려는 움직임에서 진행됐다고 주장하고 있다. 방송사들이 저작권 보호 목적 이상으로 시장 지배력을 오용하고 있으며, 몇몇 유료 TV 회사들이 이를 통해 돈을 벌고 있고, 국민들은 권리를 침해당하고 있다는 이야기다. 특히 로캐스트는 방송사들의 시장 지배력 남용과 관련해 유튜브TV와의 협상을 예로 들었다. 유튜브TV는 알다시피, 구글의 유료 스트리밍 서비스다. 지난 2019년 4월 유튜브TV에 로캐스트 콘텐트를 포함해 방송해줄 수 있겠느냐고 문의했지만, 담당 임원은 "그랬다가는 우리가 주요 방송사들로부터 소송과 같은 불이익을 당할 것"이라고 말했다고 알려졌다.

현재 이 소송은 한창 진행 중이기 때문에 결론을 예측하기 어렵다. 이상한 점은 ABC 등 주요 방송사들이 저작권 침해 소송을 걸면서 임시 금지 명령Temporary Restraining Order, TRO을 신청하지 않았다는 점이다. 이에 대해 데이비드 굿프렌드는 한 언론과의 인터뷰에서 "방송사들이 TRO를 신청하지 않은 이유는 법원 판결이 나오기까지 너무 오래 걸린다는 사실을 너무 잘 알기 때문"이라고 말했다. 이에 대해 법원의 판단에 대한 확신이 없기 때문이라는 이야기도 있다.

로캐스트의 주장에 동조하는 방송사나 플랫폼도 있다. 워너미디어를 소유한 통신 미디어 AT&T는 자사의 IPTV 유버스U-Verse와 위성방송 디렉TV에 로캐스트를 추가했다. 더 나아가 로캐스트에 50만 달러를 기부하기도 했다. 기부 이유에 대해서는 "소비자들에게 무료 방송 콘텐트를 제공하고 더 많은 선택권을 제공하는 사명을 지지한다"라고 밝혔다. 물론 CNN과 AT&T는 소송에 참여하지 않고 있다.

이 소송의 결과에 따라 무료 스트리밍 서비스의 운명도 결정될 것으로 보인다. 현재 별다른 수익 기반이 없는 일부 지역 언론의 경우, 무료 스트리밍 서비스가 영역 확장을 위해 절실한 만큼 이를 지지하는 측도 많다. 물론 로캐스트와 소송하고 있는 주요 메이저 방송사들도 그들의 스트리밍 서비스를 위해 양보할 수 없는 전쟁이다. 그들이 미디어 플랫폼으로부터 받는 수익이 매해 수십억 달러에 달하고, 광고 매출도 점점 떨어지고 있는 만큼, 무료 스트리밍을 허용할 경우 파장이 걷잡을 수 없이 커진다. 양측 간 소송은 아직 별다른 결론 없이 소강상태다.

### 폭스, 스트리밍 서비스 시장에 뛰어들다

폭스 코퍼레이션은 광고 기반 스트리밍 사이트 투비를 인수했다. 현금으로 4억9,000만 달러 규모의 거래다. 폭스는 또 다른 스트리밍 박스 로쿠의 지분 5%를 판매해 인수 대금을 마련했다. 투비를 인수하면서 루퍼트 머독의 폭스와 케이블TV도 스트리밍 시장 대열에 합류했다.

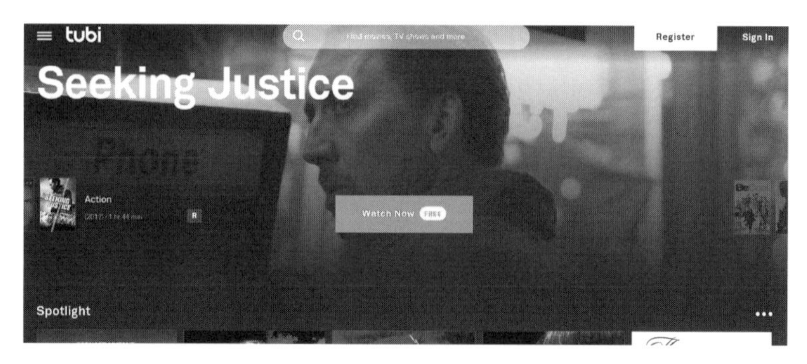


무료 스트리밍 사이트 투비

투비는 2만여 개의 TV쇼와 영화를 무료로 제공한다. 물론 광고를 보는 조건인데, 월간 활동 가입자는 2,500만 명이나 된다. 미디어 재벌 루퍼트 머독의 아들인 라클란 머독은 “투비는 우리를 DTC Direct to Consumer 시장으로 안내할 것”이라며 “폭스의 콘텐트 파워와 결합해 광고주들에게 새로운 기회를 제공할 것”이라고 말했다. 폭스의 스트리밍 시장 가세로, 전쟁이라고 부를 만큼 경쟁이 치열해질 전망이다.

이제 이 시장에는 디즈니, 넷플릭스, 아마존 프라임 비디오, HBO MAX, 피콕 등이 참전한다. 이에 앞서 바이어컴(현재 바이어컴CBS)도 무료 스트리밍 스타트업 플루토TV를 3억4,000만 달러에 인수했고, 컴캐스트도 무료 스트리밍 서비스 쥬모Xumo를 1억 달러에 사들이는 등 기존 미디어 기업의 무료 스트리밍 사업에 관한 관심이 집중되고 있다. 폭스도 스트리밍 시장 경쟁을 위해 다양한 콘텐트 수급에 나설 것으로 보인다. 일단 폭스는 투비를 단독 운영하겠다는 계획이다.

폭스는 디즈니에 폭스TV와 영화 스튜디오를 매각한 후, 폭스 브로드캐스팅과 지역 TV 방송국으로 이루어져 있다. 브로드캐스팅은 폭스 뉴스Fox News, 폭스 비즈니스Fox Business, 폭스 스포츠Fox Sports 등이다. 지난 2010년 비디오 기술 스타트업으로 시작한 투비는 현재 약 230명의 직원이 있으며, 본사는 샌프란시스코에 있다. 투비는 2014년에 스트리밍 서비스를 론칭했는데, 당시 라이언스게이트, MGM, 점프캐피털 Jump Capital 등으로부터 3,400만 달러의 투자금을 유치했다. 5만600시간에 달하는 TV와 영화 콘텐트를 가지고 있으며, 월간 활동 유저는 2,500만 명 정도이고, 사용자들의 총 시청 시간은 1억6,000만 시간에 달한다.

# 3

# 미디어 수익 모델의 변화

STREAMING

# 광고의 시대가 가고 구독의 시대가 온다

전기 자동차 업체 테슬라가 2019년 9월 소프트웨어 업데이트를 단행했다. 핵심은 '테슬라 극장Tesla Theater'이라는 기능의 추가다. 테슬라 극장이라는 기능을 이용하면 테슬라 안에서 스트리밍 방송 서비스를 시청할 수 있는데, 현재 훌루와 넷플릭스를 볼 수 있다. 향후 지원하는 스트리밍 플랫폼이 더 늘어날 것으로 보인다.

이 기능이 추가된 차종은 대중적인 차량인 모델S, 모델X, 모델3이다. 이들 자동차에선 넷플릭스, 유튜브, 훌루 등을 이용해 콘텐트를 시청할 수 있다. 테슬라가 미디어 플랫폼으로 진화한 셈이다. 실시간 방송도 연결할 수 있는데, 물론 안전을 위해 자동차가 정차해 있을 때만 이용할 수 있다. 사실 자동차에서 방송 콘텐트를 즐긴다는 것 자체는 그리 큰 뉴스가 아니다. 수년 전부터 다른 자동차 메이커들도 USB 포트나 인터넷을 연결해서 콘텐트를 볼 수 있게 했다. 테슬라 이전에도 비슷한

테슬라 차량에서 영상을 시청하는 모습 (출처: 테슬라)

시도들이 있었다. 2017년에는 프리미엄 채널 에픽Epix이 2018년 혼다 오디세이를 위해 스트리밍 애플리케이션을 출시한 바 있다. 그러나 이번 테슬라와는 상황이 다르다.

테슬라의 특징적인 차이점은 '구독 모델subscription streaming services'을 차량에 적용했다는 점이다. 테슬라와 넷플릭스의 만남은 자동차가 별도의 미디어 플랫폼이 될 수 있다는 사실을 보여줬다. 넷플릭스는 차량 운전자를 구독자로 이어지게 한다. 만약 이 모델이 정착하면 테슬라 구매자들의 결속력이나 구매력이 더욱 향상될 것임이 자명하다. 또 테슬라를 시작으로 다른 자동차 메이커들까지 이 시스템이 확대될 수 있을 것으로 보인다.

테슬라 입장에선 미디어 플랫폼으로의 진화 이외에 다른 성과도 얻을 수 있을 것으로 보인다. 고객들의 다양한 성향을 파악하여 향후 차량 판매에 더 많은 도움을 받을 수 있기 때문이다. 아마존처럼 테슬라가 직접 콘텐트 사업을 하지 말라는 법도 없다. 실제로 테슬라의 CEO

일론 머스크Elon Musk는 2020년 1월 초에 열린 CES에서 "테슬라 자동차 안에서 다양한 영상 콘텐트를 즐길 수 있다"며 "자율 주행차가 일반화될 경우 차량용 영상 콘텐트는 선택이 아닌 필수가 될 것"이라고 단언했다. 이에 테슬라는 넷플릭스뿐만 아니라 디즈니+, 훌루, HBO MAX 등 다양한 스트리밍 사업자와 협력을 이어가고 있다.

자동차의 미디어 플랫폼으로의 진화는 5G 통신망이 일반화되면서 더욱 가속화되고 있다. 자동차 메이커와 미디어 기업의 협업이 더욱 활발해 지고 있다는 이야기다. CES에서도 인텔, 워너브러더스, BMW가 함께 손을 잡고 X5 콘셉트 카를 선보였다. 이 자동차 내부에는 대형 스크린TV와 오디오 시스템이 설치되어 있어서 콘텐트를 즐기는 데 전혀 부족함이 없었다.

한국 업체들도 자동차 미디어 플랫폼 시장을 노리고 있다. SK텔레콤, 하만, 싱클레어도 지난 2019년 CES에서 북미 방송망 기반 전장용 기술 개발을 위한 양해각서MOU를 체결했다. 3사는 미국 전역의 운전자가 차량 내에서 방송망을 통해 고품질 지상파 방송, HD맵 실시간 업데이트, 차량 통신기술 등을 이용할 수 있는 차량용 미디어 플랫폼을 함께 개발한다. 개발이 완료되면 미국에서 시범 서비스를 선보인 후 상용화한다는 계획이다.

### 극장에 가입자 구독 모델을 적용

스트리밍 방송 서비스는 영화계도 바꿔놓고 있다. 스트리밍 방송의 확대로 힘들어하던 극장 업계가 결단을 내렸다. 스트리밍에는 스트리밍으로 맞서기로 말이다. 미국 최대 극장 체인인 AMC가 지난 2019년 10월 스트리밍 방송 서비스를 시작했다. AMC는 지난 1920년에 설립한 세계 최대 극장 체인이다. 2019년 현재 유럽 전역에 244개 극장과 2,200개 스크린을 보유하고 있으며, 미국 내 661개 지점에 8,200개의 스크린을 장악하고 있다.

AMC가 시작한 구독 모델은 라이브 방송은 아니고 필요한 콘텐트나 보고 싶은 영화를 찾아 시청할 수 있는 온 디맨드 방식이다. AMC는 이를 위해 먼저 2,000편의 영화 라이브러리를 구축했다. 이용자들이 서비스에 가입하면 영화를 며칠간 빌려 보거나 소장할 수 있다. 그러나 아직은 영화 편 수가 그리 매력적인 수준은 아니다.

AMC의 변화는 단순히 VOD 서비스를 시작했다는 사실 그 이상이다. 스트리밍 서비스의 확산으로 설 자리가 급속히 줄어들고 있는 극장 업계가 비즈니스 모델을 변화시키고 있다는 증거일 수 있기 때문이다. AMC가 이 같은 구독 모델을 도입할 수밖에 없는 이유는 '미디어 소비

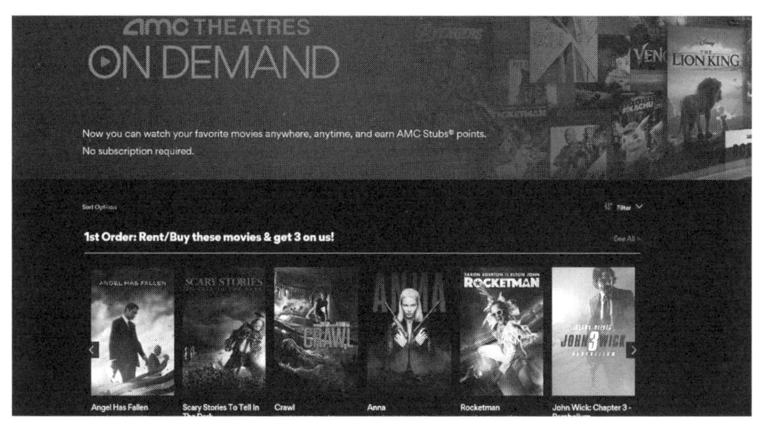


AMC 극장 온 디맨드

환경'의 급격한 변화 때문이다. 영화 업계는 온라인 모바일 서비스의 확대로 계속 고전해왔다. 몇 번의 클릭으로 스마트폰을 통해 영화를 볼 수 있게 되면서 극장을 방문하는 고객이 점점 줄고 있다. 물론 아직은 신작 영화들이 90일 동안 극장에서 상영될 때까지 VOD 서비스를 제공하지 않고 있지만, 넷플릭스 등 스트리밍 서비스로 직행하는 질서가 정착할 경우 이 법칙도 깨질 것으로 전망된다.

지금도 넷플릭스는 영화 개봉 시기와 관련해 극장 업계와 연일 갈등을 일으키고 있다. 신작 영화를 아예 극장에 걸지 않거나 90일이 아닌 30일 동안만 상영한 뒤 스트리밍하는 경우가 늘고 있기 때문이다. 더 나아가 넷플릭스는 2019년 11월에 오프라인 극장을 아예 인수하기도 했다. 뉴욕에 있는 파리극장Paris Theater이다.

AMC 온 디맨드의 한 편당 영화 가격은 3달러(단기 임대)에서 19.99달러(구매)다. 스트리밍 서비스와 함께 AMC는 자사 서비스의 온라인 가입자를 대상으로 다양한 구독 모델 비즈니스를 실험 중이다. 일정 수준의 월정액을 받고 안정적인 서비스를 제공하는 모델이다. AMC의 온라인 서비스 'AMC Stubs'의 가입자만 2,000만 명에 달하는데, AMC는 이들을 대상으로 구독 모델의 성공 가능성을 실험하고 있다. 일단 영화 구매 구독 모델인 'AMC Stubs A-LIST'를 시작했다. 매달 19.95달러를 내면 매주 신작 영화 3편을 무료로 볼 수 있는 모델이다. 물론 AMC가 운영하는 영화관에 한해서다. 구독 모델의 무차별적 확대로 파산했던 무비패스MoviePass의 전례를 따르지 않기 위해서다.

2019년 5월 AMC는 온라인 가입자 현황을 일부 발표했다. 이에 따르면 A-LIST 가입자가 80만 명을 넘어섰다. AMC는 영화 구독 모델을 처음 도입한 무비패스가 무리한 혜택 제공으로 시장에서 퇴출된 점을 고려하여 처음부터 영화 시청 편 수, 장소 등을 엄격히 제한해 사업성을 높여왔다. 무비패스의 파산이 영화 관람에 구독 모델이 적합하지 않다는 사실을 방증하지는 않지만, 실패를 거울삼아 리스크를 최대한 줄이기 위해서다.

AMC는 코로나 바이러스의 확산으로 직격탄을 맞았고, 극장 폐쇄로 인해 고통을 받았다. 미국 전역에 1,000곳 이상의 지점이 문을 닫았고, 600명의 직원이 무급휴직을 떠났다. AMC는 2020년 1분기에만 손실 부담금impairment charges을 포함해 18억5,000만 달러의 손해를 봤다. 직전 분기에는 1억3,000만 달러의 손실을 봤었다. 매출은 9억4,150만 달러를 기록했는데 전년 12억 달러보다 2억 달러 이상 떨어졌다.

2020년 2분기 이후 극장이 다시 오픈하면서 손해가 점점 줄어들고 있지만, 극장 매출 자체는 예전 세를 회복하지 못하고 있다. 이에 구독 모델로의 전환에 더욱 힘이 실리고 있다.

### 무비패스의 파산, 구독 모델 실패는 아니다

영화 관람에 구독 모델을 적용했던 무비패스가 2020년 1월 결국 파산했다. 가입자 확대에 실패한 데다 늘어나는 금융 부채를 감당하지 못해서다. 무비패스의 모기업인 헬리오스&매더슨 어낼리틱Helios & Matheson Analytic은 지난 2019년 9월 13일 회사 매각을 포함해 무비패스를 살릴 모든 방안을 찾겠다고 했지만, 회사의 파산을 막지 못했다.

무비패스는 지난 2011년 영화 프로듀서였던 스테이시 스파이크스가 샌프란시스코에 설립한 회사다. 창업 초기에는 일정 수준의 월정액만 내면 영화를 마음껏 볼 수 있다는 장점에 큰 인기를 끌었다. 처음에는 영화사들과 협의해 가입자들에게 바우처를 지급하는 사업을 했지만, 이내 모바일 애플리케이션 확인을 거쳐 관람하는 시스템으로 바뀌었다. 설립 초기에는 매월 편 수와 관계없이 영화 관람이 무료였지만, 2019년부터는 한 달에 3편으로 제한했다. 무비패스는 혁신적인 모델로 업계에서 많은 주목을 받았다. 지난 2012년에는 '25개의 가장 혁신적인 애플리케이션25 Most Disruptive Apps'에 꼽혔으며, 같은 해에 비즈니스 인사이더BI로부터 '2012년 최고의 업체'로도 꼽혔다.

2018년에는 가입자가 200만 명에 달하기도 했는데, 이후 점차 쇠락의 길을 걸었다. 늘어나는 지출을 감당하지 못해 부채가 급격히 증가했기 때문이다. 2016년에는 20~100달러를 내는 고화질, 3D 영화 관람 상품을 내놓으며 가격에 따라 서비스를 차별화하는 전략도 썼지만 신통치 않았다. 특히 AMC 등 극장 체인들이 무비패스에 적대적으로 대하면서 상황이 더욱 악화했고, 결국 사업 중단을 선언하기 이르렀다.

사업 초기의 큰 주목에 비해 열정이 빠르게 식은 점에 대해 많은 이야기가 나온다. 결정적 실수는 구독 모델 자체가 아니라 구독 모델의 적정성이었다. 너무 싼 정액제 요금을 적용한 것이다. 극장에 지급해야 하는 비용이 고객들이 내는 월 이용료 총액을 상회하며 투자금이 빠르게 소진되어 갔다. 이에 주주들의 반발이 심해졌고, 다른 돌파구를 보여주지 못하며 2018년에 이미 파산 직전에 몰렸다.

사실 한 달에 9.99달러를 내고 매일 영화관에서 영화를 볼 수 있다는 설정은 '지속 가능하지 못했다.' 가입자에게는 원가 이하로 돈을 받지만, 극장에는 티켓 가격 전체를 보상해야 했기 때문이다. 그러나 무비패스는 고객 정보를 제휴사에 판매하는 등 기업 대 기업BtoB 마케팅으로 이 간극을 메울 수 있다고 생각했다. 하지만 현실은 달랐다. 가입자 수가 늘지 않으면서 기업 간 마케팅도 별 효과가 없었다. 2018년 여름에는 현금 적자만 매달 4,500만 달러에 달했다. 그래서 1년 뒤 무비패스는 이 전략을 수정할 수밖에 없었다. 월 이용 가격을 9.99달러에서 월 14.95달러로 인상하고 한 달에 이용할 수 있는 숫자도 3편으로 제한했다. 이용자 입장에선 혜택의 90%가 날아간 셈이다. 결국 고객들의 만족도가 더욱 떨어졌고 가입자들은 무비패스를 떠나기 시작했다. 구독 모델의 핵심은 정액제를 기반으로 한 고객의 만족도가 핵심인데 그것이 없어진 것이다. 악순환이 시작됐다.

고객 입장에선 볼 수 있는 영화 편 수를 제한하는 무비패스에 더 이상 매력을 느끼지 못했다. 애초에 원했던 '구독 모델'이 아니기 때문이다. 이후 무비패스는 초기의 매력을 잃은 채 추락을 거듭했다. 월스트리트저널은 "2018년 8월 헬리오스(무비패스의 모회사)는 나스닥에서 상장 폐지되는 것을 막기 위해 주식을 분할해 액면가를 낮췄다"며 "하지만 2019년 2월 결국 상장 폐지됐고 장외에서만 거래되는 상황에 부닥쳤다."고 보도했다.

급기야 2019년 9월에 무비패스는 서비스를 중단하기에 이른다. 모바일 애플리케이션 성능 개선 중이라고 이유를 달긴 했지만, 진짜 이유를 모르는 사람은 별로 없었다. 그때부터는 사실상 가입자 확보도 중단됐다. 설상가상으로 고객 수만 명의 신용 정보가 외부로 노출되는 보안사고도 터졌다. 결국 2020년 6월, 채권기관들은 무비패스를 경매에 부치기로 했다.

전문가들은 무비패스의 실험은 파산으로 끝났지만 그렇다고 '영화관 구독 모델' 자체가 실패했다고 볼 수는 없다고 분석한다. 미디어 전문 매체 리코드Recode의 피터 카프카Peter Kafka는 트위터에 "저가로 승부하고 규모로 만회하려는 거래는 종종 실패한다"고 썼다. 그 말은 원가 이하에서 맴도는 서비스가 문제이지, 비즈니스 모델 자체가 잘못된 건 아니라는 이야기다.

극장 입장에서는 별다른 출구가 없는 것이 사실이다. 스트리밍 사업자들이 가장 큰 적이지만 이겨내기는 쉽지 않다. 현재 다른 영화 사업자들도 구독 모델을 실험 중이다. 그러나 영화 산업의 특징 중 하나가 '콘텐트의 질이 균일하지 않다'는 점을 고려하면 성공 여부를 확신하기는 쉽지 않다. 항상 본인이 원하는 영화가 개봉하는 건 아니라는 이야기다. 또 넷플릭스처럼 미뤄뒀다가 한꺼번에 몰아볼 수도 없는 노릇이다. AMC의 실험이 성공할지 좀 더 지켜볼 일이다.

### 알라모 드래프트하우스의 구독 모델 적용

텍사스 지역의 소규모 극장 체인인 알라모 드래프트하우스Alamo Drafthouse. 음식을 먹고 간단히 술을 마실 수 있는 극장이다. 2020년 5월, 알라모가 극장에 오지 않는 관객을 위해 비디오 스트리밍 서비스를 시작했다. 일명 알라모 온 디맨드Alamo On Demand다. 극장에 가지 않고 온라인을 통해 봉준호 감독의 〈기생충Parasite〉 등을 볼 수 있는 서비스다. 물론 유료지만 오프라인 극장이 온라인 스트리밍 서비스 시장에 뛰어들었다는 건 이례적인 현상이다.

AMC와 마찬가지로 이 서비스는 현재 코로나 바이러스로 인해 매출이 급감한 극장 체인에 어느 정도 수익을 보전해 줄 것으로 보인다. 게

다가 극장들이 구독 모델을 계속한다는 점에서 어느 정도 의미가 있다. 자가격리로 극장에 가지 못하는 관객들은 보고 싶은 영화를 온라인에서 감상할 수 있다.

코로나 바이러스가 극심한 시절, 알라모 드래프트하우스도 41개 체인점이 모두 문을 닫았다. 알라모 드래프트하우스의 CEO 팀 리그Tim League는 블룸버그와의 인터뷰에서 "우리의 극장 체인들이 문을 닫은 상황에서도 수익을 낼 수 있다"며 "이 시장을 선점하고 먼저 치고 나갈 것"이라고 언급했다.

알라모 드래프트하우스의 온 디맨드 상영작들은 극장에 걸리고 있는 최신 작품은 아니다. 극장에서 개봉하지 않거나, 개봉한 뒤 최소 90일이 지난 이후의 작품이다. 극장 개봉의 원칙을 깨지 않기 위해서다.

알라모는 온 디맨드 서비스와 극장 서비스의 시너지를 위해 포인트 제도를 운용한다. 온 디맨드 서비스를 이용하면 일정 포인트가 쌓이는데, 이를 이용해 실제 극장에서 표를 구매할 때 사용할 수 있다. 구독 모델을 극장에 적용했다는 점에서 알라모의 사례가 다른 극장들에도 영향을 미칠 수 있다.

### 뉴욕타임스, 디지털 구독자 600만 명 돌파

디지털 구독 모델에 앞장서고 있는 뉴욕타임스가 2020년 1분기에 분기 기준 가장 많은 디지털 구독자를 확보했다. 무려 58만7,000명이다. 직전 분기에는 34만2,000명이었다. 지난 2011년에 지면을 떠나 디지털 구독 중심 정책을 펼친 이래로 처음이다. 디지털 구독자 증가는 광고 매출의 감소로 인한 영향을 어느 정도 해결해줬다. 58만7,000명 중 46만8,000명은 뉴스 콘텐트 구독자고, 나머지 11만9,000명은 요리와 크로스워드Cooking and Crossword 구독자다. 반면 1분기의 지면 구독자는 오히려 감소했다.

2020년 3월 말 기준, 뉴욕타임스는 디지털 구독자를 포함해 전체 580만 명이 넘는 구독자(지면+디지털)를 확보했다. 이 중 390만 명이 뉴스 서비스 가입자고, 110만 명이 요리와 크로스워드 가입자다. 나머지는 지면 구독자다. 총 구독자 숫자는 584만1,000명인데 2020년 3월 말 기준이어서 지금은 600만 명을 돌파했을 것으로 보인다.

2020년 1분기 디지털 구독자 증가는 코로나 바이러스 확산으로 인한 뉴스에 대한 관심 집중이 큰 원인이었다. 뉴욕타임스에 따르면 2020년 3월 뉴욕타임스 웹사이트 순 방문자는 2억4,000만 명이었고 페이지 뷰도 25억 뷰에 달했다.

구독을 통한 수입은 지난해 같은 기간 대비 5.4% 증가한 2억8,540만 달러였다. 광고 매출 등을 포함한 총 분기 매출은 4억4,360만 달러다. 전체 매출은 1% 올랐다. 구독 매출 증가에 비해 전체 매출 증가가 낮은 이유는 광고 매출의 급락 때문으로 분석된다. 2020년 1분기 광고 매출은 1억610만 달러였는데, 지난해 같은 기간에 비해 15%나 떨어졌다. 디지털 광고 매출은 7.9% 하락했고, 지면 광고 매출은 20.9%나 추락했다. 그러나 구독경제의 성장이 회사를 위기에서 탈출시켜줬다. 뉴욕타임스의 마크 톰슨Mark Tompson CEO는 "디지털 뉴스 구독자 증가에 따라 차별화된 고부가가치의 광고가 우리를 위기에서 탈출시켜줄 것으로 믿는다"고 설명했다.

## 뉴욕타임스, 구독 모델로의 완벽한 전환

뉴욕타임스는 2012년에 마크 톰슨이 CEO로 취임한 이후, 광고 모델에서 벗어나 구독 모델로의 전환을 지속해왔다. 이 같은 비즈니스 모델 전환은 코로나 바이러스 대유행의 악몽 속에서 뉴욕타임스를 지켜줬다. 광고 매출이 감소했지만 '뉴스 콘텐트'를 중심으로 한 구독경제가 회사의 견조한 성장을 이끌었다. 새로운 구독 모델을 만들기 위한 노력도 성장에 한몫했다. 그 중에서도 '비디오 저널리즘'에 대한 투자가 대표적이다.

케이블TV 채널, 스트리밍 서비스 등 다른 플랫폼과의 협업 모델 역시 구독 미디어로의 전환을 위한 노력의 일환이다. 대표적인 작업으로 케이블TV 채널 FX, 스트리밍 서비스 훌루와의 협력 작업인 텔레비전 매거진 〈위클리The Weekly〉가 있다. 뉴욕타임스가 40분 내외의 탐사보도 콘텐트를 만들고, 케이블TV 채널 FX에서 방송하고, 하루 뒤 스트리밍 서비스 훌루에도 방영하는 포맷이다. 광고에 의존하는 다른 언론사들의 유튜브 전략과는 다르다. 수익은 광고가 아닌 FX와 훌루의 수신료에서 얻는다. 뉴욕타임스는 〈위클리〉를 위해 1,550명의 자사 기자들을 투입하고 미국뿐만 아니라 160여 국을 돌아다니며 촬영했다. 이중 엄선된 스토리를 〈위클리〉를 통해 공급한다. 〈위클리〉로 인해 뉴욕타임스의 2020년 1분기 세후 영업비용은 3.3% 증가했다. 그러나 투자를 계속하겠다는 입장이다.

뉴욕타임스가 디지털 구독 모델로 전환하고 비디오와 오디오에서 새로운 기회를 탐색하는 이유는 기존 사업 모델의 급격한 퇴조 때문이다. 2020년 1분기 현재, 뉴욕타임스의 지면 구독자는 7.9% 줄어든 84

만 명이었다. 600만 명에 달하는 전체 구독자 중 10%가 조금 넘는 수준이다. 이 비중은 점점 더 떨어질 것으로 보인다. 그러나 아직은 지면 구독료가 전체 구독료 중에 큰 비중을 차지한다. 지면 구독료가 온라인에 비해 비싸기 때문이다. 이 부분에서 뉴욕타임스의 고민이 시작된다. 현재 지면 구독료 수준을 확보하기 위해서는 500만 명 정도의 디지털 가입자를 추가로 확보하거나 디지털 구독료를 지속해서 인상해야 한다. 지난 2020년 2월 뉴욕타임스는 연간 구독 기준, 월 구독료를 15달러에서 17달러로 인상했다. 9년 만에 일인데 역시 쉽지 않은 일이었다.

오디오 뉴스 콘텐트에 대한 투자도 병행하고 있다. 팟캐스트Podcast 등 새롭게 떠오르는 오디오 시장을 선점해 수익을 다변화하기 위해서다. 뉴욕타임스는 2020년 3월 말 오디오 뉴스 애플리케이션 어덤Audm을 인수했다. 이 애플리케이션은 오디오 오리지널 저널리즘 콘텐트와 함께 각종 텍스트 뉴스 콘텐트를 음성으로 전환하여 서비스한다. 어덤은 버즈피드Buzzfeed, 아틀랜틱The Atlantic, 와이어드Wired 등의 잡지 뉴스 콘텐트를 음성으로 서비스하며 약 2만 명의 유료 회원을 보유하고 있다. 한 달 이용료는 5달러 정도다. 뉴욕타임스는 자사의 쿠킹 콘텐트와의 시너지를 기대하고 있다.

### 페이스북, 포털TV로 구독 모델을 꿈꾸다

마크 주커버그의 페이스북Facebook이 2019년 9월 포털TV를 내놨다. 인터넷을 통해 포털과 페이스북 워치, 아마존 프라임 등의 스트리밍 콘텐트를 즐기는 TV다. 미국 시장에서 판매 가격은 149달러다. 한국에서

페이스북 포털TV의 홈페이지

도 페이스북 계정만 있으면 이용에 전혀 문제가 없다.

페이스북의 포털TV는 아마존 알렉사Alexa나 구글TV의 기능과 크게 다르지 않다. 일종의 스마트TV인데 그 허브가 동영상 플랫폼인 페이스북 워치가 되는 것이다. 페이스북을 이용한 채팅도 가능하다. 페이스북은 지난 2018년 내놓은 포털 플러스Portal+에 이어 포털TV(TV 연결), 포털 미니(8인치), 포털(10인치) 등 세 종류의 서비스를 선보였다. 포털TV의 이용 방법은 간단하다. 포털TV를 TV 수상기에 설치된 HDMI 단자에 연결하면 페이스북 계정을 통해 왓츠앱 등을 이용해 채팅을 할 수 있다. 120도 카메라가 장착되어 있어서 TV를 통한 채팅에 매우 적합하다.

포털TV는 채팅에 특히 특화됐는데, 비디오를 통해 여러 명과 이야기할 수 있고 증강현실AR 필터를 이용하면 우스꽝스러운 모자를 쓴 모습 등 현실 화면에 다양한 가상현실을 입힐 수도 있다. 특히 스트리밍 서비스 시청에 편리하다. 넷플릭스나 훌루, HBO뿐만 아니라 아마존 프라임, 스타즈Starz, 플루토TV, 판도라Pandora, CNN, ABC뉴스, 스포티파이Spotify 등 거의 모든 스트리밍 서비스를 이용할 수 있다.

이용자들이 포털TV로 각종 스트리밍 서비스를 이용하면 페이스북이 일종의 미디어 허브가 된다. 페이스북이 굳이 포털TV라고 이름 붙인 이유도 명확하다. 기본으로 페이스북이 탑재되어 있는 디바이스를 통해 사람들이 채팅을 하고 정보를 검색한 뒤에 콘텐트를 보기를 기대하기 때문이다. 일종의 플랫폼이 되기를 원하는 것이다.

페이스북 포털의 종착점은 바로 구독 모델이다. 많은 이용자들이 페이스북 포털을 사용하고 스트리밍 비디오 플랫폼으로 활용하기를 기대한다. 이와 관련 버라이어티는 "페이스북이 당신의 거실에 카메라를 넣고 싶어 한다. 이를 통해 집에서 비디오 채팅과 증강현실 채팅을 등을 할 수 있게 할 것"이라고 보도하기도 했다.

사실 페이스북 가입자만 2억 명이 넘지만 아직은 구글이나 애플 등 다른 플랫폼을 통해 접속해야 한다. 플랫폼으로 자생할 수 있는 토대가 되어 있지만, 현실은 그렇지 못하다. 그래서 페이스북은 '페이스북 워치'라는 동영상 채팅앱과 함께 '뉴스탭News tab'과 같은 뉴스 포털을 이용해 사람들을 자사 서비스로 모으기 위한 다양한 실험을 진행 중이다. 포털TV도 이 과정의 일환이라고 볼 수 있다.

하지만 페이스북의 구독 모델이 성공할지는 알 수 없다. 폐쇄적인 소셜 미디어라는 한계, 개인정보 유출 문제 등을 극복해야만 포털로 진화할 수 있다는 판단이다. 포털 시장의 강자인 구글이나 애플은 물론 디즈니와 같은 스트리밍 서비스 업체까지 상대해야 한다. 이와 함께 페이스북은 왓츠앱WhatsApp, AR가라오케 등 다양한 미디어 플랫폼 기능도 포털에 장착했다.

## 동영상 플랫폼 페이스북 워치의 강화

페이스북은 자사의 영상 제작 유통 플랫폼인 페이스북 워치도 강화하고 있다. 2019년 8월 4일, 페이스북은 영상 플랫폼 강화 전략과 함께 워치에서 방송될 새로운 뉴스쇼들을 발표했다. 페이스북의 영상 플랫폼 강화의 중심 전략에 '뉴스'가 있는 셈이다. 페이스북 워치의 이용자 수는 2018년 12월 이후 거의 두 배로 증가했다. 이는 유튜브를 향한 본격적인 공세이기도 하다.

과거에도 페이스북이 영상 유통에 신경을 쓰긴 했다. 그러나 이번에는 양상이 조금 다르다. 페이스북은 워치를 통해 아마추어들이 만든 영상을 비롯하여 페이스북 오리지널 콘텐트, 기성 전통 매체들이 만든 영상 콘텐트도 본격적으로 유통하기 시작했다.

일부에서는 페이스북이 미디어 플랫폼이자 광고 플랫폼으로서의 지위 상승을 노리고 있다고 분석한다. 과거에는 페이스북에 게시된 대부분의 동영상이 사용자가 만든 것이었다. 이 부분이 가입자 증가나 참여를 유도하는 데는 좋았지만, 충성심을 키우기 위한 것은 아니었다.

페이스북은 광고 플랫폼 기능 강화를 위해 콘텐트의 다양성에도 신경을 쓰고 있다. 뉴스 관련 콘텐트를 강화하는 한편, 기존에 유통되던 뉴스 관련 콘텐트도 다시 손보고 있다. 페이스북이 론칭한 뉴스쇼에는 ABC, 폭스 등 기존 방송사는 물론 버즈피드 같은 온라인 미디어도 포함되어 있다. CNN의 인기 프로그램인 〈앤더슨 쿠퍼 풀 써클Anderson Cooper Full Circle〉도 페이스북에 상륙했다.

페이스북의 뉴스 콘텐트 강화는 기존 미디어들에도 긍정적이다. 새로운 시장이 생기고 뉴미디어에 대한 이해도도 높아지기 때문이다. 기존 미디어들도 어차피 기존 TV 시장이 아닌 스마트TV, 유튜브, 인터넷 등에서 승부를 걸어야 한다. 그동안 변신을 게을리했던 뉴스 파트는 더 더욱 그렇다. ABC 뉴스 대변인은 자사 뉴스 콘텐트의 페이스북 워치 진출 성과에 대해 "지난 몇 달 동안 우리 팬들은 우리 프로그램의 디자인이 전통적인 TV 방송과 어떻게 다른지를 파악했다"라고 말했다.

한편, 미국의 뉴스 네트워크들은 페이스북뿐만 아니라 스마트TV 등을 통해 뉴미디어 시장에서 영향력을 높이고 있다. 특히, NBC와 CBS는 스마트TV용 별도 뉴스 애플리케이션을 만들어 이른바 'VOD 뉴스 시장'을 선점하고 있다. 스마트TV용 VOD 뉴스는 불특정 다수가 시청하는 유튜브와 달리 충성도가 높다. VOD 뉴스는 유료방송 또는 TV 시청자에 직접 전달되어 '뉴스 시청자들의 정확한 기호를 알 수 있다'는 장점도 있다.

# 오디오 구독경제, 팟캐스트의 가파른 성장

뉴스, 오디오 소설 등 음성 콘텐트를 스트리밍 혹은 VOD로 들을 수 있는 팟캐스트 시장이 매년 성장하고 있다. 미디어 전문지 버라이어티의 분석에 따르면 2019년 기준, 미국에서 매달 팟캐스트를 정기적으로 듣는 청취자는 9,000만 명이나 된다. 2018년 7,300만 명과 비교해 1,000만 명 이상 증가한 수치다. 미국 12세 이상 인구를 기준으로 하면 그 비중이 27%나 된다. 10명 중 3명 정도가 팟캐스트를 듣는다는 뜻이다.

미국 내 팟캐스트 시장은 코로나 바이러스 확산으로 인한 자가격리 이후 더더욱 두터워지고 있다. 집에 있는 시간이 늘면서 팟캐스트에 빠지는 시간도 늘었다. 미디어 업계 분석에 따르면, 미국 팟캐스트 이용 인구는 조만간 1억 명을 넘을 것으로 보이며, 2024년에는 1억3,100만 명까지 증가할 것으로 보인다. 미국 팟캐스트 시장은 크게 세 가지 요

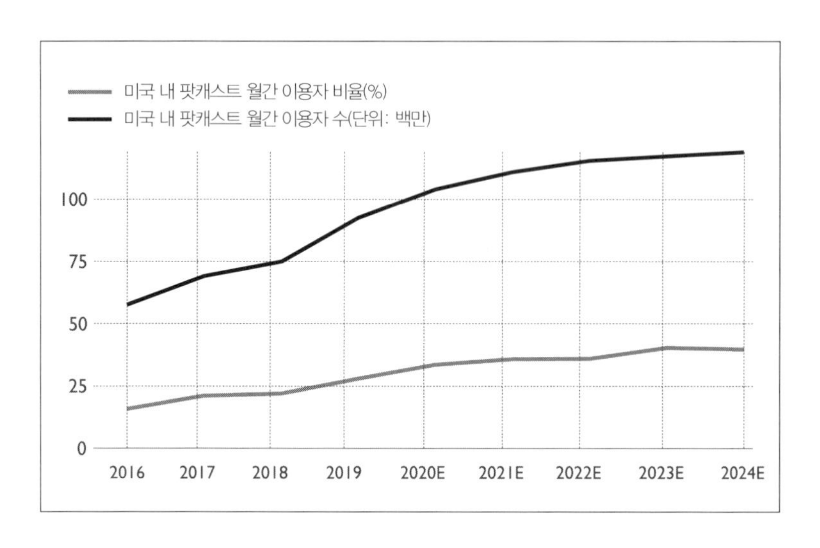


미국 팟캐스트 청취자 성장 추이 (출처: 버라이어티)

인에 의해 성장이 견인될 것으로 전망된다. 스포티파이나 판도라Pandora 같은 오디오 스트리밍 서비스 플랫폼, 스마트 스피커, TV 등 미디어 기업들의 새로운 콘텐트로의 확장 등이다.

**오디오 스트리밍 서비스 플랫폼의 성장** 오디오 스트리밍 서비스인 스포티파이와 판도라의 팟캐스트 가입자는 수백만이다. 수많은 팟캐스트가 이들 플랫폼 내에서 매일 음성 콘텐트를 가입자들에게 선보이고 있다. 이들 중에는 전통적인 포맷의 인터뷰를 벗어나 새로운 형식을 시도하고 있는 팟캐스트도 있다. 과거 팟캐스트는 TV나 라디오 콘텐트를 재활용해 공급한다는 인식이 강했다. 그 때문에 오히려 독특한 형식이나 내용을 갖춘 팟캐스트들이 청취자를 유인하기가 쉽다. 에디슨 리서치의 2018년 7월 조사를 보면 팟캐스트에 익숙하지만 잘 듣지 않는 미국 성인의 59%는 '팟캐스트가 다른 곳에서는 찾아볼 수 없는 것', 즉 새로운 내용을 제공하지 않기 때문에 듣지 않는다고 답했다. 다른 데서 들을 수 있는 콘텐트를 굳이 찾아 들을 이유가 없다는 뜻이다.

이렇게 보면 새로운 콘텐트가 오디오 시장 성공의 핵심이다. 스포티파이는 팟캐스트에 과감한 투자를 하고 있다. 2019년에만 수억 달러를 투자해 팟캐스트 시장을 주도했다. 2019년 2월 1억8,900만 달러를 투입해 팟캐스트 회사 김렛미디어Gimlet Media를 인수했고, 팟캐스트 제작 기업 앵커Anchor도 1억5,000만 달러에 사들였다. 2019년 3월에는 파라캐스트Paracast를 5,400만 달러에 인수했다. 파라캐스트는 미스터리와 연쇄 살인 등 범죄 콘텐트에 특화된 팟캐스트다.

판도라도 팟캐스트에 올인하고 있다. 판도라는 팟캐스트 광고 기술 회사 애즈위즈AdsWizz를 1억4,500만 달러에 인수했다. 애즈위즈의 기술을 이용하면 광고주들이 자신들에게 맞는 오디오 콘텐트의 광고를 자동으로 구매할 수 있다. 자신의 브랜드에 최적화된 콘텐트를 선택할 수 있는 것이다. 이와 함께 판도라는 '팟캐스트 게놈 프로젝트The Podcast Genome Project'라는 팟캐스트 추천 시스템을 론칭했다. 이 시스템은 이용자들이 자신의 취향에 맞는 오디오 팟캐스트를 쉽게 찾을 수 있도록 도와준다.

**스마트 스피커의 성장** 스마트 스피커는 팟캐스트 청취의 편리성을 더해준다. 시장 확대를 위한 도우미인 셈이다. 스마트 스피커에 간단히 팟캐스트 이름만 부르면 곧바로 자신이 원하는 팟캐스트를 청취할 수 있다. 특히, 미디어 회사들이 스마트 스피커를 통해 그들의 뉴스, 다큐멘터리 등 각종 전문적인 팟캐스트를 내보내는 트렌드도 이 시장을 키우고 있다. 2017년 미국 공영라디오 뉴스 NPR은 〈The Indicator from Planet Money〉라는 스마트 스피커용 뉴스 프로그램을 선보였다. 2018년 10월 파이낸셜 타임스Financial Times는 스마트스피커에서 들을 수 있게 짧은 뉴스를 모아 선보이는 일일 뉴스 팟캐스트를 내놨다. 미디어들의 팟캐스트 시장 참여가 팟캐스트 비즈니스를 수용자들이 더욱 친근하게 받아들이도록 만들어 주고 있다.

**인터넷 커넥티드 자동차도 팟캐스트 시장을 견인** 최근 자동차의 인터넷 연결이 확장되고 있는데, 이 역시 팟캐스트 시장에 큰 도움이 된다. 운전하면서 TV를 볼 수는 없지만, 팟캐스트를 청취하기는 쉽기 때문이다. 인터넷 커넥티드 자동차Internet-Connected Car에서는 본인 원하는 전문 팟캐스트를 들으며 이동할 수 있다. 현대자동차가 내놓은 보고서에 따르면, 2020년 현재 출시되는 자동차의 90%가량은 인터넷 연결이 가능하다. 5년 전에는 이 수치가 10%에 불과했다.

특히, 자율주행차Self-driving Car는 팟캐스트 시장의 폭발적 성장을 돕는다. 자율주행차 시장은 현대, 도요타 등 전통 자동차 회사뿐만 아니라 우버, 애플 등 IT기업들도 일제히 뛰어든 상태다. IHS마킷IHS Markit에 따르면 2021년 5만1,000대를 시작으로 오는 2040년에는 전 세계에서 자율주행차가 3,300만 대 이상 판매될 것으로 전망된다. 한국 정부도 오는 2027년까지 자율주행 기술 개발을 완료하겠다고 밝힌 바 있다. 자율주행차는 운전에 대한 부담 없이 차 안에서 각종 엔터테인먼트 콘텐트를 즐길 수 있다. EY, 딜로이트 등 컨설팅 회사는 자율주행차가 일반화되면 소비자들의 미디어 소비가 매일 수억 시간 추가될 것으로 전망했다.

**미디어 기업의 원소스 멀티 유즈** 최근 미디어 기업들이 자사의 지적 재산을 활용해 다양한 포맷의 콘텐트를 만들고 있는 경향도 팟캐스트 시장의 붐업에 일조하고 있다. 수익을 극대화하기 위해 원본 콘텐트를 애니메이션, 음악, 오디오 콘텐트 등으로 확장하는 분위기 덕분에 'IP 기반 오디오 시장'이 커지고 있는 것이다. 인기 드라마의 경험을 확장하기 위해 오디오 드라마를 만들고, 유명한 책을 읽어주는 오디오북Audio Book도 생산한다.

스트리밍 사업자의 증가로 TV 콘텐트 시장이 폭발적으로 성장했다는 점도 오디오 콘텐트 입장에선 긍정적이다. 방송 사업자들은 수익을 높이기 위해 '영상 콘텐트를 오디오 화' 하거나 반대로 '오디오 콘텐트를 영상 화' 하는 비즈니스에 점점 더 많이 뛰어들고 있다. 지난 2018년 10월 아마존 프라임 비디오는 유명 팟캐스트 로어Lore를 드라마로 만들어 방송했다.

팟캐스트의 TV로의 진화Podcast-to-TV는 앞으로도 계속될 것으로 보인다. 스트리밍 사업자의 등장으로 TV 플랫폼 시장 경쟁이 더욱 치열해질 것으로 전망되기 때문이다. 특히 시청자들을 유혹할 수 있는 매력적인 원전 콘텐트를 찾기 위한 노력이 가속화되면서 팟캐스트의 TV 화 속도는 더욱더 빨라질 것으로 예측된다.

### 광고 유입 등 수익성은 문제

시장의 성장은 수익성이 뒷받침되어야만 가능하다. 팟캐스트 광고 시장의 확대는 많은 미디어 기업들이 팟캐스트 시장에 뛰어드는 동인이 되고 있다. PwC의 2019년 보고서에 따르면 미국 팟캐스트 광고 시장은 2018년 6억8,800만 달러에서 오는 2021년 10억 달러를 넘어설 것으로 조사됐다. 그러나 아직 미국 팟캐스트 광고 시장 규모는 일반 라디오 광고 시장(135억 달러)보다 훨씬 적다. 광고주들은 아직까지 팟캐스트 콘텐트를 100% 신뢰하지 못한다. 팟캐스트 콘텐트의 도달률, 질적 문제, 광고 집행 효과 측정 등의 어려움을 이유로 자금 집행을 주저하고 있다. 다운로드 숫자와 실제 청취 숫자는 다를 수 있기 때문이다. 하지만 성장 가능성은 매우 크다.

팟캐스트 청취자들은 기술적인 문제 등으로 광고를 건너뛰는 비율이 2~10% 정도밖에 되지 않는 것으로 조사됐다. 60%가 넘는 TV 광고 회피율과는 차이가 크다. 이와 함께 팟캐스트 콘텐트가 밀레니얼 세대와 Z세대에게 인기를 끌고 있다는 점도 광고주들에게 매력적이다. 웨스트우드 원Westwood One이 조사한 결과를 보면 미국 18~34세 인구의 51%가 일주일에 적어도 한 번 팟캐스트를 듣는 것으로 나타났다. 10명 중 5명이다. 그러나 X세대(70~80년대 초반)와 베이비부머(50~60년대) 세대들은 각각 31%와 14%에 불과했다.

광고 모델이 아닌 유료 모델 팟캐스트도 미래가 밝은 편이다. 스포티파이나 애플, 구글 팟캐스트를 통해서 대부분의 팟캐스트를 무료로 들을 수 있지만, 최근 들어 광고가 없는 유료 모델 팟캐스트도 늘고 있다. 이들 유료 팟캐스트는 전문적인 내용이나 소설 등 창작 콘텐트를 앞세워 월 5~10달러를 받고 있다. 물론 내용의 전문성이나 비용을 지불할 만 가치가 있어야 하는 것은 기본이다. 팟캐스트 스타트업도 늘고 있다. 2019년 6월, 팟캐스트 스타트업 루미나리Luminary는 월 5달러의 유료 기반 팟캐스트를 론칭했다. 루미나리에서는 유명 연예인들이 진행하는 40여 개의 오리지널 쇼를 방송한다.

### 팟캐스트 플랫폼 성장으로 콘텐트 공급도 증가

팟캐스트 청취자가 증가함에 따라 공급도 늘고 있다. 2019년 기준, 70만 개가 넘는 개인 팟캐스트 서비스가 활동하고 있다. 1년 사이에 거의 30만 개의 팟캐스트가 증가했다. 2019년의 경우, TV와 스트리밍 서비스에서 532개의 영상 프로그램을 만들었다는 점을 고려하면 이 어마어마한 숫자의 무게감을 느낄 수 있다. 최근에는 새로운 포맷의 음성 콘텐트들도 계속 나오고 있다.

TV 프로그램에 비해 팟캐스트 음성 콘텐트의 성장률이 더 빠른 건 어쩌면 당연한 이야기다. 제작과정이 간단하고 제작비도 상대적으로 매우 저렴하기 때문이다. 뉴욕타임스, 월스트리트저널, CNN 등 미국의 대표적 미디어들도 팟캐스트 관련 사업을 키우고 있다.

그렇다면 급속히 늘어나는 팟캐스트의 향후 시장성은 어떨까? 전문가들은 최근 팟캐스트 시장 참여가 크게 늘었지만 아직은 시장 성장 가능성이 더 크다고 분석하고 있다. 현재 70만여 개의 팟캐스트 중 더 이상 활동하지 않거나 품질이 낮은 경우가 많기 때문에 새로운 사업자 진입 시 충분히 수익을 낼 수 있는 공간이 있다고 보고 있다. 시장이 커지면 커질수록 양질의 콘텐트를 제공하는 팟캐스트가 필요하다.

팟캐스트 서치 엔진 리슨 노트Listen Note에 따르면 2019년에만 3만 2,000개가 넘는 팟캐스트가 사라졌다. 2018년에는 3만3,000개, 2017년에는 3만5,000개가 없어졌으니 매년 3만 개 남짓의 팟캐스트가 없어지는 셈이다. 현존하는 70만여 개 중에서도 거의 활동하지 않거나 콘텐트의 품질이 낮은 경우가 많다. 반면 활동 중인 팟캐스트들은 점점 더 품질이 좋아지고 있다. 새로운 사업자가 진입해 품질 경쟁을 벌인다면 시장이 더욱 커질 것으로 보인다.

### 향후 팟캐스트 시장 지속 가능성은 역시 '수익화'

팟캐스트 시장의 향후 지속 가능성은 결국 수익화 여부에 달려있다. 현재 광고 모델과 유료 모델 두 가지 비즈니스 모델이 공존하고 있지만, 계속해서 시장이 성장하려면 다양한 수익 기반이 필요하다. 무엇보다 중요한 건 플랫폼으로서의 가치다. 플랫폼에 많은 사람이 방문해야 한다.

지난 2017년 아이리시 인디펜던트The Irish Independent의 조사에 따르면 광고주가 광고를 집행한 팟캐스트는 45일 동안 최소 1만 번의 다운로드를 받은 곳이었다. 또 다른 조사에서는 청취자들이 최소 2만 번 이상 내려받아야 광고 플랫폼으로서의 의미가 있다는 분석도 있다. 그러나 현재 상당수의 팟캐스트가 이 기준에 못 미치고 있다. 그런 이유로 어느 정도 신뢰가 검증된 팟캐스트들이 시장을 이끌고 있다. 언론사들이 운영하는 팟캐스트, 기자나 PD 등 저널리스트 출신이 운영하는 팟캐스트 등이 많은 수입을 올리고 있다. 기존 지명도를 팟캐스트로 확장한 것이다. 일례로 뉴욕타임스가 운영하는 〈더 데일리The Daily〉는 2018년과 2019년 미국에서 가장 인기 있는 팟캐스트였다. 가디언The Guardian, 워싱턴포스트The Washington Post, 파이낸셜타임스the Financial Times 등 유명 언론사들도 지난해 새로운 팟캐스트를 론칭했다. 케이블TV 채널 등 일반 미디어 그룹들도 팟캐스트 시장에 뛰어들어 인기를 끌고 있다.

뉴스 팟캐스트는 팟캐스트 시장에서 점점 더 상위에 오르고 있다. 일반인들이 주로 관심을 가지는 뉴스를 다루는 특성 때문이다. 언론사들은 기존 보도를 기반으로 제작하기 때문에 업데이트 속도도 빠르다. 경쟁에서 앞서갈 수밖에 없다. 결과적으로 앞으로 더 많은 미디어 기업들이 팟캐스트 시장에 뛰어들 것으로 보이며, 당분간은 플랫폼과 콘텐트 모두 성장하는 시장이 될 가능성이 크다.

# 브랫TV, Z세대를 공략한다

브랫TV Brat TV는 한국에서는 그리 유명하지 않다. 그러나 미국 방송계에선 미래의 TV를 거론할 때 항상 입에 오르내리는 영상 기반 미디어 스타트업이다. 브랫TV는 Z세대 전용 프로그램 제작 허브이며, 본사는 미국 서부 지역인 캘리포니아 LA에 위치하고 있다.

브랫TV는 지난 2017년 동영상 플랫폼 유튜브를 시작으로 탄생한 디지털 미디어 네트워크이다. TV 작가인 롭 피쉬맨 Rob Fishman, 대런 래치맨 Darren Lachtman이 유튜브에 극화된 작품을 올리면서 시작했다. 처음 투자금은 여러 곳에서 펀딩을 받은 250만 달러였다. 피쉬맨은 사업 초기, 디지털 플랫폼에서 소비될만한 10대를 위한 하이퀄리티 콘텐트가 충분히 시장성이 있다고 판단했다. 그는 소셜 미디어의 주요 인사들이 생각보다 과소평가된 측면이 있다며 이들을 집중적으로 브랫TV에 노출시켰다. 온라인에서 인기가 많은 10대 셀럽 celebrities들을 출연시키고

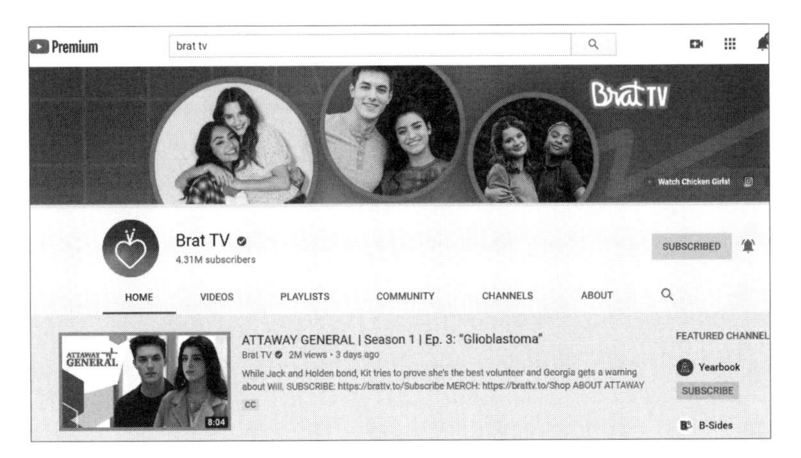

브랫TV의 유튜브 화면

작품 길이도 25분 이하인 숏폼Shot-Form 콘텐트에 집중했다. 사실, 브랫이라는 이름도 1980년대 청춘 영화 장르를 뜻하는 '브랫 팩Brat Pack'에서 따왔다. 서비스의 정체성을 분명히 한 것이다.

이름에서 알 수 있듯, 브랫TV는 10대를 위한 디지털 콘텐트만을 만든다. 이렇게 제작된 오리지널 드라마가 인기를 끌면서 소셜 미디어 서비스의 중심으로 확산했다. 2019년 말 브랫TV의 유튜브 구독자만 351만 명에 달했는데, 2020년 6월에는 이 규모가 431만 명까지 성장했다.

브랫TV의 대표작은 오리지널 드라마 〈치킨 걸스Chicken Girls〉다. 소셜 미디어에서 인기가 많은 인플루언서influencers가 등장해 극을 이끈다. 영화로도 제작됐는데, 당시 2,200만 명의 관객을 끌었다. Z세대는 밀레니얼 Z세대Millennial Z로도 불리는데 밀레니얼 Y세대(1981년~1996년 출생, 통상 밀레니얼 세대라고 불림) 이후 부상하고 있는 디지털 온리 제너레이션Digital Only Generation이다. Z세대는 1990년대 중반에서 2000년대 초반에 태어난 이들을 말한다. 현재 20대 초중반 연령대를 구성하고 있다. 이 세대는 디지털 기술에 익숙하고 인터넷이나 소셜 미디어가 학습이 아닌 체화된 세대다. 그런 만큼 사고방식이나 타인과의 소통 방법이 여타 세대와는 확연히 다르다. 이들은 태어나면서부터 단 한 번도 아날로그를 경험해본 적이 없다.

브랫TV는 이런 Z세대만을 위한 TV다. 아니 TV라기 보다는 이들이 커뮤니케이션하는 동영상 플랫폼이다. 홈페이지 https://brat.tv/ 보다는 유튜브 사이트가 더 유명하다. 5분에서 30분 미만의 10~20대 초반 세대의 고민, 생활, 정보 등을 영상 콘텐트로 만들어 전달한다. 드라마 주인공들도 거의 모두 10대인데 성공한 작품은 시리즈로 만들어진다.

최근 브랫TV는 드라마를 넘어 예능, 음식, 음악 등 다양한 장르의 콘텐트를 선보이고 있다. 품질이 뛰어나고 색깔이 강한 콘텐트를 만들다 보니 미국에서는 디지털 시대의 CW라 부르기도 한다. CBS와 AT&T가 보유한 CW는 〈아메리칸 톱 모델〉과 같은 18~34세를 타깃으로 한 콘텐트에 주력하는 젊은 채널이다. 브랫TV는 유튜브를 넘어 다양한 미디어 플랫폼에 진출하고 있으며 확장 속도도 매우 빠르다. 아마존 프라임 비디오, 스트리밍 TV 박스 로쿠 Roku 와 콘텐트 제공 계약을 맺고 인터넷을 넘어 TV로도 진출했다. 그야말로 10대를 위한 안방 TV가 등장한 셈이다.

### 주류 방송 시장으로의 진출

로쿠와 같이 거실에서 보는 온라인 스트리밍 TV 박스에 공급된다는 건 틈새를 넘어 주류 방송 시장으로의 진출한다는 의미로 볼 수 있다. 스트리밍 TV 박스는 TV와 연결해 다양한 스마트TV 애플리케이션을 이용할 수 있게 하는 기기다.

〈치킨 걸스〉 등 히트작의 경우 아마존을 통해 드라마 관련 상품을 판매하기 위한 논의도 진행되고 있다. 〈치킨 걸스〉에는 다양한 10대들이 등장하는데, 그들이 입었던 옷이나 신발 등이 온라인에서 주목받고 있다. 미디어 커머스Media Commerce의 완성이다. 또 스트리밍 사업 확대를 위해 클라우드 기반 전문 기술 업체와도 제휴를 강화하고 있다. 음악과 패션 사업 부문도 론칭했다. 이와 관련하여 브랫TV는 해당 분야 전문 업체들과 제휴를 추진 중이다. 콘텐트의 확산 속도가 빠른 만큼 오리지널 프로그램도 강화하고 있다. 브랫TV는 〈써니사이드 업Sunnyside Up〉 〈크레이지 패스트Crazy Fast〉 같은 디지털 오리지널 콘텐트를 계속 선보인다. 결코 멈춰 서서 기다리지 않는다.

전문가들은 브랫TV의 미래를 밝게 보고 있다. 인기 연예인 등 이른바 셀럽들도 브랫TV에 속속 채널을 열고 있다. 기업 가치도 급속히 올라가고 있다. 비슷한 비즈니스 모델을 선보였던 어썸니스TVAwesomenessTV는 2019년 초 바이어컴에 2,500만 달러에 매각됐다. 전문가들의 긍정적 평가에는 제작비 대비 효율이 뛰어나다는 점도 포함되어 있다. 현재 브랫TV의 제작 단가는 1분당 3,500달러 수준이다. 주요 스트리밍 사업자 중 가장 낮은 수준의 제작비다. 제프리 카젠버그 등이 창업한 퀴비는 1분당 제작비가 10만 달러가량 된다. 그렇다고 브랫TV의 퀄리티가 낮은 것도 아니다. 소재가 신선한 데다 유명인이 아닌 화제성이 높을 만한 배우를 섭외했기 때문에 가능한 비용이다. 브랫TV의 앞날은 매우 밝다.

## 브랫TV의 수익 모델은 광고

브랫TV의 주요 수익 모델은 유튜브 등 동영상 플랫폼을 통한 광고다. 앞으로는 구독 기반 콘텐트를 확대할 계획이지만 광고 매출 확대가 매우 중요하다. 초기 스타트업에서 중기 시장 안착형 중소기업으로 확장하고 있는 브랫TV에게는 안정적인 광고 매출이 기업 안전성을 담보하는 주요 매출이 된다. 그래서 최근 브랫TV는 광고 매출 확대에 부쩍 더 신경 쓰고 있다. 브랫TV의 2019년 매출은 전년도보다 3배 이상 늘었다. 바로 유튜브 채널에서 광고를 직접 팔기 시작하면서부터다. 공동 설립자인 롭 피쉬먼이 언론에 밝힌 바에 따르면, 브랫TV는 2019년 자체 광고 영업팀을 고용, 광고 판매에 대한 유튜브 의존도를 45%까지 줄였다. 이후 광고 매출이 급증해 전체 매출은 2018년 300만 달러에서 2019년 1,000만 달러 이상으로 증가했다. 물론 매출 증가의 대부분은 직접 판매로 인한 것이다. 자사의 유명 콘텐트 〈치킨 걸스〉와 관련된 책도 발간했다.

유튜브는 채널들의 광고 판매에 대한 권한을 통제하고 있다. 그 때문에 규모가 큰 회사들은 자체적으로 광고를 팔지만, 브랫TV 같이 작은 회사들은 유튜브 본사에서 판매를 대행해왔다. 광고 판매를 대신하면서 수수료를 받는 식이다. 바이어컴CBS 등 대형 미디어와 스튜디오71 Studio71 같은 대형 디지털 미디어 네트워크들은 판매권을 부여받지만, 브랫TV 같은 소규모 회사들은 수수료(매출의 55% 수준)를 받고 광고를 대신 붙여준다.

브랫TV가 광고 판매를 독자적으로 진행하기 시작했다는 사실은 성장세를 방증하는 사례라 할 수 있다. 브랫TV는 온라인을 넘어 전통적인 미디어 시장을 넘보고 있다. 전통적인 TV 광고 판매 경험이 있는 인원들로 영업팀을 운영하기 때문에, 2020년에는 광고 매출도 2,500만 달러까지 증가할 것으로 예측하고 있다. 브랫TV의 매출 증가는 유튜브에서 광고 판매 권한을 확보하는 것이 얼마나 중요한지를 말해준다. 사실 더 좋은 작품을 만들기 위해서라도 광고 확대는 절실하다. 브랫TV는 2020년 광고 영업팀을 두 배로 늘릴 계획이다. 최근 코로나 바이러스 확산세로 다소 부침을 겪고 있지만, 성장 에너지는 여전하다.

브랫TV의 〈치킨 걸스〉와 〈써니사이드 업〉 같은 오리지널 드라마는 가격 대비 성능도 뛰어나다. 이 부분이 바로 성장의 한 축이다. 1분당 3,500달러의 제작비가 적은 건 아니지만, 온라인을 넘어 전통적인 TV 그리고 여타 스트리밍 사업자를 상대하기 위해서는 규모의 확대가 더욱 절실하다. 브랫TV 측은 "광고 매출이 늘어나면서 콘텐트 생산도 더 늘어나고 있다"라고 말했다. 브랫TV는 2019년 장편 드라마(40분 이상) 2편과 18개 시즌을 공개했는데, 이는 2018년 12개 시즌에 비해 엄청나게 늘어난 수치이며, 생산 편 수는 앞으로 더욱 늘 것으로 회사는 예측하고 있다.

터뷸라랩Tubular Labs에 따르면 2019년 11월 기준, 브랫TV의 유튜브 조회 수는 2,370만 수준이다. 1년 전 3,180만 뷰에 비해서는 다소 하락한 수치다. 다소 주춤하고 있는 것처럼 보이는데, 조회 수는 브랫 TV가 매달 업로드하는 콘텐트의 수, 프로그램의 시작 부분이냐 끝 부분이냐에 따라 조금씩 다르다. 때문에 브랫TV의 성공을 위해서는 콘텐트 생산량이 무엇보다 중요하다.

실제 데이터만 봐도 지난 수년간 브랫TV의 조회 수는 비디오 생산량에 따라 달라졌다. 인터넷 매체 디지데이Digiday에 따르면 브랫TV의 비디오 생산량은 지난 2019년 3월에 26개로 최고였고, 조회 수도 그때가 가장 높았다. 반면, 2019년 11월에는 신규 콘텐트 13개로 저조했고, 조회 수도 그만큼 떨어졌다. 브랫TV는 유튜브 콘텐트와 함께 광고 제품이나 서비스가 노출될 수 있는 별도 콘텐트나 서비스를 제안하는데, 공동 창업주인 대런 래치맨은 "서브웨이, 아디다스, 디즈니 등이 주요 광고주들이며, 평균 50만 달러가량을 지출하고 있다"고 말했다.

브랫TV는 TV 광고 판매 경험이 있는 직원들을 추가 채용하고 있다. 브랫TV의 지향점이 유튜브 스튜디오에서 TV와 온라인을 넘어서는 디지털 스튜디오로 바뀌었기 때문이다. 매출 확대와 저변 확대를 위해서는 일반 TV의 눈으로 세상을 볼 필요가 있다. 물론 디지털에 맞는 맞춤형 광고도 여전히 판매할 것이다.

# 스포티파이,
# 오디오 스트리밍의 최강자

스포티파이https://www.spotify.com. 한국에서는 별로 힘을 못 쓰지만, 세계 최대 음원 사이트다. 본사는 스웨덴 스톡홀름에 있다. 전체 직원은 4,200여 명. 지난 2008년에 설립했는데, 음원 유통 및 오디오 스트리밍이 주된 사업이다.

스포티파이는 현재 무료와 유료 서비스 두 버전으로 공급되고 있다. 미국·유럽·아시아 등 전 세계 대부분의 지역에 진출해 있고, 2020년 5월 현재, 2억8,000만 명의 일일 활동 이용자가 있다. 유료 가입자는 1억5,000만 명이 넘는다. 스포티파이의 비즈니스 모델은 독특하다. 일반적인 정액제 다운로드 서비스와 달리 스트리밍한 곡의 비율로 로열티를 지불한다. 총 수익의 70%를 권리 소유자에게 배분하고 나머지는 계약에 따라 나눠 갖는다.

## 팟캐스트로 진화하는 음원 강자 스포티파이

최근 스포티파이는 음악 스트리밍 플랫폼에서 팟캐스트로 그리고 미디어 플랫폼으로 진화하는 의미 있는 확장을 시도하고 있다. 월스트리트저널의 뉴스 팟캐스트(The Journal)는 물론, 마블, 넷플릭스 등 콘텐트 제작사들과 오리지널 콘텐트 관련 팟캐스트를 만들고 있다. 스포티파이의 오리지널 콘텐트 팟캐스트는 단순히 유통 채널을 하나 더 늘린다는 의미가 아닌, 이용자들에게 또 다른 오리지널 콘텐트를 제공하는 전략으로 볼 수 있다.

스포티파이가 제공하는 팟캐스트는 지금 당신이 이 글을 읽고 있는 순간에도 증가하고 있다. 2019년 말 기준, 50만여 개다. 스포티파이는 팟캐스트 분야 육성을 위해 과감한 투자를 하고 있다. 2019년 팟캐스트 업체 김렛미디어, 앵커, 파라캐스트 등을 9억 달러를 들여 인수했다. 2020년에도 2억5천만 달러를 투자해 스포츠 유명 팟캐스트 링거The Ringer를 인수했다.

1억8,900만 달러에 사들인 김렛미디어는 이전까지 팟캐스트 시장에서 가장 큰 거래였다. 김렛미디어는 〈리플레이 올Reply All〉, 〈홈커밍Homecoming〉 등 색깔 있는 팟캐스트로 한 달에 1,200만 회 다운로드를 이끌며 오디오 계의 HBO로 불리기도 했다. 김렛미디어의 이 같은 강점이 스포티파이를 명품 팟캐스트 플랫폼으로 키워줄 것이다. 비슷한 시기에 5,400만 달러를 들여 인수한 파라캐스트는 미스터리, 스릴러 음성 콘텐트 분야에서 수위를 다투는 팟캐스트다. 이와 함께 음성 콘텐트에 대한 투자도 계속하고 있다. 유명 배우인 마크 월버그Mark Wahlberg와 조단 필Jordan Peele이 만드는 팟캐스트도 준비되어 있고, 오바마 전 대통령 부부가 공급하는 팟캐스트도 제공된다.

음성 콘텐트의 질과 양을 모두 상승시키고 있는 스포티파이는 음성 콘텐트의 확장에 대해 자신감을 가지고 있다. 자동차나 집, 사무실에서 장소를 가리지 않고 들을 수 있다는 점이 확산에 더욱 힘을 실어줄 것이라는 이야기다.

팟캐스트는 사실상 무한 재생산 가능하다는 장점에 장기적 수익성도 매우 좋으리라 전망하고 있다. 스포티파이는 향후 35%의 영업 이익이 팟캐스트에서 발생할 수 있을 거라는 희망적인 분석을 하고 있다. 특히, 음악과 달리 기본적으로 구독 서비스 모델이라는 점이 스포티파이에게 큰 의미가 있다. 수익 역시 저작권료를 지급해야 하는 음악 스트리밍보다 높을 수밖에 없다. 2018년 2월 기준 스포티파이는 100억 달러의 음악 저작권료를 부담한 바 있다. 게다가 팟캐스트는 음악보다 유료 구독자 증가에 더 효과적이다. 노래는 평균 이용 시간이 4분 정도지만 팟캐스트는 평균 43분이나 된다.

## 인기 팟캐스트 조 로건, 1억 달러에 영입

2020년 5월 스포티파이가 또 한 번 과감한 투자를 했다. 스포티파이는 미국 최고의 인기 팟캐스트 진행자 중 한 명인 조 로건Joe Rogan과 1억 달러 규모의 다년 계약을 했다. 이 계약에 따라 이르면 2020년 연말부터 조 로건의 팟캐스트 〈The Joe Rogan Experience〉가 스포티파이에서만 독점 공급된다. 현재 이 팟캐스트는 구글 팟캐스트에서 들을 수 있다.

조 로건과의 계약은 스포티파이의 전략을 보여주는 매우 상징적인 사건이다. 오디오 플랫폼 팟캐스트에 대한 투자 의지와 함께 이 시장의 성장 가능성에 대한 스포티파이의 생각을 알 수 있기 때문이다. 스포티파이와 조 로건 모두 한국에서는 그리 큰 점유율을 가져가지 못하고 있지만, 미국이나 유럽 등에서는 그 영향력이 엄청나다.

스포티파이는 유료 스트리밍 서비스 가입자만 1억5,000만 명이 넘는다. 월간 이용자는 2억 명이 훌쩍 넘는 것으로 전해진다. 조 로건의 스포티파이 합류 소식에 주식 시장도 반응했다. 첫 소식은 2020년 5월 19일에 나왔는데, 뉴스가 공개되자마자 스포티파이의 주가가 5%가 올랐고, 화요일에는 무려 8.4% 상승한 상황에서 장이 마감됐다. 2018년 10월 이후 가장 높은 주가다.

스포티파이가 유료 구독자를 늘리고 있지만 아직은 광고가 주된 사업 모델이다. 광고 플랫폼으로서의 위치를 공고히 하기 위해서는 핵심 콘텐트가 필요한데, 팟캐스트 분야에서는 조 로건에게 기대를 걸고 있다. 코미디언이자 TV 호스트, 다양한 무술을 하는 퍼포먼서인 조 로건은 팟캐스트 분야의 가장 영향력 있는 인물 중 한 명이다. 특히 유튜브에서 〈The Joe Rogan Experience〉의 인기는 상당하다.

지난 2009년 론칭한 이 팟캐스트는 신경과학, 스포츠, 건강에서부터 코미디, 문화 등 다양한 영역의 주제들을 광범위하게 논의하면서 대중을 끌어모았다. 조 로건의 팟캐스트는 애플 팟캐스트 랭킹에서도 2위를 기록하고 있다. 물론 스포티파이로 이전되면 애플 팟캐스트 리스트에서는 사라진다. 로건은 스포티파이와의 계약이 발표된 이후 밝힌 성명에서 "우리는 스포티파이에서도 같은 멤버들과 계속 함께할 것"이라며 "세계에서 가장 큰 오디오 플랫폼에서 서비스하는 점만 다르다"라

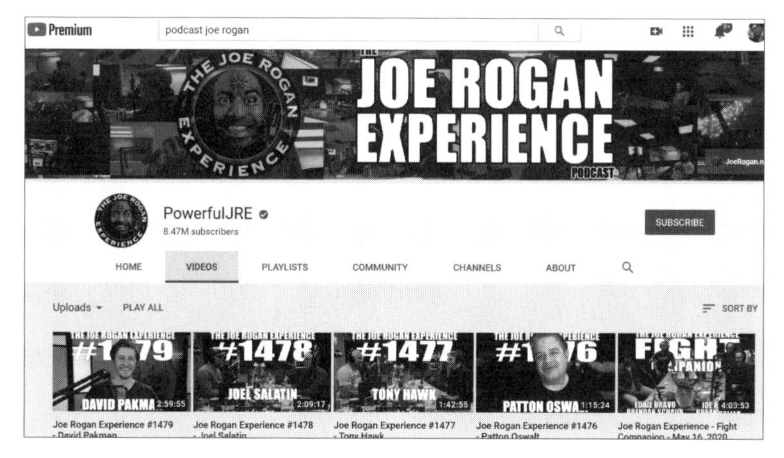

조 로건의 유튜브 팟캐스트

고 언급했다.

로건의 팟캐스트는 음성 콘텐트 업계에서 최고의 투자 가치를 인정받고 있다. 경제 전문지 포브스에 따르면 로건의 팟캐스트는 1년 광고로만 3,000만 달러를 벌어들인다. 그가 가진 유튜브 구독자만 850만 명이며 매달 1억9,000만 번의 다운로드가 이뤄진다. 이에 스포티파이는 로건의 열혈 독자(대부분 남성)들을 자사의 플랫폼으로 끌어오기 위해 이 같은 거액의 투자를 했다. 더 많은 로건의 독자가 모일수록 스포티파이는 더 많은 광고를 유치할 수 있을 것이다. 이들이 스포티파이에서 다른 콘텐트도 들을 가능성도 크다.

스포티파이의 공격적 행보에 다른 회사들도 움직이고 있다. 특히, 로건의 전체 구독자 60%를 확보했던 애플의 경우, 그의 부재를 메울 방법을 고민 중이다. 특히 팟캐스트 시장에서 1위 자리를 공고히 했던 만큼, 스포티파이의 추격을 따돌릴 방법을 찾고 있다.

## 다양한 플랫폼과의 협업, 진화하는 스포티파이

2019년 11월 스포티파이는 넷플릭스와 함께 오리지널 팟캐스트도 내놨다. 첫 작품의 제목은 〈The Only Podcast Left〉다. 이 팟캐스트는 세기말의 암울한 세계를 다룬 드라마 〈데이브레이크Daybreak〉를 배경으로 하는데, 쇼 진행자는 〈데이브레이크〉의 대표 작가인 아론 콜리테Aron Coleite다. 내용은 〈데이브레이크〉에서 담지 못한 이야기들과 세기말의 암울한 세계를 추가 설명하는 것이 주를 이룬다.

〈데이브레이크〉를 시작으로 스포티파이는 넷플릭스와 다양한 팟캐스트를 준비 중이다. 전직 베니티 페어 잡지의 에디터가 진행하는 〈Present Company with Krista Smith〉, 전설적인 흑인 배우와 영화를 소개하는 〈Strong Black Legends〉, 영화 제작자가 직접 출연해 비하인드를 소개하는 〈You Can't Make This Up〉 등이 방송을 대기하고 있거나 방송됐다. 이들 모두 넷플릭스 오리지널 콘텐트를 기반으로 하는 스포티파이의 음성 콘텐트로의 확장이다. 스트리밍 글로벌 1위 사업자 넷플릭스가 음성 콘텐트로의 확장을 스포티파이와 함께 준비한다는 건 큰 의미가 있다.

스포티파이는 뉴미디어와도 협업하고 있다. 바이스 미디어Vice Media는 수익 다변화를 위해 스포티파이에 뉴스 팟캐스트를 독점 공급한다고 밝혔다. 이 팟캐스트 뉴스는 내러티브와 토크 그리고 탐사 보도 콘텐트도 담을 예정이다. 특히 2020년 미국 대통령 선거와 관련한 다양한 사건들도 커버한다. 첫 번째 팟캐스트 뉴스가 지난 2019년 11월 12일 공개됐는데, 제목은 〈Uncommitted: Iowa 2020〉였다. 12편의 에피소드로 구성된 이 시리즈는 아이오와 민주당 대선 유세에 관한 역사와 진행 과정을 소개했다. 두 번째 콘텐트는 미국의 마약성 진통제 오피오이드opioid에 관한 위기를 다룬 콘텐트로 아직 제목이 정해지지 않은 8부작 시리즈다. 미국에서 가장 치명적인 마약인 펜타닐의 실화를 밝혀내 오피오이드 위기를 집중 조명한다. 그 외 세 번째 협업 콘텐트는 2020년 말 공개할 예정이다. 이 글을 쓰고 있는 지금까지 제목이나 구체적인 내용이 확정되지 않았지만 국제 정치 관련 작품이라고 알려져 있다.

# 체다,
# 밀레니얼을 위한 경제뉴스

체다Cheddar는 라이브 스트리밍 경제뉴스 채널이다. 이른바 밀레니얼 세대를 위한 CNBC(NBC의 경제뉴스 채널)로 불리기도 한다. 그만큼 젊은 세대를 위해 재미있고 쉽게 풀어쓴 경제뉴스가 많다. 영상 문법도 젊은 세대가 익숙한 포맷으로 구성됐다. 채널 개국 초기에는 뉴욕증권거래소에서 '체다'와 '체다 빅뉴스'라는 뉴스 프로그램을 방송했다. 이후 2016년에는 트위터와 증시 개장 전과 폐장 후 분위기를 소개하는 프로그램 방송 계약을 맺기도 했다.

체다는 개국 당시부터 밀레니얼 세대를 위한 스트리밍 경제뉴스에 집중했으며, 로쿠, 훌루, 아마존 트위치Twitch, 슬링TV 등 가상 유료방송 플랫폼VMVPD에 널리 진출했다. 하나의 플랫폼으로부터 프로그램 사용료를 받는 대신, 여러 플랫폼에 진출하는 방식을 택했다.

주제는 스트리밍에 맞도록 '오늘의 주요 이슈'나 '어떻게 하면 휴일

연말 선물용 상품을 소개하는 체다 비즈니스 채널

여행비용을 아낄 수 있나'와 같은 작은 주제들에 집중했으며, 한 편당 길이도 특별한 경우가 아니면 30분을 넘지 않도록 구성했다. 이와 함께 전통적인 케이블TV 회사와도 협상, 2019년 초 뉴욕 지역 케이블TV 방송인 스펙트럼Spectrum에도 송출에 성공했다.

현재까지는 케이블TV 스트리밍 방송의 주된 수익원은 광고다. 체다는 기본적으로 무료 서비스지만, 지난 2016년에 유료 온라인 구독 서비스를 내놓기도 했다. 구독 서비스의 기본 원칙은 제공하는 콘텐트의 질적, 양적 차이이다. 일반 무료 고객에게는 짧은 콘텐트가 제공되지만, 유료 독자들에게는 풀 버전의 콘텐트를 서비스한다.

2019년 4월, 알티스USA가 체다를 인수했다. 둘의 협력 관계는 2017년부터 시작되었는데, 당시 알티스USA가 체다에 투자하고 뉴스12News12 채널에서 체다의 콘텐트를 방송했다. 이후 체다의 경제 콘텐트는 알티스USA의 또 다른 뉴스 채널인 아이24뉴스i24News(이스라엘, 아랍, 유럽 뉴스)를 통해 뉴욕, 텔아비브, 프랑스 파리 등에 송출됐다. 당시 체다는 알티스USA 이외에도 다양한 기업으로부터 투자금을 조달했다. 그만큼 비즈니스 모델이 매력적이라는 이야기다.

체다 채널의 가장 큰 특징은 현장성에 대한 강화다. 뉴욕증권거래소NYSE, 나스닥NASDAQ, 백악관 잔디밭, 워싱턴 의회 브리핑룸 등에서 경제와 새로운 기술, 서비스에 대해 보도한다. 그중에서도 가장 인상적인 장면은 뉴욕증권거래소 계단에서의 진행이다. 매일 그곳에서 2시간씩 라이브로 뉴스를 진행하는 것으로 유명하다. 이 뉴스는 유튜브, 아마존 프라임 비디오를 통해 볼 수 있고 오디오 콘텐트로도 송출된다.

2019년 말 현재 체다의 시청자는 1억5,000만 명 정도로 추산된다. 특히 페이스북을 통해 체다를 보는 이용자 중 60% 정도가 35세 이하일 만큼 젊은 층에 큰 호응을 받고 있다.

### 체다, 페이스북 라이브로 첫 시작

체다는 2016년 4월 11일, 한 시간 분량의 페이스북 라이브로 첫 방송을 시작했다. 같은 해 5월에는 여성들을 위한 디지털 미디어인 버슬Bustle과 함께 엑스트라 샤프Extra Sharp라는 프로그램을 시작했다. 그 프로그램 역시 경제와 관련된 것이었다. 이후 2016년 11월까지 다섯 개의 30분짜리 프로그램(자동차, 스마트 지출, 부동산, 개인 금융, 체다 트레이딩)을 개발해 방송했다. 2016년 9월에는 트위터와 계약하고 뉴스를 실시간으로 보고 토론할 수 있는 사이트를 운영하기도 했다. 2017년 1월에는 배니티 페어Vanity Fair's Hive business news, 컨데나스트Conde Nast Entertainment와 파트너십을 맺고, 'VF Hive on Cheddar'라는 프로그램도 만들었다. 배니티 페어의 편집자 그레이든 카턴Graydon Cartern은 이 프로그램에 대해 "예전보다 더 극악하게 소비하는 사람을 위한 프로그램"이라고 설명했다.

2017년 4월에는 송출 영역을 더욱 넓혀 미국 5개 지역 디지털 UHF 지상파 채널에도 진출했다. 이 채널은 디지털 안테나를 통해 해당 지역에서 쉽게 시청할 수 있어서 경제에 관심 있는 젊은 층에 꽤 인기가 있었다. 같은 해 6월에는 유니비전Univision의 퓨전 미디어 그룹Fusion Media Group과 계약, 매일 오후 케이블TV에서 2시간씩 경제 방송을 했다. 이 프로그램은 케이블TV 가입자뿐만 아니라, 디렉TV 등 위성방송, 인터넷 기반 유료방송(IPTV, VMVPD)에서도 시청할 수 있었다. 덕분에 미국 스마트TV 보유 가구의 60%가 체다의 시청권 안에 들어왔다.

이 무렵 체다는 1,900만 달러 규모의 3차 투자 계획을 밝혔다. 이때 AT&T, 아마존, 알티스USA, 뉴욕증권거래소 등이 투자자로 들어왔다. 이때 체다는 8,500만 달러의 기업 가치를 인정받으며 약 3,200만 달러의 투자금을 모으는 데 성공했다.

2018년 3월, 체다는 추가 투자 계획을 밝히고 국제화를 선언했다. 24시간 뉴스 스트리밍 채널 체다 빅뉴스CBN와 스냅챗 디스커버 전용 채널을 개설하겠다는 계획을 발표해 2,200만 달러를 모았다. 기업 가치도 2억 달러 가까이 상승했다. 2018년 4월, 체다는 라이브 스트리밍 서비스 사업자인 훌루에까지 채널을 확장했다. 유튜브TV에 이어 1, 2위 라이브 스트리밍 서비스에 모두 진출한 것이다.

2018년 5월부터는 대학생층을 집중적으로 공략하기 시작했다. 체다는 바이어컴의 대학교 채널인 'MTV 네트웍스 온 캠퍼스MTVU'를 인수해 〈체다UCheddarU〉를 선보이기도 했다. 체다U는 600곳 이상의 대학에서 900만 명에 이르는 대학생들에게 체다 빅뉴스의 주요 뉴스를 매일 전달한다. 2019년 1월에는 라이브 채널의 명칭을 '체다 비즈니스'와 '체다 뉴스'로 바꾸고 경제뉴스 이외의 분야로 영역을 확장했고, 2019년 4월 30일에 케이블TV 사업자 알티스USA에 현금 2억 달러에 인수되었다. 당시 알티스USA는 뉴스 분야를 강화하기 위해서라고 밝혔다. 이 거래 후 체다의 창업주 존 스타인버그는 체다와 알티스USA의 '뉴스 12 네트워크'와 'i24 뉴스'를 감독하는 알티스 뉴스 책임자에 올랐다.

### 체다, 2020 대선을 준비하다

경제 전문 스트리밍 방송이었던 체다가 2020년 미국 대선에 대비해 정치 관련 프로그램을 준비하고 있다는 소식이다. 창업주인 존 스타인버그는 인터넷 미디어인 버즈피드의 대표와 COO를 역임하면서 정치에 해박하다고 한다. 코로나 바이러스로 상황이 조금 달라지긴 했지만, 연말에는 대선 분위기로 돌아오리라는 것이 체다의 전망이다.

이 프로그램은 워싱턴 D.C에서 제작된다. 이를 위해 존 스타인버그는 알티스USA 뉴스 부문 부사장 피터 체루쿠리와 협업 관계를 유지하고 있다. 체루쿠리는 정치 분야 취재의 베테랑인데, 폴리티코Politico, 허프포스트HuffPost, 롤 콜Roll Call, 내셔널 저널National Journal 등에서 수년간 정치 분야를 취재했다. 정치 프로그램은 밀레니얼 세대를 위해 만들어질 예정인데 모바일 시청에 적합한 30분 정도의 길이로 제작된다. 현재까지 정확한 포맷은 알려지지 않았으며, 인터뷰와 여러 명을 초청해 진행하는 라운드 테이블 형식이 될 것으로 보인다.

# 스포츠 팬들을 위한 스트리밍으로 승부한다

### 데릭 지터가 만든 선수들의 미디어, 플레이어스 트리뷴

2019년 11월, 뉴욕 양키스의 유격수였던 데릭 지터Derek Jeter가 창간한 플레이어스 트리뷴The Players' Tribune이 미뉴트 미디어Minute Media에 인수됐다. 2014년 창간된 플레이어스 트리뷴은 선수들이 직접 쓰는 선수 관련 디지털 미디어로, 1인칭 시점으로 기사를 써 화제가 됐다. 미뉴트 미디어는 전 세계 스포츠 뉴스를 전달하는 디지털 전문 미디어다. 아사프 페레드Asaf Peled 미뉴트 미디어 CEO는 "플레이어스 트리뷴과 미뉴트 미디어의 전 세계적인 영향력이 결합한다면 두 브랜드 모두 한 단계 전진할 수 있을 것으로 믿는다"고 말했다.

플레이어스 트리뷴은 선수들이 직접 쓰는 기사여서 현장감이 뛰어났고, 무엇보다 성공에 대한 소식보다 실패에 대한 경험이 가슴에 와닿

플레이어스 트리뷴 홈페이지

을 때가 많았다. 문제는 ESPN이나 애슬레틱Athletic 등 대형 스포츠 분야 미디어들과 치열한 경쟁을 해야 한다는 점이었다. 텍스트 기사뿐만 아니라 영상 제작 등 콘텐트 포맷도 다양화했는데, 투자한 만큼의 수익이 나오지 않아 어려움이 많았다.

이번 매각도 생존과 한 단계 업그레이드를 위해 어쩔 수 없는 선택이었다. 제프 레빅Jeff Levick 플레이어스 트리뷴 CEO는 "이 같은 결정은 치열한 미디어 시장 경쟁에서 성장을 계속하기 위한 전략적 결정"이라며 "이번 매각으로 미뉴트 미디어가 개발한 첨단 기술을 활용할 수 있게 됐다"고 말했다. 매각 후 데릭 지터는 선수들이 기사를 쓸 수 있도록 설득하는 등 자문 역할로 회사에 남아 미뉴트 미디어 이사회의 일원이 된다.

미뉴트 미디어는 이스라엘을 기반으로 사업을 시작했는데, 대부분의 사업은 미국에서 하고 있다. 국제 축구 전문 사이트 90min, e스포츠를 다루는 DBLTAP 등을 소유하고 있으며, 가넷 미디어로부터 미국 스포츠 전문 뉴스 사이트 빅 리드The Big lead를 인수하기도 했다. 벤처투자 및 골드만삭스로부터 1억1,600만 달러의 자금을 유치한 미뉴트 미디어의 연간 매출액은 1억 달러 정도인 것으로 알려졌다.

### 스포츠 스트리밍 사업자 DAZN, 구독자 800만 명 돌파

2019년 말 글로벌 스포츠 스트리밍 서비스 DAZN의 가입자 수가 800만 명을 넘었다는 소식이 전해졌다. 미국과 해외 구독자를 합친 숫자지만 엄청난 성과다. DAZN 가입자는 2019년 들어 급증해 6개월 만에 두 배가 됐다. 지난 2016년에 설립된 DAZN은 영국 런던에 본사를 둔 업체로, 구독 기반으로 스포츠 경기와 관련 프로그램을 중계하고 있다. DAZN은 2019년 초 브라질과 스페인 사업 개시 이후 9개국으로 서비스를 확대했으며, 미국 가입자가 약 10%를 차지한다. DAZN 측은 "우리는 공식적으로는 가입자 집계를 하지 않는다. 하지만 빠른 성장세를 보이고 있다"고 말했다.

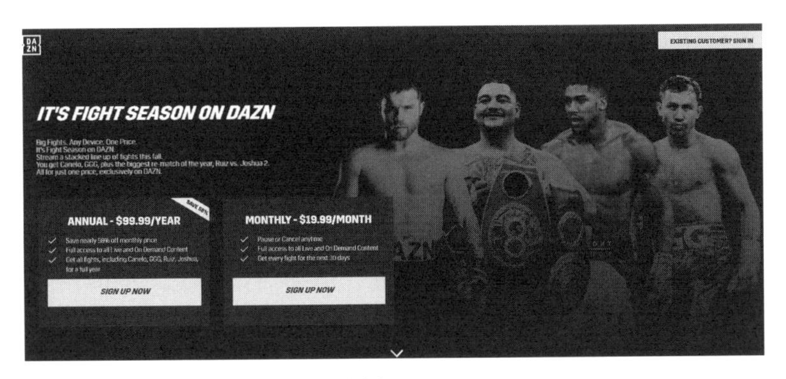


DAZN 홈페이지, 1년 구독료는 99.99달러다

DAZN은 전 세계적으로 다양한 중계권을 보유하고 있다. 중계권 종류만 20여 개가 넘는다. 여자 월드컵 축구 중계를 독일에서 할 수 있는 권리를 가지고 있고, 일본과 이탈리아 등에서 메이저리그 야구를 중계할 수 있는 권리도 보유하고 있다. 일본에서 미국 NFL을 중계할 수 있는 권리도 가지고 있다. 그러나 미국에서는 뒤늦게 사업을 시작한 만큼 NFL 등 주요 중계권을 가져오지는 못했지만, 복싱부터 배구까지 보유한 중계권의 종류가 다양하다.

세계적인 선전으로 기업 가치도 해마다 오르고 있다. 2018년 12월 기준, DAZN의 기업 가치는 30억 파운드에 달했다. 2019년 5월, 애플리케이션 분석 업체 센서타워는 DAZN의 공식 애플리케이션 매출이 2018년 같은 달보다 950% 증가했다고 밝혔다.

2016년 론칭한 DAZN은 독일, 일본, 오스트리아 등에서 첫 사업을 시작했다. 스포츠 스트리밍 방송의 특성상 중계권 확보가 필수적인데, 비교적 권리 확보가 용이한 국가들이었기 때문이다. 경쟁 사업자인 ESPN+가 2018년 4월에 미국을 첫 서비스 국가로 삼았던 것과는 다른 흐름이다. 2020년 현재, ESPN+의 가입자는 700만 명 정도다. 그러나 상당수가 디즈니+와의 번들 상품 계약자여서 단독 가입자는 400만 명 수준인 것으로 알려졌다.

현재 DAZN의 회장은 과거 ESPN의 전성기를 이끌었던 존 스키퍼John Skipper다. 불미스러운 일(마약)로 ESPN을 그만둔 뒤 스타트업에 가까운 DAZN에 합류했다. 그가 DAZN에 합류한 이후, 회사가 빠르게 성장하고 있다. 존 스키퍼는 2019년 코드미디어Codemedia 세미나에서 "DAZN이 해외에서 성장 가도를 달리고 있지만, 미국에서 제대로 자리 잡기 위해서는 NFL 중계권이 필요하다며 이를 확보하기 위해 온 힘을 다하겠다"고 밝혔다. 존 스키퍼는 2022년에 만료되는 AT&T의 단독 중계권을 확보하기 위해 노력하고 있는데, 현재 DAZN과 NFL의 협상이 막바지에 이른 것으로 알려졌다. AT&T가 NFL 일요일 경기를 중계하는 자회사 디렉TV의 부실을 이유로 중계권을 포기할 위기에 있기 때문이다.

DAZN은 확장 속도가 매우 빠르다. 스트리밍 서비스가 확대되면서 특정 장르에 집중하는 전문 사이트가 인기를 끌고 있기 때문이다. 2018년 8월에는 이탈리아 프로축구 114 경기의 중계권을 확보했고, 2019년 1월에는 캐나다와 미국에서 AFC 아시안 컵을 중계할 수 있는 권리도 구입했다.

DAZN은 소셜 미디어 서비스 스냅챗에서 복싱 중계와 관련한 2개의 프로모션 쇼를 출시했다. 경기를 홍보하기 위해서다. DAZN이 스냅챗에 경기 중계 관련 채널을 여는 건 처음이었다. 첫 번째 프로그램은 〈DAZN Fight Week〉라는 데일리 스포츠 뉴스 쇼다. 이 프로그램에는 격투기 하이라이트와 토요일 경기를 준비하는 선수들의 영상 등이 공개된다. 두 번째 쇼는 〈DAZN Fight Night〉다. 이 프로그램 역시 경기 준비 영상과 하이라이트 등이 제공된다. 이 프로그램들은 모바일의 특성상 5분~10분 사이로 이뤄져 있다.

### 글로벌 진출을 가속하는 DAZN

ESPN+가 미국 내수 시장에 집중하는 사이 DAZN은 해외에 올인했다. DAZN은 2020년 5월 현재 글로벌 200여 개 국가에 스트리밍 준비를 하고 있다. 이를 위해 글로벌 중계권 확보에도 적극적이다. 존 스키퍼 의장은 월스트리트저널과의 인터뷰에서 "독일과 일본 등에서 스포츠 중계권을 확보 중"이라며 "우리는 상당수의 스포츠 중계권을 가지고 있고 적어도 3~4년 안에는 아무도 따라오지 못할 것"이라고 말했다. DAZN은 해마다 해외 스포츠 중계를 위해 10~15억 달러를 쓰고 있는데, 경쟁사에 비하면 매우 높은 금액이다.

DAZN의 해외 진출 방식은 앞서 이야기했듯이 조금 다르다. 미국 경기를 해외에 스트리밍하기도 하고, 해외 스포츠 리그를 다른 나라에 중계하기도 한다. 그야말로 진정한 글로벌 스트리밍 사업이다. 미국 시장이 아닌 해외 시장에 집중하면서 매출도 상승하고 있다. 매달 10~20달러의 구독료를 받는 DAZN은 2019년 4분기에 3억 달러의 매출을 올렸다. 존 스키퍼 의장은 "미국 스포츠 중계권 시장은 대형 기업들이 장기간 계약을 하는 경우가 많아 진입이 어렵다"고 언급했다.

한편 최근에는 해외 중계 시장도 치열해지고 있다. 컴캐스트의 자회사 스카이 스포츠Sky Sports는 영국 프리미어리그의 영국 내 스트리밍 권한을 가지고 있다. 디스커버리Discovery는 올림픽의 유럽 중계권을 확보 중이다. 디즈니의 경우, 인도 내 스트리밍 자회사인 '핫스타'를 앞세워 현지 최고 인기 스포츠인 크리켓cricket의 중계권을 확보했다. 최근에는 아마존도 해외 스포츠 중계 시장에 뛰어들어 프리미어리그 축구 경기를 독일과 영국에 온라인 스트리밍할 수 있는 권한을 확보했다.

# 4

# 새로운 미디어 시장 생태계

STREAMING

# 영토를 확장하는 지역 방송 사업자

지난 2015년에서 2019년 사이 미국 지역 방송국의 96%가 5개 미디어 그룹으로 편입됐다. 2019년~20년의 미국 방송 시장 변화도 이 흐름과 같이했다. 회사들이 합치고 서비스들이 연합했다. 지역 뉴스 시장이라고 예외는 아니었다. 이와 함께 미국 지역 방송은 코로나 바이러스 대유행으로 상당한 위기에 빠졌다. 뉴스 시청률은 올라갔지만, 광고 매출은 급감했다. 스트리밍 서비스로 이전한 시청자들은 돌아올 기미가 없다. 그래서 지역 방송의 변화는 과거보다 더 급속히 진행됐다. 여기에 언급하는 방송사들의 움직임은 대부분 코로나 바이러스 이전에 완성됐거나 발생한 사례들이다. 하지만, 코로나 바이러스 대유행이 기업들의 이 같은 생존 전략을 더욱 가속할 것이라는 점에서 그들의 움직임과 그에 따른 전략을 다시 보는 일은 매우 중요하다. 과거의 발자취를 통해 미국 방송의 미래를 예측해본다.

## 싱클레어의 영역 확장

2019년 8월, 미국 최대 규모 지상파 방송 네트워크 싱클레어Sinclair Broadcast Group가 폭스의 지역 스포츠 채널 네트워크를 인수했다. 디즈니의 폭스 인수 이후 이뤄진 후속 거래다. 싱클레어는 지역 네트워크부터 디지털 채널, 스트리밍까지 다양한 부문의 방송 매체를 거느린 거대 기업이다. 미 전역에 163개 TV 스테이션을 가지고 있고, 77개 지역에 진출해 있다. 미국 지역 내 커버리지Coverage만 38.7%에 달한다. 이 인수로 싱클레어는 지역 방송사 191개, 지역 스포츠 채널 23개, 방송 권역은 89개 지역으로 늘었다. 싱클레어 역대 최대의 커버리지를 완성했다. 넥스타Nexstar가 트리뷴을 인수하면서 2위로 밀렸지만, 그 전까지는 미국 내 1위 지역 사업자였다.

싱클레어는 수년 전부터 영역 확장을 지속 추진해왔다. 2018년에는 트리뷴 미디어로부터 방송국 40여 개를 더 사들이려다가 시장 독점을 우려한 연방통신위원회에 의해 제지당하기도 했는데, 이와 관련해

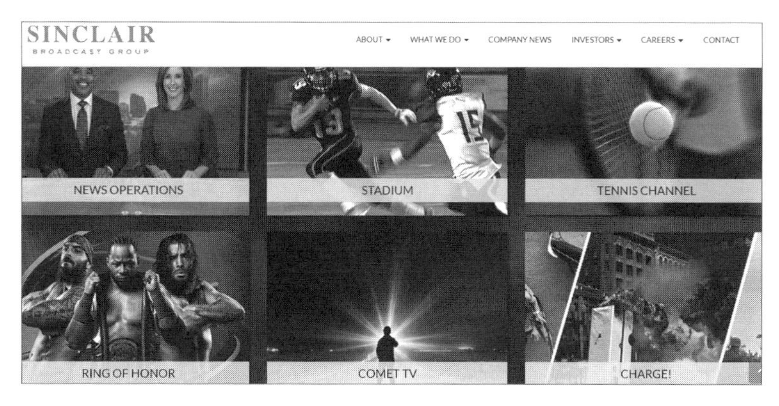


싱클레어의 홈페이지

2020년 5월 8일 연방통신위원회로부터 역대 최고 수준인 4,800만 달러의 과징금을 부여받았다. 인수 추진 당시, 매수 및 부정행위가 사후에 적발되었기 때문이었다. 트리뷴 매입 시도가 중단된 이후 주춤하더니 이번에 드디어 폭스의 지역 스포츠 네트워크 인수를 성사시켰다. 싱클레어는 스포츠 부문 육성에 집중하고 있다. 인수 금액은 96억 달러인데, 시장 가치가 100억 달러 이상이라는 평가를 받았다.

이 인수는 디즈니의 폭스 인수 이후 제기된 독점 우려 때문에 성사되었다. 디즈니가 전국 단위인 ESPN 등을 보유한 상태에서 폭스를 810억 달러에 인수했기 때문이었다. 미식축구를 중계하는 폭스도 지역 스포츠 시장 점유율이 상당히 높았다. 그 때문에 방송통신위원회는 인수 이후 독점 우려가 있으니 뉴욕을 제외한 지역 스포츠 채널을 분리하라고 명령했다.

방송통신위원회가 강제 매각을 명령했지만, 디즈니도 원하는 결론이었다. 폭스 인수로 지역 스포츠 채널까지 인수했지만 큰 실익은 없다고 판단했기 때문이다. 디즈니가 싱클레어에 팔아치운 21개 스포츠 네트워크는 로스앤젤레스, 디트로이트 등 미국 동부와 서부 대도시의 지역 스포츠 방송망이다. 지역 스포츠 채널 등 지역 네트워크를 중시하는 싱클레어의 경우, 과거 폭스가 갖고 있던 알짜 네트워크를 손에 넣는 일을 주저할 이유가 없었다. 싱클레어는 폭스의 지역 스포츠 중계 채널을 인수함으로써, 지역 스포츠 및 대학 스포츠 중계의 최강자로 떠올랐다. 네바다 지역에도 NSN Nevada Sports Network 이라는 지역 계열사를 거느리고 있다. NSN은 네바다 지역 스포츠 경기에 빠짐없이 등장한다.

## 우리는 지역과 스포츠에 집중한다

'피의 바다sea of blood' 폭스의 지역 네트워크를 인수한 이후, 싱클레어의 크리스 리플리Chris Ripley CEO가 NBC 뉴스 인터뷰에서 미국 스트리밍 방송 전쟁에 대해 언급한 내용이다. 싱클레어는 미국에서 가장 영향력 있는 지역 방송 네트워크다. 폭스 스포츠 채널 인수 이후 아마존과 함께 뉴욕 지역 스포츠 네트워크인 YES도 사들였다. 크리스 리플리의 NBC 뉴스 인터뷰 중 일부를 인용해 본다. 싱클레어의 움직임은 한국의 상황과도 무관치 않다.

크리스 리플리는 스포츠 분야에 더 많은 자금을 투입하겠다고 밝혔다. 리플리는 "RSN이 많이 성장했고, 스포츠 베팅이 전국적으로 합법화되었기 때문에 이 분야가 더 많이 성장할 것으로 보고 있다"며 "10억 달러 정도의 추가 자금이 이 시장에 들어올 것"이라고 설명했다. 아울러 최근 격화되고 있는 방송사들의 스트리밍 전쟁에 대해서도 언급했다. 지역 네트워크인 싱클레어 입장에서는 스트리밍 서비스의 확산이 달가울 리 없다. 오히려 위기로 다가올 수 있다. 싱클레어 채널을 통하지 않고 방송사들이 바로 시청자에게 콘텐트 제공할 수 있기 때문이다. 리플리 CEO는 "최근 5년 전부터 스트리밍 서비스가 확산되고 있다"며 "이게 바로 우리가 지역 스포츠와 로컬 뉴스를 해야 하는 이유"라고 설명했다. 리플리는 "우리는 그곳이 피바다가 될 것이라 생각한다"며 "우리같이 작은(?) 회사가 견딜 수 있는 곳이 아니며, 그 점이 의식적으로 스포츠와 뉴스에 집중하게 했다"고 덧붙였다.

싱클레어는 앞으로도 자사의 스트리밍 서비스를 론칭할 생각이 없다. '스티어STIRR'라는 스트리밍 서비스를 보유하고 있지만 지역 뉴스를 통합해 하나의 애플리케이션에서 스트리밍으로 제공하는 서비스다. 오히려 지역을 전국으로 부각시키는 형태다. 다만, 스트리밍이 대세가 되면 거기에 콘텐트를 공급하는 방침에는 변함이 없다.

싱클레어는 RSN에 정치 광고를 유치하는 정책에 대해서도 적극적이다. 사실, 미국에서는 가치중립을 내세우는 스포츠 채널에 정치 광고를 집행하는 것에 대해 항상 논란이 있었다. 이에 대해 리플리 CEO는 "정치 광고가 RSN의 광고 수익 기반을 넓힐 좋은 기회라고 생각한다"며 "스포츠 채널들은 몰입도가 높은 청중들을 보유하고 있고, 광고주들의 관점에서 볼 때 그 청중들을 겨냥하지 말아야 할 이유가 없다"라고 말했다.

## 넥스타와 트리뷴의 합병, 지역 방송 최대 사업자 등극

2019년 9월 미국 지역 방송 업계에 큰 이벤트가 있었다. 방송 통신 규제기관인 연방통신위원회가 넥스타의 트리뷴 미디어 인수를 승인하겠다고 밝힌 것이다. 승인 신청을 한 뒤 정확히 210일 만인데, 41억 달러의 거래였다.

이 인수로 115개 권역에서 197개 방송사를 거느린 미국 역사상 가장 큰 지역 미디어(넥스타-트리뷴 통합법인)가 탄생했다. 지역도 뉴욕, LA, 시카고 등 미국 동·서부 주요 지역이 모두 포함되어 있다. 기존 지역 방송 1위였던 싱클레어는 2위로 밀려났다. 그러나 매출 기준으로는 싱클레어가 42억 달러, 넥스타가 30억 달러로 싱클레어가 1위다.

지역 방송의 독과점을 가속할 수 있는 문제인 만큼 연방통신위원회

| NEXSTAR | SINCLAIR | TEGNA | FOX | VIACOMCBS | COMCAST | GRAY |
|---|---|---|---|---|---|---|
| NUMBER OF STATIONS | | | | | | |
| 197 | 191 | 49 | 17 | 29 | 11 | 109 |
| % US COVERAGE (BY DMA) | | | | | | |
| 63% | 39% | 39% | 38% | 38% | 37% | 24% |
| TOTAL REVENUE (2019) | | | | | | |
| $3.0b | $4.2b | $2.3b | $11.4b | $15.3b | $103.7b | $2.1b |
| BROADCAST REVENUE | | | | | | |
| $3.0b | $2.7b | $2.3b | $2.4b | $2.2b | $2.1b | $2.0b |
| BROADCAST REVENUE FROM ADVERTISING | | | | | | |
| $1.4b | $1.3b | $1.3b | $1.6b | $1.5b | $1.4b | $1.2b |

미국 지역 방송사 현황과 매출 (2019년 말 기준) (출처: 버라이어티)

도 신중했다. 당시 연방통신위원회 상임위원들은 표결을 거쳐 3:2로 합병을 승인했다. 2018년 12월부터 끌어오던 이슈였는데, 지역 미디어 소유 규제 상한에 근접한 시장 점유율 때문이었다. 원래 트리뷴은 싱클레어와 매각 협상을 벌였지만, 점유율 문제를 풀지 못해 성과를 내지 못했다. 넥스타는 이 점을 의식해 인수 이후 21개 방송국을 매각하겠다고 밝혔는데, 이 부분이 연방통신위원회 검토에서 받아들여졌다.

연방통신위원회가 독점 우려에도 불구하고 합병을 허락한 이유는 '지역 방송사'의 어려움 때문이다. 미국 지역 방송사들은 구글, 페이스북, 아마존 등 거대 IT기업의 등장으로 광고 매출이나 구독자 확보에 큰 어려움을 겪으며 생존 위기에 놓여 있다.

결과적으로 넥스타가 합병에 성공하면서 미국 지역 미디어 시장은 싱클레어와 넥스타-트리뷴 미디어 양대 회사가 나눠 갖게 됐다. 두 회사의 점유율을 합치면 전체 미국 가구의 78%가 넘는다. 때문에 지역 미디어 독점을 우려하는 측과 여러 시민 단체들의 반발을 불러일으키고 있다. 합병 허가 당시 제프리 스타크스 연방통신위원회 상임위원은 "이런 대형 방송사를 허용하는 것은 경쟁과 지역주의, 다양성의 추구를 원하는 우리의 기본 방침과 배치된다"고 말했다.

# 언론 미디어,
# 변하지 않으면 죽는다

2019년 말부터 2020년 초까지 언론 미디어 업계는 대변혁을 겪었다. 많은 언론사가 합쳐졌고 오디오 저널리즘(월스트리트저널+스포티파이), 영상 저널리즘(뉴욕타임스+VOX), 스트리밍 사업자(퀴비+피콕)의 협업 등 새로운 비즈니스 모델도 나왔다. 결국 이들의 변화 노력은 새로운 시장 질서에 적응하기 위해서였다.

유튜브, 소셜 미디어의 급부상과 구독 미디어(스트리밍)의 확산은 기존 매체들에 고통으로 다가왔다. 구독자가 떨어지고 광고 플랫폼으로서의 지위를 잃으면서 전통 미디어 언론에게는 겨울이 찾아왔다. 언제 벗어날지 모르는 겨울이다. 특히, 코로나 바이러스라는 가장 큰 시련을 만나면서 강요된 변화가 현실이 됐다.

여기서 언급하는 언론사들이나 소셜 미디어 그룹의 변화는 2020년 3월 코로나 바이러스가 대유행하기 전 급박하게 벌어졌던 일들이다.

그래서 코로나 바이러스 이후 중단된 변화도 있고 방향이 달라진 경우도 있다. 그러나 코로나 바이러스가 많은 것을 바꿨고 앞으로도 바꾸겠지만 결국 해답은 '새로운 질서'다. 새로운 질서를 찾아가는 그들의 모습과, 달라질 세상에 적응하지 못한 그들의 현실을 보며 우리의 해답을 찾으려 한다.

### 숏폼 정치 스트리밍 방송 리카운트

2020년 3월, 숏폼 콘텐트 미디어 스타트업인 리카운트 미디어Recount Media가 1,300만 달러의 자금 유치에 성공했다. 신생 동영상 스트리밍 매체에 불과한 기업으로선 이례적인 금액이다. 리카운트는 전직 기자인 존 바텔John Battelle, 존 하일레만John Heilemann이 설립한 정치 분야 취재 보도 전문 동영상 숏폼 사업자다. 주로 대통령, 의회 등 워싱턴 정치인들을 취재하고, 이를 숏폼 형식에 맞게 5~10분짜리 동영상으로 만들

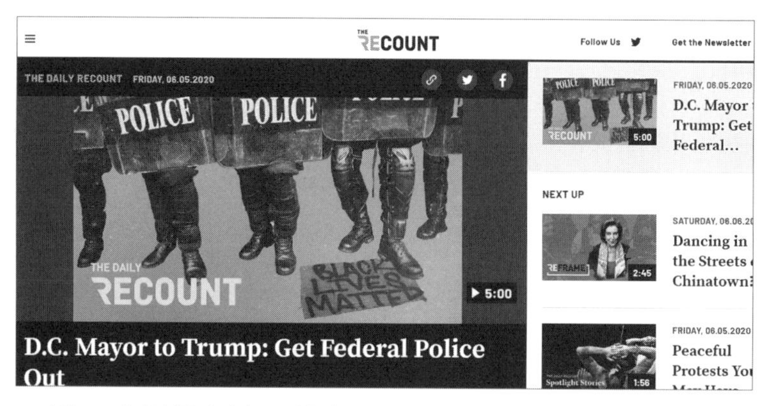

숏폼 스트리밍 플랫폼인 리카운트의 홈페이지

어 서비스한다. 최근 미디어 스타트업에 대한 인기가 식은 상황에서 이번 자금 유치는 큰 의미가 있다. 투자자 중에는 미디어 대기업도 포함된 것으로 전해진다. 그만큼 리카운트의 상장 가능성을 크게 본 것이다.

리카운트에 따르면 투자에 동의한 미디어 기업 중 일부는 단순한 재무적 조력자 수준을 넘어 전략을 공유하고 향후 뉴미디어 서비스를 조언하고 함께 개발하는 동반자 역할을 할 것으로 보인다. 창업주 중 한 명인 바텔은 "미디어 대기업이 우리의 사업 전망을 인정한 데 의미가 있다"며 "단순 재무적 투자자 역할보다 회사에 좋은 일"이라고 설명했다. 리카운트에 전략적 투자를 한 미디어 기업 중 눈에 띄는 곳은 바이어컴CBS다.

지난 2018년 이후 급격히 늘어난 동영상 기반 뉴스 스타트업들은 2019년 이후부터 고전을 거듭해왔다. 뉴미디어지만 여전히 수익 모델이 광고에 집중되어 있고, 훌루 등 다른 미디어 플랫폼과의 협력도 신통치 않았기 때문이다. 그런 와중에도 몇몇 미디어 기업들은 투자금을 유치하거나 스트리밍 사업자 등에 자신들의 콘텐트를 공급하는 데 성공했다. 선택받은 미디어 스타트업의 특징은 강조할 필요도 없이 '차별적인 콘텐트'다. 투자 유치에 성공한 기업 중 대표적인 곳은 애슬레틱The Athletic 5천만 달러, 악시오스 2천만 달러, 미뉴트 미디어 4천만 달러, 퀴비 7억5천만 달러 등이다.

리카운트는 투자금을 새로운 프로그램을 만드는 데 투입할 예정이다. 대부분은 다른 미디어 플랫폼에 유료로 공급하기 위한 프리미엄 콘텐트다. 물론 정치 분야 뉴스 콘텐트인데, 대다수가 새로운 포맷의 동영상 기사가 될 것으로 보인다. 이를 위해 기자들도 15명 이상 충원할 계획이다. 현재 리카운트는 20명의 직원이 있는데, 대부분 기자다. 이 중 5명은 '리카운트 오리지널 콘텐트' 제작을 전담한다.

리카운트는 주로 디지털 스트리밍 플랫폼에 뉴스 콘텐트를 공급하기 위해 협상 중이다. 주된 타깃은 구글, 아마존 프라임 비디오, 삼성 스마트TV, 로쿠 등이다. 모두 다 가정에 깊숙이 침투한 스마트 미디어 플랫폼들이다. 비슷한 콘셉트의 숏폼 스트리밍 서비스인 퀴비와도 협상을 시작했다. 수익 모델은 당연히 콘텐트 판매지만, 광고 판매를 통해 플랫폼 사업자와 이익을 배분하고, 뉴스 레터에 광고를 포함시켜서 새로운 수익으로 키울 계획이다. 현재 투자자로 참여한 바이어컴CBS와는 계열 채널을 통해 오리지널 숏폼 정치 콘텐트를 공급하는 협상을 벌이고 있다. 이 역시 단독 포맷이다.

리카운트는 단독 발생 뉴스breaking news보다는 정치 사건의 발생 시점부터 이후 과정을 다양하고 집중적으로 분석하는 데 포커스를 맞춘다. 취재 자원의 여유가 많지 않은 스타트업으로서는 어쩌면 당연한 전략이다. 그래서 많은 클릭을 유도하는 이른바 낚시 기사에는 관심이 없다. 새로운 포맷을 만들기 위해서는 한 걸음 더 깊숙이 들어가는 뉴스가 중요하기도 하다. 바텔은 "리카운트의 구독자들은 내부자가 되기 원하는 이들이 아니다"라며 "오히려 매일 발생하는 그날의 중요한 뉴스를 더 잘 알고 이해하고 싶어하는 평범한 사람들"이라고 말했다.

### 뉴스 집합 애플리케이션이 뜬다

최근 미국에선 뉴스 집합 애플리케이션News aggregation apps이 큰 인기를 끌고 있다. 뉴스 집합 서비스는 뉴스나 언론사들을 묶어 놓은 일종의 뉴스 플랫폼이다. 뉴스 유통 시장이 거대 IT 기업들에 장악된 가운데 일어나는 새로운 현상이다. 트래픽 분석 회사 파슬리Parse.ly에 따르면, 구글 검색과 페이스북이 미국 내에서 여전히 기사 트래픽의 70% 이상을 장악하고 있다. 그 때문에 이 같은 뉴스 집합 서비스가 구글, 페이스북의 아성을 무너뜨릴 수 있을지에 관심이 집중되고 있다. 폭스 뉴스를 만든 뉴스코퍼레이션의 루퍼트 머독도 뉴즈knewz라는 뉴스 집합 서비스를 내놓고 이 시장에 뛰어들었다. 뉴즈는 미국 대형 통신사는 물론 소규모 언론사까지 수백 곳에서 나온 뉴스를 종합해 서비스한다. 웹사이트뿐만 아니라 구글과 애플 전용 애플리케이션도 함께 선보였다.

"뉴즈를 모른다면 당신은 (뉴스를) 모르는 것이다."

루퍼트 머독은 뉴즈를 선보이며 뉴스 시장을 잠식하고 있는 구글을 정조준했다. 그는 구글이 "뉴스에 대한 제대로 된 대가를 지불하지 않으면서 광고 시장을 독식하고 있다"고 평한다. 뉴즈에는 400여 개의 크고 작은 미디어들이 모여 그들의 기사를 제공한다. 워싱턴포스트부터 앵커리지 데일리 뉴스Anchorage Daily News까지 다양하다. 뉴즈에는 광고도 없다. 화면은 다소 복잡하지만, 뉴스 정보로 가득 차 있다. 진영

뉴즈의 홈페이지

도 다양하다. 좌파 매체 데일리 코스Daily Kos는 물론 워싱턴 이그재미너Washington Examiner 같은 극우 매체도 있다.

흡사 1990년대 반짝 주목을 받았던 드러지 리포트The Drudge Report와도 비슷하지만 뉴즈는 좀 더 언론사 친화적이다. 기사 옆에 해당 언론사의 로고도 노출한다. 그러나 디자인은 다소 어색하다. 뉴즈의 헤드라인은 인공지능과 사람 에디터가 함께 선정하는데, 기사를 클릭하면 바로 해당 언론사의 사이트로 연결된다.

뉴즈는 자체 광고도 없이 말 그대로 기사와 독자를 연결하는 통로 역할에 충실하다. 뉴즈를 통해 유입되는 독자와 구독자는 모두 해당 기사를 작성한 언론사의 몫이다. 이 아이디어는 언론사들이 기사를 제공하지만 정작 구글이나 페이스북 등이 광고 매출을 가져가는 기형적 구조를 해결하기 위해 출시됐다.

뉴스 산업은 오랫동안 기술 기업들의 이 같은 영업 형태를 비판해왔다. 뉴스코퍼레이션의 CEO 로버트 톰슨은 "우리는 기사를 자연스럽게 배치하고 통합 서비스할 것"이라며 "언론사들은 어떤 로직에 의해서도 순위에서 밀려나지 않을 것"이라고 말했다. 구글과 같이 키워드 등의 검색 기능으로 언론사 기사에 사실상 순위를 매기는 행위를 하지 않을 것이라는 이야기다.

### CNN, 뉴스 집합 서비스 출시

지난 2019년 10월 25일, CNN이 디지털 뉴스 집합 서비스를 시작한다는 소식이 전해졌다. CNN은 페이스북, 애플 등 IT 대기업에 대항하기 위해서 이 서비스를 내놓는다고 밝혔다. CNN은 이 서비스의 이름을 뉴스코NewsCo로 정한 것으로 알려졌는데 구체적인 서비스 내용과 기사 콘텐트의 방향 등은 전략이라는 이유로 아직까지 함구하고 있다. (이 서비스 역시 급하게 추진되다가 코로나 바이러스 확산으로 현재 전열을 정비 중이다. 그러나 론칭이나 서비스 개시에는 변함이 없다) 2020년으로 40주년이 된 CNN에겐 매우 의미 있는 시작이다.

미국 현지 보도에 따르면, 뉴스코 팀은 정치, 기술, 국제 등 분야별 전문가 12명 정도로 구성되어 있다. 이 중에는 디지털 음원 전문 업체 스포티파이 등에서 온 기술 전문가들도 있다. 기술적인 포맷의 개발과 지원을 위해 CNN 내부 연구소의 지원도 최대한 활용하는 것으로 알려졌다.

이들은 각자의 저널리즘 영역에서 활동하고 있는 매체들을 접속, CNN이 중심이 된 하나의 뉴스 집합 서비스를 구상하고 있다. 다만 이 뉴스 집합 서비스에 CNN의 브랜드를 쓰지는 않을 것으로 보인다. 비디오, 오디오, 텍스트 등 콘텐트의 포맷을 다양화하고, 특정 회사에 속하지 않은 독립적인 미디어 소스 생산자(프리랜서 기자 등)들도 서비스에 합류시킬 것으로 보인다. CNN의 디지털 담당 이사인 앤드류 모르스Andrew Morse는 할리우드리포터와의 인터뷰에서 "CNN의 서비스는 페이스북이나 스냅챗의 뉴스 서비스와 매우 다를 것"이라며 "이 서비스의 목적은 고객들에게 단순히 뉴스를 전달하는 것을 넘어 스포티파이처럼 새로운 뉴스 시장을 만드는 것"이라고 말했다.

방송 뉴스의 강자 CNN이 이런 뉴스 집합 서비스를 구상하게 된 계기는 단순하다. 뉴미디어의 확산으로 뉴스의 유통 및 생산 주도권이 'IT 대기업'으로 넘어가고 있기 때문이다. 이제 디지털 뉴스는 숏폼 콘텐트 스트리밍 사업자 퀴비와 같은 스트리밍 업체들도 만들고 페이스북, 애플 등도 자체 뉴스를 생산한다.

뉴스 유통도 마찬가지다. 독자 혹은 고객은 이제 뉴스를 언론 매체가 아닌 소셜 미디어 서비스에서 주로 접하고 있다. 지난 2019년 영국 오프콤OFCOM의 조사에 따르면 영국 국민 중 '방송을 통해 주요 뉴스를 처음 접한 경우'는 8%밖에 되지 않았다. 월스트리트저널이 자사 플랫폼이 아닌 스포티파이와 음성 뉴스 서비스Audio Journalism를 시작한 것도 같은 맥락이다.

한편, CNN은 지난 2020년 4월 7일 캐노피Canopy라는 기술 회사를 인수했다. 머신러닝 등의 기술을 활용해 개인들에게 최적화된 혹은 개인이 관심을 가지는 뉴스를 추천해주는 기술을 가진 회사다. 물론 업계에서는 뉴스코 론칭을 위한 기술 투자로 인식하고 있다. 지난 2018년 창업한 캐노피는 개인 정보 보호를 극대화하면서도 원하는 정보를 추천하는 데 특화된 회사로 알려졌다. CNN은 이번 투자로 캐노피의 모든 자산과 저작권을 확보했다. 앤드류 모르스 CNN 최고 디지털 책임자는 인수와 관련한 성명에서 "이번 인수를 통해 개인 추천과 관련한 최고의 기술을 확보했다"며 "캐노피의 기술력은 우리의 목표(뉴스 집합 서비스)를 최단 시간에 가능케 할 것"이라고 설명하기도 했다.

# HBO와 악시오스, 새로운 스타일의 뉴스

프리미엄 케이블TV 채널 HBO는 뉴미디어 언론사 악시오스와 함께 비디오 저널리즘 프로그램을 이어가고 있다. 지난 2019년 시즌 1, 2를 끝낸 바 있는 이 두 회사는 2020년 6월 현재 시즌3을 방송하고 있다. 〈AXIOS ON HBO〉라는 프로그램인데 테슬라의 일론 머스크 CEO 등 유명 인사들을 직접 출연시켜 시청자들이 궁금해하는 진실이나 사회 현상을 가감 없이 전달하고 있다. 이 프로그램은 이전에도 트럼프 대통령의 사위 제라드 큐슈너Jared Kushner, 팀 쿡 애플 CEO 등을 주인공으로 한 독점 인터뷰 뉴스 프로그램 만들어 화제를 모은 바 있다.

두 회사의 협력은 방송 사업자와 뉴미디어 뉴스 매체의 협력 사례로 큰 주목을 받고 있다. HBO 입장에서는 뉴스 장르에서 '오리지널 콘텐트'를 확보해 시청자의 외연을 넓혔고, 악시오스는 전국 단위 방송을 통해 인지도를 높임으로써 가입자들을 통한 안정적 수익을 확보한다

<AXIOS ON HBO>의 브라운대학교 총장 인터뷰

는 장점이 있었다. HBO는 바이스와도 〈The daily〉라는 뉴스를 만들었는데, 새로운 시즌을 계약하지는 않았다.

〈AXIOS ON HBO〉 시즌3은 2020년과 2021년에 걸쳐 방송되는데, 한 편당 길이는 30분 남짓이다. 출연자들은 정치, 경제, 기술 분야 등의 유명 인사를 비롯하여 매우 다양하며 매주 일요일 저녁 6시에 새로운 에피소드를 방송한다. 미국 대통령 선거에 관한 관심이 본격화되는 2020년 10월 이후부터는 이전과 다른 포맷의 인터뷰 방송을 내보낸다는 계획이다. 제작은 에미상 수상 경력이 있는 다큐멘터리 전문 제작사 DCTV가 맡았는데, 이들은 악시오스의 기자들과 함께 새로운 다큐멘터리 뉴스를 만들어내고 있다.

이 프로그램은 HBO의 새로운 스트리밍 방송 플랫폼 HBO MAX에서도 방송되어 많은 인기를 끌었다. 회사 측은 이번 시즌에도 트럼프 대통령뿐만 아니라 GM 사장인 메리 바라 등 다양한 거물들이 작품에 등장할 것이라고 밝혔다. 악시오스의 공동 창업주인 짐 반데헤이Jim VandeHei는 "시청자들은 요즘 같은 혼돈의 시대, 전체를 볼 수 있는 정보를 원한다"라며 "이번 HBO와 DCTV의 협력이 새로운 트렌드를 담는 날카로운 렌즈가 될 것"이라고 말했다.

악시오스는 지난 2016년 마이크 알렌Mike Allen과 짐 반데하이, 로이 슈와츠Schwartz가 공동 창업한 뉴미디어 뉴스 매체로, 새로운 포맷의 깊이 있는 단독 보도를 지향한다. 주요 취재 분야는 정치이며 미국인들이 관심이 많은 기술, 헬스케어, 미디어 등의 분야에 특화되어 있다. 현재 편집장은 블룸버그 출신 니콜라스 존스턴이다.

뉴스 공급 방식은 이메일을 통한 '뉴스 레터'다. 사이트에서도 뉴스를 공급하지만, 일종의 구독 모델이라고 볼 수 있다. 이용자들로부터 이메일을 확보해 기술, 정치, 미디어와 관련한 트렌드 및 소식을 날마다 메일로 전송한다. 2019년 현재 구독자만 20만 명에 달한다. 악시오스는 지난 2016년 1,000만 달러의 자금을 투자받아 창업했는데, NBC 등 기존 전통 미디어도 투자에 참여했다. 이후 2017년에 3,000만 달러를 추가 투자받았다. 기자 및 직원은 150명가량 된다. 매출은 아직 정확히 공개되지 않고 있는데, 창업 후 지난 2018년까지 2년 동안 광고 모델로 약 2,500만 달러의 매출을 올린 것으로 알려졌다.

그러나 2020년 3월부터 불어닥친 코로나 바이러스 대유행으로 인해 2020년 실적은 그리 좋지 않은 것으로 보인다. 하지만 다른 뉴미디어 언론사와 달리 아직은 무급휴직이나 임금 삭감 등을 단행하지 않았다. 〈AXIOS ON HBO〉처럼 기존 광고 모델 이외의 다양한 수익 모델을 개발한 것이 경기 침체를 이겨내는 데 주효했다.

# CBS,
# 애니메이션과 뉴스의 만남

CBS의 스트리밍 서비스 'CBS 올 액세스'의 오리지널 애니메이션 뉴스인 〈투닝 아웃 뉴스Tooning Out the News〉가 2020년 4월에 다시 돌아왔다. 2020년 3월 중순으로 방송이 예정됐었지만 코로나 바이러스의 확산으로 인해 공개가 조금 늦어졌다. 그러나 예상했던 그대로의 모습으로 공개됐다. CBS의 〈레이트 쇼Late Show〉를 만든 유명 프로듀서 스티븐 콜버트Stephen Colbert가 연출하는 이 시리즈는 여러모로 독특한 포맷의 뉴스 프로그램이다. 특히 스트리밍 서비스에서만 공개된다는 점에서 구독 서비스 활성화에 큰 의미가 있다.

〈투닝 아웃 뉴스〉는 독특한 포맷의 뉴스 프로그램이다. 내용도 그렇지만 유튜브 등이 아닌 유료 스트리밍 서비스에 공개한다는 점이 가장 큰 차별점이다. 구독 모델의 오리지널 시리즈인 만큼, 많은 볼거리를 제공한다. 형식은 전통적인 뉴스 포맷을 가지고 왔다. 스튜디오 진행자들이 있고, 현장 기자를 연결하거나 출연자들과 현안 인터뷰를 한다. 진행자들이 실제 사람이 아니라 애니메이션이라는 점만 다르다. 애니메이션 캐릭터 진행자들과 기자들은 실제 사람인 출연자들과 인터뷰도 하고 농담도 한다. 형식의 파괴다. 이 시리즈는 여기서 그치지 않고 각종 이벤트도 패러디한다. 트럼프 기자회견의 문제점을 애니메이션으로 조롱하고, 뉴스 인물에 대한 평가도 애니메이션을 이용해 코믹하게 처리한다.

매주 화요일부터 목요일까지 5~7분 길이의 숏폼으로 방송되는데, 금요일에는 이를 묶어 30분 정도 분량의 종합 버전을 방송한다. 일일 제작물이기 때문에 빠른 호흡이 장점이다. 당일 있었던 인터뷰도 발 빠르게 소개한다. 뉴스를 진행하는 앵커 이름도 있다.

특징 있는 코너들도 주목할 만하다. 〈Big News〉,〈Inside the Hill〉, 〈Hot Take〉,〈Virtue Signal〉,〈Smart Talk Tonight〉 등이 있는데 공통된 특징은 현실 정치와 사회를 조롱하고 풍자한다는 점이다.

코너 형식은 애니메이션 캐릭터들이 진행한다는 점만 빼곤 일반 TV와 다를 바 없다. 그런 이유로 이 프로그램과 인터뷰 하는 뉴스메이커들도 즐거운 표정이다. 출연 요청도 줄을 잇고 있다는 것이 CBS의 설명이다. 고정 출연 인사들은 댄 에이브람스Dan Abrams, 앨런 더쇼비츠Alan Dershowitz, 도니 도이치Donny Deutsch, 토마스 프리드먼Thomas Friedman, 니콜라스 크리스토프Nicholas Kristof, 올리비아 누치Olivia Nuzzi 등 쟁쟁한 명사들이다. 하원의원 바버라 리Barbara Lee, 도나 셸레일라Donna Shalala, 에릭 스월웰Eric Swalwell 등도 고정 출연자다.

CBS는 〈투닝 아웃 뉴스〉 제작을 위해 장기간 공을 들였다. 제작팀은 5개월가량을 애니메이션 뉴스를 위해 집중투자했다. 에드 설리반Ed

CBS <튜닝 아웃 뉴스>에서는 애니메이션 진행자들이 실제 인물과 인터뷰 한다

Sullivan 극장 안에 자리한 유명 진행자 데이비드 레터맨David Letterman의 오래된 개인 시사 장소를 개조해 컨트롤 룸을 꾸몄다. 기술에 대한 투자에도 집중했다. 수석 프로듀서인 스티븐 콜버트 등 제작팀은 5년 전 어도비 캐릭터 애니메이터Adobe Character Animator를 만난 뒤 애니메이션을 이용한 풍자 정치 쇼를 준비해왔다. 이 기술을 이용하면 손으로 그린 애니메이션 캐릭터의 움직임을 실시간으로 기록할 수 있다.

## 오리지널 뉴스 콘텐트로 구독 뉴스 시대를 대비한다

〈투닝 아웃 뉴스〉의 목적은 전문가나 뉴스 인물이 애니메이션 캐릭터와 함께 과장된 뉴스를 만드는 것이다. 현재 이 쇼는 미국과 캐나다에서만 볼 수 있다. 사실 이렇게 공을 들인 이유는 바로 스트리밍 서비스에 공개되는 이른바 '오리지널 스트리밍 뉴스'라는 점 때문이다. 넷플릭스, 디즈니+, HBO MAX 등이 치열하게 경쟁을 펼치고 있는 미국 스트리밍 서비스 시장의 경우, 고객을 끌어오기 위한 경쟁이 한창이다. 그 경쟁의 중심에 콘텐트가 있다. 드라마, 영화 등의 콘텐트가 핵심이지만 뉴스 콘텐트도 충분히 차별화 요인으로 작용한다.

특히, AT&T, CBS, 컴캐스트 등 언론사를 보유하고 있는 미디어 그룹들은 뉴스 콘텐트도 '서비스 차별화를 위한 콘텐트'로 활용하기 위해 개발하고 있다. HBO는 CNN의 다큐멘터리를 HBO MAX를 위해 전면에 내세웠고, NBC는 자사의 스트리밍 서비스 피콕을 위한 새로운 뉴스 포맷을 개발 중이다. 숏폼 스트리밍 사업자 퀴비도 NBC와 함께 턴스타일(가로나 세로로 휴대전화를 전환하면 시점이 바뀌는)의 뉴스 콘텐트를 선보이고 있다. 뉴스 콘텐트는 실시간성이 강해서 이용자들을 서비스에 매일 방문하게 하는 이점도 있다.

시청률 저하와 콘텐트 소비 패턴 변화로 점점 광고 판매가 줄어들고 있는 상황에서 구독 모델을 바탕으로 한 스트리밍 서비스의 구애는 반갑다. 그 때문에 향후 스트리밍 서비스 업체 간 경쟁에서 뉴스 콘텐트의 차별화가 새로운 관전 포인트가 될 것으로 보인다.

# 어린이 뉴스, 미래 고객을 선점하라

2020년 미국 방송 시장의 새로운 트렌드는 어린이 뉴스의 부활이다. 이 배경에는 코로나 바이러스가 있다. 코로나 바이러스 대유행으로 학교가 폐쇄되어 집에 있는 시간이 늘어난 아이들은 시청각 교육에 의존할 수밖에 없었다. 방송사들도 어린이들을 위한 프로그램, 즉 뉴스를 내놓기 시작했다.

방송사들은 어려운 시기, 어린이들에게 정확한 정보를 제공하고 교육적인 목적을 극대화하기 위해 다양한 툴을 적용했다. PBS, CNN, NBC 등이 대표적이었다. PBS는 퍼스트레이디였던 미셸 오바마와 함께 동화책을 읽어주는 프로젝트를 진행했다. 매주 다른 주제의 동화책을 읽어 주는 프로그램을 유튜브에 공개하는 것이다. 어린이들은 유튜브에서 미셸이 읽어주는 동화를 듣고 볼 수 있다. 또 CNN과 NBC는 어린이 전용 뉴스를 개발해 방송했다. 어린이를 향한 미국 언론사들의 최

PBS의 <미셸 오바마와 함께 책을 읽어라(READ ALONG with MICHELLE OBAMA)>

근 움직임을 요약해본다.

## CNN과 세서미스트리트의 협업

CNN과 미국 인기 어린이 캐릭터 프로그램 〈세서미스트리트〉가 코로나 바이러스 예방과 확산 방지를 위해 손을 잡았다. 질병에 민감하지만 정보에 취약한 어린이와 부모 계층이 대상이다. 기본 컨셉은 CNN 방송에 〈세서미스트리트〉의 캐릭터 빅버드Big Bird가 등장해 CNN 앵커, 의료 전문기자 등에게 궁금한 점을 질문하고 답하는 형태다. 방송에는 실제 어린이들도 등장해서 본인의 궁금증을 질문한다. CNN은 이를 스페셜 타운홀 미팅special Town Hall이라고 지칭한다. 편한 분위기에서 묻고 답한다는 의미다.

CNN과 〈세서미스트리트〉의 스페셜 타운홀 미팅은 202년 4월 25일에 처음으로 방송되었다. 90분간 이어진 방송은 빅버드와 CNN 진행자들의 자연스러운 분위기가 장점이었다. 미국 동부시간 오전 9시에 방송되기 때문에 서부 지역 시청자들은 너무 이른 시간이어서 시청률이 그리 높지 않았다. 하지만 CNN은 각종 스트리밍 서비스 및 CNN 동영상 사이트에도 이를 공개했다. 〈The ABC's of COVID-19〉는 CNN의 의학 전문기자 산제이 굽타Sanjay Gupta 박사와 앵커 에리카 힐Erica Hill이 진행을 맡았다. 시청자 확대를 위해서 스페인어로도 방송됐다. 90분 동안 이어진 방송에선 가족을 위한 건강정보, 기구, 실제 시청자들이 궁금해하는 정보들에 대한 답변 등이 포함됐다. 애비 카다비Abby Cadabby,

CNN과 <세서미스트리트>의 어린이 방송 홈페이지

엘모Elmo, 로지타Rosita, 그로버Grover 등 〈세서미스트리트〉의 유명 캐릭터들과 세서미워크숍 관계자들도 출연해 '자가격리시대를 건강하게 지내는 법'에 대해 방송했다.

〈The ABC's of COVID-19〉는 유료방송 서비스, CNN 홈페이지, CNN 애플리케이션 등을 통해 TV, PC, 스마트TV와 스마트폰에 방송되었다. 향후 VOD도 제공한다는 방침인데, 오픈 동영상 플랫폼인 유튜브에는 공개하지 않았다. 자사 서비스나 홈페이지로의 이용자 유입을 증가시키려는 의도다. CNN은 향후 어린이 콘텐트를 지속적으로 방송한다는 계획이다. 코로나 바이러스 확산 정국 동안에는 토요일 오전으로 방송 날짜가 잡혔다.

최근 유료방송 시장이 빠르게 스트리밍 서비스로 전환되고 있는 상황에서 미디어들에게는 가입 구독자 확보가 가장 시급한 과제다. 코로나 바이러스 사태에서도 볼 수 있듯, 광고 모델은 위기에 매우 취약할 뿐만 아니라 향후 지속 가능성도 떨어지기 때문이다. 스트리밍 사업자들도 치열한 경쟁으로 인해 차별화된 콘텐트 확보가 더더욱 중요해졌다. 이런 관점에서도 어린이 뉴스 등은 스트리밍과 언론사 모두에게 가입자 확대를 위한 좋은 유인책이 될 수 있다. 물론 언론사들의 사회적인 책무에도 부합한다.

### 어린이 뉴스 방송 <나이틀리 뉴스 키즈 에디션>

NBC 뉴스가 어린이들을 위한 뉴스 제작 및 방송에 나선다. 어린이들의 눈높이에서 뉴스를 만들고 그들이 궁금해하는 내용을 보도하는 포맷이다. 다소 실험적인데, NBC는 자사의 대표 뉴스 프로그램인 〈NBC 나이틀리 뉴스NBC Nightly News〉에 이를 적용키로 했다. 타깃은 어린이와 청소년이다. 현재 유튜브에 공개된 첫 번째 버전은 〈나이틀리 뉴스 키즈 에디션Nightly News Kids Edition〉이다. NBC는 어린이 뉴스를 1주일에 2회 정도 만들어 온라인으로 공개하고 있다.

어린이 버전 뉴스는 나이틀리 뉴스의 진행자인 레스터 홀트Lester Holt가 그대로 맡아서 방송한다. 어린이에게 최대한 친숙하게 다가가기 위해서다. 뉴스의 첫 도입부 내레이션은 어린이가 읽는데, 제작자 딸의 목소리다. 어린이가 직접 출연해서 질문하고, 어린이 시청자가 보는 만큼 부드러운 말투로 천천히 진행한다. 레스터 홀트는 "어린이들의 궁금증은 우리와 크게 다르지 않다"며 "그들은 답을 원한다. 그래서 전국에 있는 어린이들이 무슨 생각을 하는지 보여주는 방송을 하고 싶었다"고 어린이 버전 뉴스 공개 이유를 밝혔다.

NBC의 키즈 에디션 공개는 어린이에게 도움이 되는 뉴스를 만들겠다는 생각과 함께 미래 시청자 층인 어린이를 공략한다는 의미도 담겨 있다. 어린이들의 주된 관심사를 파악해 디지털 시장에 대응할 수도 있다. 현재 NBC 등 기존 방송사의 시청자들은 연령대가 높은 편이어서 젊은이들의 이해를 기사에 충분히 반영하지 못하고 있다. 그 때문에 이 프로그램을 통해 어린이들의 니즈를 파악하는 일이 무엇보다 중요하다. 물론 아이들에게도 어린이 뉴스는 도움이 된다. 뉴스를 보고, 이해하고, 사회의 주요 사안에 대해 개인의 관점을 가질 수 있도록 도와주기 때문이다. 일종의 미디어 리터러시literacy다. 논쟁적 사안에 대한 비판적 시각도 길러줄 수 있다.

포스트 코로나 시대,
디지털 뉴딜 시장을 선점하라

# 스트리밍 전쟁

초　판 1쇄 인쇄　2020년 8월 10일
　　　 1쇄 발행　2020년 8월 17일

지은이　한정훈
펴낸이　박경수
펴낸곳　페가수스

디자인　이영경

등록번호　제2011-000050호
등록일자　2008년 1월 17일
주　　소　서울시 노원구 중계로 233
전　　화　070-8774-7933
팩　　스　0504-477-3133
이 메 일　editor@pegasusbooks.co.kr

ISBN　978-89-94651-38-5　03300



이 도서의 국립중앙도서관 출판예정도서목록(CIP)은 서지정보유통지원시스템 홈페이지(http://seoji.nl.go.kr)와 국가자료종합목록 구축시스템(http://kolis-net.nl.go.kr)에서 이용하실 수 있습니다. (CIP제어번호 : CIP2020032196)

※잘못된 책은 바꾸어 드립니다.
※책값은 뒤표지에 있습니다.